КЛАУД

ИСЦЕЛЯЮЩЕЕ ПУТЕШЕСТВИЕ

Передовой Подход к Психоделической Терапии

Институт Человека
Москва, 2022

Наранхо К.
Исцеляющее путешествие. Передовой подход в психоделической терапии.
М.: Институт Человека, 2022. — 308 с.

The Healing Journey: Pioneering Approaches to Psychedelic Therapy
Перевод с английского под общей редакцией Т.И. Гинзбург.
Перевод выполнен со второго английского издания 2013 года (репринт 1973 года). Нина Адрианова (начало 1 главы), Елена Малахова (3 глава), Виктория Долбина (4 и 5 главы), Татьяна Гинзбург (все остальное плюс редакция перевода).

Текст настоящего издания сверен с оригиналом
и поправлен Т. И. Гинзбург.
Печатается с разрешения MAPS,
и лично Рика Доблина (Rick Doblin).

Данная книга — первый полный перевод на русский язык труда Клаудио Наранхо, посвященного использованию в психотерапии четырех психоделических веществ: МДА, ММДА, гармалина и ибогаина. Клаудио включил в книгу отчеты своих пациентов, и на примере этих отчетов иллюстрирует созданные им принципы глубинной психотерапии. Для читателей, интересующихся измененными состояниями сознания, трансперсональной психологией и психотерапией, самопостижением.

ISBN: 9798355456726
Imprint: Independently published

© 1973, 2013 by Claudio Naranjo
© Издание на русском языке Гинзбург, 2022

Оглавление

Предисловие к первому изданию на русском языке от *Татьяны Гинзбург*.................... V

Предисловие ко второму изданию от *Рика Доблина*........................ IX

Предисловие *Станислава Грофа*........... XVI

Предисловие *Клаудио Наранхо* (1973): Исследование внутреннего пространства ... XXII

Глава 1. Исцеляющий Потенциал Агонии и Экстаза. Вещества в Психотерапии 31

Глава 2. МДА — Лекарство для Анализа..... 57

Глава 3. ММДА и Вечное Сейчас.......... 119

Глава 4. Гармалин и Коллективное Бессознательное..... 174

Глава 5. Ибогаин: Фантазии и Реальность... 238

Предисловие к первому изданию на русском языке *от Татьяны Гинзбург*

Занимаясь самопостижением уже более двадцати лет, я ищу эффективные методы, позволяющие осознать себя полностью. Психоделические исследования показали мне огромный потенциал своих возможностей. К сожалению, не все научились использовать этот потенциал правильным образом и из-за этого возникли запреты на использование соответствующих веществ. Но если отделять зерна от плевел, то книга, которая сейчас перед вами — «Исцеляющее Путешествие» — показывает правильный и эффективный метод использования четырех разных веществ для глубинной психотерапии.

Мой личный духовный поиск, который я отсчитываю с 1993 года, привел меня к встрече с Риком Доблиным, главой MAPS (Мультидисциплинарной Ассоциацией Психоделических Исследований) на Трансперсональном конгрессе в Москве в 2010 году. Я организовала для него камерную встречу в нашем центре, и во время этой встречи мы договорились о сотрудничестве. С тех пор я поддерживаю MAPS, перевожу статьи из бюллетеней на русский язык, делаю интервью со многими психоделическими гуру. Я очень ценю людей, которые прошли далеко по пути самоисследования. Среди сообщества психоделических терапевтов мне удалось найти несколько таких человек. Один из них — Клаудио Наранхо.

На конференции 2013 года в Окланде (Калифорния) я встретилась с его книгой, и попробовала ее прочитать. Это оказалось трудным процессом, поскольку язык книги не прост даже для опытного переводчика. Но это меня не остановило, и я начала искать возможности ее перевести и издать на русском языке. Сначала Клаудио возражал против перевода на русский: как он потом объяснил, причина была в его сотрудничестве со Сколково и образовательными российскими центрами. Но уже в 2017 году, когда я побеседовала с ним более глубоко на следующей конференции MAPS, он мне дал интервью о своей жизни, о Просветлении, которое можно посмотреть тут — и согласился на перевод книги.

С тех пор я несколько раз подступалась к этой задаче, и сейчас, в мае 2022 года, она практически завершена. И, хотя прошло уже 50 лет с момента написания книги, многие идеи, в ней заложенные, актуальны и сейчас. Подход к психотерапии, который Клаудио предлагает и описывает на примерах, ярко проступает со страниц книги, иногда шокируя своей откровенностью, иногда заставляя задуматься о сложности человеческой психики, и постоянно как бы намекая на вопрос: «А где ты, читатель, в этом пространстве внутреннего мира? Встречался ли ты с такими же проблемами, какие описывает Клаудио, разобрался ли ты с ними или также как у некоторых пациентов Наранхо все еще бережешь их, не решаясь выйти в новое, здоровое состояние сознания?».

Книга ценна тем, что показывает: вещества, которые использует Наранхо, не являются панацеей, а приносят пользу только в том случае, когда «пациент» или, лучше сказать, ищущий делает выбор — превзойти себя и исцелиться, и тогда любое воздействие — терапевта ли, вещества ли, воспринимается ищущим как помощь. Из многих описанных ситуаций следует, что намерение на исцеление — это базис последующего процесса. Для многих — это непростой выбор, и, по-моему, примечательно, что Наранхо описывает и те варианты, когда человек делает иной выбор — сохраниться, остаться таким, как он есть.

Но эти выводы сделаны мной, а тебе, читатель, предстоит сделать свои!

В добрый час!

И в завершение мне бы хотелось выразить благодарность тем людям, которые участвовали в процессе создания этой книги:

моему Учителю, постоянно вдохновляющему меня на продолжение поиска;

Рику Доблину, за переиздание этой книги на английском языке и идейную поддержку перевода ее на русский;

Наталие Уткиной, Евгении Соболь, и Регине Савиновой, Элле Дайен, чей труд по редактуре и коррекции книги на добровольных началах был очень ценен и продуктивен.

Перевод книги осуществлялся рядом людей, наиболее мне хотелось бы поблагодарить Нину Адрианову, которая перевела мне несколько страниц первой главы, что создало фундамент и мотивацию для продолжения перевода, а также Елену Малахову, за вдумчивость и Викторию Долбину за старательность. А также MAPS и фонд — BLESSED FOUNDATION (UK) за финансовую поддержку.

И еще одно:

В книге упоминаются психоделические вещества, но контекст их использования исключительно психотерапевтический.

Предисловие ко второму изданию от *Рика Доблина*

Книга *«Исцеляющее путешествие»*, которую я прочитал в молодом возрасте вскоре после публикации первого издания в 1973 году, произвела на меня глубочайшее впечатление. В 1972 году после чтения рукописи Стэна Грофа *«Области человеческого бессознательного»* я, будучи восемнадцатилетним юношей, решил посвятить свою жизнь психоделической терапии и научным исследованиям. Книгу Клаудио Наранхо мне подарил терапевт из Нового колледжа Флориды, к которому я обратился за помощью в связи с рядом непростых переживаний, вызванных употреблением ЛСД. Стэн написал предисловие к первому изданию *«Исцеляющего путешествия»*, и это побудило меня купить и прочитать эту книгу.

Я был очарован и восхищен тем, с каким красноречием и глубиной Клаудио рассказывает о пациентах, с которыми он работал, применяя различные психоделические вещества, обсуждаемые в книге: МДА, ММДА, ибогаин и гармалин. Меня глубоко тронула поэтичность и драматичность описаний терапевтического процесса и то, как Клаудио вписывает свой терапевтический подход в контекст духовного развития.

Чем больше я читал *«Исцеляющее путешествие»*, тем отчетливее я видел красоту психотерапии с использованием психоделических веществ и тем трагичнее мне казалось, что вся эта сфера научных исследований и терапии была криминализирована. За последние сорок лет я часто рекомендовал книгу *«Исцеляющее путешествие»* людям, интересующимся психоделической психотерапией. Для меня и для тех, кому я советовал книгу, она была редкой и забытой (надеюсь, что теперь уже нет) жемчужиной эпохи начала психоделических исследований.

Тот факт, что книга вдохновляла людей на протяжении четырех десятилетий, является ярким свидетельством ее непреходящей ценности. В конце 2012 года, спустя почти сорок лет после первого знакомства с *«Исцеляющим путешествием»*, я встретил молодую девушку по имени Ориана, которая решила стать психоделическим терапевтом и исследователем после того, как обнаружила эту книгу в букинистическом магазине. Послушав о том, как сильно эта книга повлияла на ее жизнь (ее рассказ я приведу чуть ниже), я решил, что самое время попросить у Клаудио разрешение на публикацию второго издания *«Исцеляющего путешествия»*.

Клаудио был пионером исследований ибогаина. Когда я впервые прочитал главу «Ибогаин: фантазии и реальность», я еще не подозревал, что мой собственный опыт приема ибогаина станет одним из самых важных моментов в моей жизни. Я смог подготовиться к этому переживанию, читая книгу Клаудио, обобщившего опыт сорока терапевтических сессий «фантазийной жизни» под действием ибогаина, который переносил в сознание человека его фантазии, наполняя смыслом его переживания.

Когда я впервые взял в руки «*Исцеляющее путешествие*», я еще не понимал, что глава, посвященная гармалину, тесно связана с историей аяуаски, психоделического напитка, который в наше время приобрел широкую известность в западном мире. Аяуаска тысячелетиями помогала южноамериканским шаманам в их целительных и духовных практиках, а в последние годы некоторые бразильские религии, использующие аяуаску в своих ритуалах, распространились по всему миру. Аяуаска также стала объектом серьезных исследований в терапевтическом контексте. Изучается ее потенциал для лечения различных зависимостей, а также пост-травматического синдрома (ПТСР). Еще раз повторю, что Клаудио был пионером этих исследований.

Больше всего меня привлекли главы, посвященные МДА и ММДА, которые я считал наиболее полезными для психотерапии. В то время я еще ничего не знал об их химическом «собрате», МДМА, с которым я впервые столкнулся в 1982 году и который стал главным объектом моих исследований на протяжении жизни. В 2000 году Междисциплинарная Ассоциация Психоделических Исследований (MAPS), основанная мною в 1986, смогла начать первые в мире контролируемые клинические исследования терапевтического эффекта МДМА, которые проходили в Мадриде (Испания) с участием женщин, страдающих от хронического, не поддающегося лечению обычными методами пост-травматического синдрома (ПТСР), вызванного пережитым сексуальным насилием. Помня главы, посвященные МДА и ММДА в «*Исцеляющем путешествии*», я попросил Клаудио встретиться с командой терапевтов и поделиться с ними знаниями и опытом, которые он приобрел в своей работе с пациентами, применяя вещества, родственные МДМА. Клаудио согласился, вдохновив новое поколение психоделических исследователей. (К сожалению, в 2002 году, после положительной реакции испанских газет и телевидения на предварительные результаты нашего эксперимента, Мадридское управление по борьбе с наркотиками сумело добиться прекращения исследований в результате политического давления, с которым в то время мы ничего не могли поделать).

В 1973 году к власти в Чили, после государственного переворота, организованного ЦРУ, пришел Аугусто Пиночет. В том же году вышло первое издание *«Исцеляющего путешествия»*. Клаудио проводил свои уникальные клинические исследования целительного потенциала психотерапии с использованием психоделических веществ в свободном Чили, но вскоре после этого психоделики были криминализированы, психоделические исследования запрещены, а в его родной стране установилась кровавая диктатура во главе со ставленником США. Это переиздание *«Исцеляющего путешествия»* в контексте современного возрождения психоделических исследований является настоящим триумфом работ Клаудио, особенно ярко заметным после резкого отката, длившегося 40 лет.

Эта книга сыграла большую роль в моем собственном становлении как психоделического исследователя и терапевта. Это путешествие еще не закончено, поскольку на данный момент ни одно из веществ, описанных в книге, не доступно легально для терапевтов за пределами клинических исследований.

Я искренне надеюсь, что новое издание попадет в руки тех, кто сможет увидеть целительный потенциал психоделической психотерапии, и тех, кто сможет предложить это исцеление людям.

Рик Доблин, д-р наук, основал Междисциплинарную Ассоциацию Психоделических Исследований (MAPS) в 1986 году. В настоящее время является ее исполнительным директором. MAPS — это некоммерческая ис-

следовательская и образовательная организация, создающая медицинский, правовой и культурный контексты для того, чтобы правильное употребление психоделиков и марихуаны могло приносить людям пользу.

Свидетельство Орианы Майорга

После моего первого мистического и потустороннего психоделического опыта летом 2011 года я загорелась желанием найти больше информации об использовании психоделиков для самоисцеления. Я хотела понять, почему мой опыт использования МДМА стал одним из наиболее важных моментов в моей жизни. Знают ли другие люди о невероятной силе психоделических веществ? Какова история использования психоделиков в психотерапии и психофармакологии? Что по тому поводу думают научное и медицинское сообщества?

Судьбе было угодно, чтобы как-то раз в воскресенье, в 2011 году, я вошла в один из моих любимых букинистических магазинов в Верхнем Вест-Сайде на Манхэттене под названием «Вестсайдские книги и пластинки». Я долгое время искала книги по экспериментальной психиатрии и описания личных переживаний людей, принимавших МДМА. И вот я увидела в груде старых книг потрепанный экземпляр книги *«Исцеляющее путешествие»*, изданной в 1973 году. Без всякой натяжки я могу сказать, что она изменила мою жизнь.

Станислав Гроф написал в своем предисловии к первому изданию, что «одним из двух относительно независимых направлений в экспериментах и исследованиях является использование химических агентов в качестве вспомогательных веществ в психотерапии». Мне стало ясно, почему

Гроф написал, что психиатрические исследования Клаудио «создали базис для особой психотерапии с использованием химических веществ» для будущих поколений.

«Исцеляющее путешествие» также направило меня к нескольким другим работам, а через них я вышла на сообщество психологов, исследователей и специалистов, которые были также, как и я, заинтересованы в популяризации психотерапии с применением психоделиков.

Книга Клаудио, главным образом, пробудила во мне страсть. Я надеюсь, что мой дальнейший вклад в сообщество повлияет на других так же, как однажды книга Клаудио повлияла на меня. Я всегда хотела стать целителем и теперь я обнаружила методики, которые помогают мне реализовать свои стремления. Больше всего на меня произвел впечатление стиль изложения Клаудио. Я чувствовала свою сопричастность переживаниям его пациентов, и, как исследователь, я восхищалась ясностью его наблюдений.

Эта книга будет полезна для всех, кто всерьез интересуется инновациями в области психотерапии, психофармакологии и экспериментальной психиатрии. Она стала моей настольной книгой, главной работой среди всех остальных прочитанных мною книг по данной теме.

Именно это исследование применения психоделических веществ для усиления эффекта психотерапии побудило меня посвятить свою жизнь изучению этой области. В настоящее время я учусь на психолога, являюсь членом Междисциплинарной Ассоциации Психоделических Исследований (MAPS) и вскоре получу диплом фельдшера скорой помощи штата Нью-Йорк. После колледжа я хочу учиться дальше, чтобы однажды я смогла легально заниматься психоделической терапией.

В конце своего предисловия Клаудио напоминает нам, что «истинный язык психологии — это не латынь, а романтика». Что ж, я испытала эту любовь и горю желанием поделиться ею с другими. За это вдохновение я хочу поблагодарить Клаудио, подарившего нам «*Исцеляющее путешествие*».

Ориана Майорга является студенткой, медиком и, прежде всего, духовным искателем. Она учится в Фордемском университете в Нью-Йорке и дважды в неделю занимается йогой. Является членом MAPS и Erowid. Хочет помочь этим организациям изменить мир.

Предисловие *Станислава Грофа*

По мере развития наших представлений о природе и динамике эмоциональных и психосоматических расстройств становится все более очевидным, что невозможно обнаружить быстродействующее лечебное средство, такое как новый чудодейственный нейролептик или антидепрессант. Эти расстройства уходят корнями в глубины подсознания пациентов, и их полное исцеление происходит в ходе интенсивной психотерапии, которая помогает найти истоки проблем.

Статистические исследования указывают на постоянный рост эмоциональных расстройств в большинстве стран мира. Это ставит перед нами серьезную задачу, связанную с их эффективным лечением и профилактикой. Систематическая психотерапия, такая как психоанализ или другие виды аналитического подхода, — это довольно длительный процесс, доступный в финансовом отношении лишь небольшому числу пациентов. Но даже если бы существовала возможность устранить это обстоятельство, пришлось бы многократно увеличить количество психиатров и психологов, чтобы удовлетворить потребность в таком специализированном лечении. Совершенно объяснимо, что в подобной ситуации вкладывается много усилий в развитие методов, способных увеличить эффективность психотерапевтического процесса и сократить при этом его длительность. Однако ни одна из разработанных в прошлом методик не удовлетворяет необходимым критериям быстрой и эффективной психотерапии.

За последние десятилетия два независимых направления в экспериментальной науке и исследованиях дали многообещающие результаты. Первое направление — это использование химических веществ в качестве вспомогательного средства в психотерапии. После не оправдавших надежд экспериментов в сфере наркоанализа с использованием пентотала и амобарбитала данная стратегия пережила возрождение после обнаружения ЛСД и некоторых других психоделиков. Вторым важным нововведением является развитие эмпирических психотерапевтических методик, таких как групповая психотерапия, гештальт-терапия Фрица Перлза, биоэнергетический анализ Александра Лоуэна, метод «Радикс» Чарльза Келли, техника сновидений наяву Ханскарла Лёйнера и ряда других.

Клаудио Наранхо является выдающимся представителем обоих этих направлений, а его синтез психотерапии с применением психоделических веществ и новых эмпирических методик предлагает интересный подход к проблеме быстрой терапии. На протяжении многих лет он был тесно связан с Институтом Эсален в Биг-Суре, Калифорния, который стал колыбелью множества новых эмпирических методик. Он проводил в Эсалене семинары и практические групповые занятия по выходным, а также обменивался полезным опытом и информацией с постоянными преподавателями института и приглашенными специалистами, многие из которых являлись первопроходцами в новых направлениях психотерапии. Будучи непосредственным учеником Фрица Перлза, Клаудио освоил гештальт-терапию, успешно применял ее в своей работе и внес оригинальный вклад в ее теорию и практику. Его деятельность не ограничивается Калифорнией. Он также известен как лектор и ведущий семинаров во многих центрах развития в США.

Опыт Клаудио Наранхо, связанный с психоактивными веществами, оказался еще более впечатляющим, чем его работа с новыми психотерапевтическими методиками. На протяжении многих лет он экспериментировал более чем с тридцатью химическими соединениями — главным образом, с психоделиками и производными амфетаминов — в качестве вспомогательных средств при психотерапии. Он совершил путешествие на каноэ по Амазонке, чтобы познакомиться с южноамериканскими индейцами и изучить, как они используют аяуаску, или яге[1], — галлюциногенный напиток, изготовляемый из растущей в джунглях лианы (*Banisteriopsis caapi*) с добавлением других психоактивных растений. Он привез с собой образцы ингредиентов этого психоделического отвара и опубликовал первое научное описание действия его основных активных алкалоидов. Хотя он работал со всеми классическими психоделиками, его уникальный вклад связан с изучением и менее известных психоактивных веществ.

В последние годы Клаудио постоянно перемещается между США и своей родной страной Чили, где исследования веществ ограничены в меньшей степени. Это позволило ему

---

[1] Южноамериканская лиана, содержащая гармалин и другие алкалоиды, используемая шаманами при инициации, а также в различных практиках.

экспериментировать с многими новыми соединениями, которые неизвестны специалистам в Соединенных Штатах. Он стал первопроходцем в работе с несколькими подобными веществами и опубликовал первые научные отчеты об их эффектах. В период, когда эксперименты с психоделиками проводятся, в основном, подростками и рядовыми людьми, а специалисты в области психиатрии основывают свое мнение на сенсационных заголовках статей, Клаудио продолжает осуществлять трезвое и высокопрофессиональное психиатрическое исследование.

Будучи одним из немногих профессионалов, систематически работающих в этой сфере, Клаудио сделал несколько важных и оригинальных научных открытий. Благодаря своему богатому опыту работы с различными психоделическими веществами, он собрал достаточно экспериментальных свидетельств, чтобы приступить к созданию классификации необычных состояний сознания. Несмотря на то что в этой области необходимо провести гораздо больше экспериментальных исследований, Клаудио заложил фундамент для избирательной и специальной психотерапии с применением наркотических веществ. В будущем, вероятно, можно будет выбирать среди доступных психоделических лекарств то вещество, которое лучше всего подходит для лечения конкретного пациента, и комбинировать его воздействие с наиболее уместными в конкретном случае психотерапевтическими методиками. Возможность подобного избирательного подхода очевидна из описаний действия различных веществ, приведенных в этой книге. Также это отчетливо проиллюстрировано клиническими случаями, описание которых дается в сжатом виде.

Вероятно, наиболее значительным вкладом экспериментальных исследований Клаудио Наранхо является изучение новых психоделических веществ, заметно отличающихся от классических психоделиков. С этими химическими соединениями, по-видимому, работать гораздо проще, поскольку они не оказывают сильного дезорганизующего влияния на психику человека, в отличие от ЛСД, мескалина или псилоцибина. Состояние, которое вызывают эти вещества, может быть использовано для глубинного анализа, при этом им гораздо проще управлять как самому пациенту, так и терапевту. По этой причине Клаудио не включил их в существующую категорию галлюциногенов или психоделиков, а изобрел для них новые специальные термины: «усилители чувств» и «усилители фантазий».

Описание всех достоинств этой книги не будет полным без упоминания о том, что Клаудио является знатоком древних религиозных систем. Это помогло ему, с одной стороны, соединить древнюю мудрость с современным научным знанием, а с другой — уладить кажущийся неразрешимым конфликт между динамичной психотерапией и духовным руководством. Современное переформулирование концепции исцеляющего потенциала агонии и экстаза и обсуждение связи между *эмоциональным ростом*, происходящим благодаря психотерапии, и *духовным развитием* при содействии религиозного учителя, является одним из наиболее интересных разделов книги.

Множество ярких клинических примеров, иллюстрирующих эффекты данных веществ, а также описание различных подходов к сложным терапевтическим ситуациям делают эту книгу еще интереснее и необычнее. Эти наблюдения имеют ценность, не зависящую от фармакологического действия веществ, с которыми работал Клаудио Наранхо. Они превращают книгу в практическое пособие по продвинутой психотерапии. *«Исцеляющее путешествие»* — это сундук с сокровищем, содержащий невероятную, вдохновляющую информацию, связанную с прорывными исследованиями.

Эта книга обязательна к прочтению для всех, кто всерьез изучает сознание и человеческую психику и интересуется недавними открытиями в области психотерапии, психофармакологии, экспериментальной психиатрии и психологии религии. Благодаря своей необычайной ясности, книга также может служить незаменимым подспорьем для ищущего неспециалиста, который хочет получить надежную информацию в этой области.

Станислав Гроф
Руководитель отделения психиатрических
исследований
в Психиатрическом исследовательском
центре штата Мэриленд
Октябрь 1970 г.

Предисловие *Клаудио Наранхо* (1973): Исследование внутреннего пространства

Эта книга была закончена в начале 1970-х, когда я готовился к путешествию, которое, как я думал, могло быть (и в некотором смысле так и оказалось) без возврата. Я оставлял позади тридцать семь лет жизни, сформированной изучением музыки, философии и медицины, а также стремлением найти философский камень. Я был «вечным учеником», всегда незаметным, но при этом неудовлетворённым и жаждущим выйти за пределы своих границ, до такой степени, чтобы то, что я познал повлекло бы за собой изменение других аспектов моей жизни. Я сделал не так много (или, в некотором смысле, ничего), поскольку я был очень занят, желая узнать больше. Однако в данном конкретном случае (т. е. до отправления в Арику, Чили, 1 июля 1970 года), мне нужно было уладить свои дела так, как будто я вот-вот умру.

Мне нужно было определить мою волю. Частью этого являлась публикация того, что я познал, но почти не раскрывал публично, когда я был врачом, проводящим клинические исследования в области психофармакологии. Я чувствовал, что как экспериментатор — то есть тот, кто избрал своим предметом изучение неизвестного, — я обязан сообщить о результатах своих наблюдений.

Только так я переживал, что я могу закрыть дверь в эту главу моей жизни, если опыт, который я накопил стал бы полезным для других. Возможно, я был компульсивно филантропичен или одержим самомнением, думая таким образом. Однако, когда я снова рассматриваю книгу после того, как она пролежала несколько лет в ящике стола, я думаю, что это вполне может оказаться полезной работой, поскольку мало что было написано для широкой аудитории в этой области фармакологически вспомогательной психотерапии, и сведения о усилителях чувств и фантазий, о которых я говорю, ограничены несколькими статьями в научных журналах. Хотя я закончил эту книгу в 1970 году в Калифорнии, работа, которую я описываю, проводилась в основном между 1965 и 1966 годами в Сантьяго де Чили, где я написал главу о МДА и задумал книгу о воздействии четырех веществ.

Я был в тот момент исследователем-психиатром пионерской школы Centro de Estudios de Antropología Médica медицинской школы Университета Чили.

Создание этого департамента произошло по инициативе почетного профессора Доктора Франца Хоффмана, который тридцать лет назад основал первый Чилийский Институт физиологии. Он бы человеком, который в свои шестьдесят лет, открыл, что физиологические исследования — это далеко не все, и его глаза начали открываться трансцендентному, поэтому он внезапно увидел трагическую реальность дегуманизации медицины. Центр исследования медицинской антропологии создавался для тщательного диагностирования процесса дегуманизации и исследований теоретических и практических аспектов и исправления этого положения. Как преследование этой цели привело меня к описанным ниже исследованиям — это длинная история, которую одновременно можно свести к утверждению доктора Хоффмана, который практиковал именно организмический (основанный на идее, что организм — это целое), нежели организационный подход в управлении Центром, и это в нем выражалось в вере, что великое добро происходит от поддержки частных инициатив и стилей. Мои инициатива и стиль были основаны на исследовании возможных оживляющих эффектов, возникающих благодаря веществам, которые, по-крайней мере на мгновение, открывали врата существенного выражения и сдерживали индивидуальные устоявшиеся перцептивные схемы и привычки реагирования.

Я глубоко благодарен доктору Хоффману и Университету Чили, которые предоставили мне возможность делать то, что я хотел в течение девяти лет своей жизни, годы, которые были продуктивны не только сами по себе, но еще и как основания для будущего понимания. Только атмосфера большой релаксации, которая была создана рабочим контекстом, позволила мне устремиться к тому, чего я не знал; отсутствие отвлекающих факторов позволило мне получить непосредственный опыт; и отсутствие внешнего давления, парадоксально, но вторгло меня во внутренний космос, в деятельность, которую я переживал как рискованный прыжок в неизвестность.

Единственный аспект книги, который сейчас, несколько лет спустя, у меня возникает соблазн изменить — это склонность считать мои «исцеления» слишком категоричными. Я бы сейчас предпочел рассмотреть их как важные шаги в направлении растворения компульсивного характера или обусловленной структуры личности.

Четыре фармакологических вещества, которые я рассматриваю в этой книге, относятся к двум классам: усилители чувств и усилители фантазии, оба из которых имеют общие характеристики не-психотомиметических психоделиков.

Два слова — «не-психотомиметический» и «психоделический» вне их специального определения противоречащие коннотации. «Психотомиметический» и «психоделический» — термины, обычно используемые разными людьми и в контексте установок характера.

«Психотомиметик» (то есть субстанция, которая вызывает состояние, имитирующее психоз) — есть концепция, возникшая в надежде, в умах медиков и ученых, что психоз может быть экспериментально спровоцирован и контролироваться и может быть распознан и понят, и благодаря этому можно получить ответ на вопрос о его исцелении. Однако, поскольку эта возможность была сопряжена с опасностью, слово вскоре получило коннотацию предупреждения, красного сигнала и, экстраполируя, отрицательное значение.

Таким образом, «психотомиметик» стал «встревоженным» аналогом термина «психоделический».

«Психоделический» (ведет свое значение от синонима «проявляющий ум»), термина, который в пятидесятые годы породил Доктор Хамфри Осмонд, один из пионеров исследователей в этой области, сохраняет позитивную коннотацию.

По контрасту с термином «психотомиметический» который остается в недрах профессионального использования, термин «психоделический» вошел в мирской язык обывателей, более склонных к позитивным аспектам опыта, побуждаемого психоделиками. На протяжении всего этого времени спор бурлил, кипел, а потом чуть не испарился без разрешения:

Являются ли рассматриваемые препараты по существу «психотомиметическими» или по существу «Психоделическими»?

К счастью, в шестидесятых были вещества, в которых психоделические и психотомиметические свойства предъявлялись по отдельности. Поскольку эти четыре вещества, которые я описываю в книге не-психотомиметические (расширяющие сознание, но не вызывающие психотические проявления, за исключением метафорического или пиквикского понимания психоза), они являют из себя особенный интерес для терапевтов. Они принадлежат к отдельному домену, который лежит между веществами, недостаточно психоделическими (в истинном смысле этого слова), но при этом полезными, такими как скополамин, амфетамин, и пентобарбитал — и между теми веществами, которые очень психотомиметичны, трудно контролируемы и потенциально опасны. Протоколы сеансов, которые я цитирую на протяжении всей книги, отражают, что усилители чувств вызывают переживания той же природы, что психотерапевтическая практика в целом в тот же период. Их отличительная черта на фоне моей общей практики есть плотность эмпирически поднимаемого значимого материала. Можно сказать, что используемые вещества действуют как психологические катализаторы или как смазка, которая устраняет препятствия и облегчает открытость к переживаниям.

Я хотел бы отметить, однако, что результаты, которые я описал, не являются независимыми от личности человека и не обязательно достижимы для любого, кто использует эти четыре препарата в психотерапии. Интуиция, переживания и исследование, данное в литературе, привели меня к принятию широко распространенной точки зрения, что психотерапевтические результаты не отделимы от личности пациента и терапевта. Более того, я полностью осознаю, что именно мое состояние, в большей степени, чем аккумулированные мною навыки и информация, влияло на сессии, которые я проводил. Один из наиболее важных аспектов психоделических препаратов, вне зависимости от того, являются ли они психотомиметическими или нет, заключается в том, что они открывают человека для тонких влияний, которые могут быть благословением или проклятием.

Если вещества, описанные в этой книге, будут приняты для использования в медицине, я думаю, что они должны быть предметом органов контроля, которые будут удостоверяться, что вещества используются теми людьми, которые обладают достаточной психологической, экспериментальной и технической квалификацией, так как это предлагал профессор Джоэл Элкес из Института Джона Хопкинса и штат Мерилендского Психиатрического Исследовательского Центра в своих программах тренинга для астронавтов внутреннего мира. Хотя здесь я ничего не пишу об этом, но я использовал элементы контроля в своем исследовании, которые способствовали обоснованию моего описания отличительных качеств каждого из четырех препаратов. Я сделал отчет об исследовании гармалина опубликованный в *Ethnopharmacological Search for Psychoactive Drugs*, под редакцией Бо Холмстеда и опубликованным в 1967 Департаментом Здоровья, Образования и Благополучия в Вашингтоне; более детальная информация о МДА была опубликована еще ранее в *Психофармакологии* 5:103—107, в статье, которая появилась в 1971 году.

Я не публиковал данные, соответствующие другим двум веществам, они лежат на хранении в Чили, среди множества моих бумаг. Я извиняюсь за то, что более ничего не буду говорить, только то, что я давал ибогаин и ММДА достаточному количеству человек, которым я также давал ЛСД, или мескалин, или МДА, или гармалин для того, чтобы быть уверенным в правильности своих результатов.

Я могу также добавить к этому, что 99 процентов тех, кто испытал на себе последствия или ибогаина, или гармалина считали, что их эффект безошибочно отличается от усилителей чувств и обычных психоделиков, и они рассматривали такой эмпирический критерий как достаточное свидетельство объективной разницы в эффектах. Я лично разделяю точку зрения Гордона Олпорта, что психология все более и более уходит от односторонних статистических интеллектуальных исследований натуралистической природы человека. Я уверен, что самопознание — заразно, также как и моменты само-открытия, и будучи правильно транслированы могут стать ценным даром для сознания других. Это наилучшим образом ведет к текущей популяризации психологической литературы. **Истинный язык психологии — не латинский, а язык романтики.** Если я не ошибся в своих расчетах, то переживания, описанные здесь, имеют большой смысл, и могут стать частью общечеловеческого сознания, таким образом, внося свой вклад в осознание каждого читателя.

И на прощанье, я хотел бы выразить благодарность Фрэнку Баррону, Лео Зеффу, Станиславу Грофу, Майклу Харнеру, Карлосу Кастанеде, Дон Хуану, и другим шаманам этого мира.

Я надеюсь и желаю, чтобы эта книга способствовала достижению мира, радости и согласия на земле.

Клаудио Наранхо
Кенсингтон, Калифорния
Март 1973

ИСЦЕЛЯЮЩЕЕ ПУТЕШЕСТВИЕ

Передовой Подход к Психоделической Терапии

Глава 1

Исцеляющий Потенциал Агонии и Экстаза.
Вещества в Психотерапии

Связь между возникновением измененного состояния сознания и последующими изменениями личности была известна во все времена. Шаманы по всему миру создают состояние транса для получения исцеляющего эффекта; мистики часто входят в визионерское состояние во время своих «выходов»; нередко у пациентов, на поздних стадиях психоанализа, появляются галлюцинации или другие быстротечные психотические проявления.

Измененные Состояния Сознания (ИСС) преднамеренно использовались в терапевтических целях в таких областях, как гипнотерапия и использование психотропных препаратов. В последнее время возросший интерес к идее «позитивной дезинтеграции» (Домбровского) и к тем положительным эффектам, которые психотический опыт, при условии правильной ассимиляции, может привнести в терапию, привело к все более широкому применению психоделических средств. Первыми препаратами, задействованными для облегчения терапевтической интервенции, были барбитураты и амфетамины. Впервые барбитурат внутривенно был использован Леньель — Лавастином (1924) «для выявления бессознательного», и в дальнейшем, этот метод стал основой для методов, известных как наркоанализ (предложенный Д. С. Хорсли, 1936), наркосинтез (Гринкер) и др.

Кажется, что первый, кто применил стимулянт, как дополнение к психотерапии, был Дж. Дьоле, внедривший «амфетаминовый шок». До этого Майерсон (1939) описывал внутривенное использование комбинаций бензедрина и амитала содиума, но интерес к этим процедурам значительно возрос только к пятидесятым, когда началось более широкое применение амфетаминов внутривенно.

После стимуляторов и антидепрессантов галлюциногены становятся объектом интереса психотерапевтов как вещества, способные фасилитировать психотерапию. За клиническими опытами с маленькими и средними дозами мескалина Federking (1947) последовали опыты Абрамсона, который выступал за использование небольших доз ЛСД-25, способных вызывать ИСС, в процессе психоаналитической терапии и опыты Сандисона с его юнгианским взглядом на процесс.

Последующие годы принесли с собой не только появление близких по действию веществ, (псилоцибин и другие триптамины), но и методы изучения психических состояний, ими спровоцированных. Многие были очарованы значительной духовной ценностью этих «психоделических» переживаний и заинтересовались именно этой их стороной в большей степени, чем чисто терапевтическим применением. В частности, Олдос Хаксли сильно повлиял на интерес к религиозному и эстетическому аспектам этих препаратов. Другие увидели в этих состояниях не только связь с изменениями в поведении, но именно ключ к этим изменениям, и это стало ориентиром в дальнейших исследованиях, которые начали проводиться с целью повышения вероятности пиковых переживаний. Например, Хоффер и Осмонд воспользовались этими разработками при лечении алкоголизма в Саскачеване, а Гарвардская группа использовала их в реабилитационном проекте в тюрьме Массачусетса.

Препараты, о которых я буду говорить в этой книге, представляют собой только некоторые, из ряда недавно открытых или переоткрытых в последние годы. Сейчас мы находимся только на начальном этапе искусственного вызывания особенных состояний сознания. С другой стороны, препараты, с которыми мы уже знакомы — стимуляторы, антидепрессанты, галлюциногены и те, которые будут описаны в следующих главах, проявляют то, что не какое-то особенное душевное состояние способствует психологическому исцелению, а любая серия искусственно вызываемых изменений привычного психологического паттерна представляет собой возможность для разрыва замкнутого круга психики и поднимает на поверхность неизведанные ранее сферы эмоций и мыслей, тем самым облегчая коррекционную деятельность, при которой мало развитые функции могут быть временно стимулированы, а переразвитые способности временно приглушены.

Четыре препарата, о которых пойдет речь в этой книге, можно разделить на две группы как по их химическим свойствам, так и по типу эффекта их воздействия. Одна группа — фенилизопропиламины, включающие МДА и ММДА, в основном характеризуется эффектом усиления чувствования, обострения внимания, ускорения ассоциативного и коммуникативного потока.

К другой группе относятся полициклические индольные алкалоиды (ибогаин, гармалин).

Из-за своего эффекта они могут быть названы «oneirophrenic» (онейрофреник), термин, предложенный Тернером для алкалоида гармалина. Их эффект у большинства субъектов заключается в вызывании живых мечтаний, которые переживаются с закрытыми глазами, но без отрыва от окружающей реальности и изменений в мышлении. Качество, делающее препараты из обеих групп привлекательными для психотерапии, заключается в облегчении доступа к неосознанным процессам, чувствам и мыслям, качество, которое можно назвать «психоделическим» в том смысле, которое ему придавал Осмонд: «проявляющее разум». А поскольку, в отличие от галлюциногенов, они не влияют на перцепцию, не имеют эффекта деперсонализации, не вносят изменения в мыслительный процесс, а наоборот, усиливают осознание, их вполне можно называть «непсихотомиметические психоделики».

Существуют четкие различия не только между разными типами психотропных препаратов, но и между теми характерными эффектами и возможными синдромами, которые каждый из них может вызвать. Иногда очень трудно увидеть что-то общее в возможных различных реакциях на один и тот же препарат, но порой в следующий момент можно обнаружить, что то, что казалось очень различным, на самом деле, оказывается всего лишь другим проявлением одного и того же. Так, потеря эго, вызванная принятием ЛСД, может выражаться и как экстаз от полного слияния со Вселенной, и как отчаянное цепляние за незначительную идентичность, страх хаоса и безумия, так же как значительное улучшение осознания после принятия ММДА может восприниматься как Полнота, но тот, кто еще не готов встретиться с этим моментом, будет мучим тревогой, стыдом или виной.

Конечно же, типичных реакций, провоцируемых каждым веществом, может быть больше двух, однако их количество во многом будет зависеть от типа личности, и каждая из таких реакций имеет особую специфику в нахождении оптимального психотерапевтического подхода. Позиция терапевта в этой ситуации будет зависеть от его понимания глубины выше приведенных контрастов. Об этих контрастах: удовольствие/боль и личностная интеграция/дезинтеграция в данный проживаемый момент — я буду говорить далее.

Пиковый опыт или Усиление патологии

Очевидно все психоактивные вещества, от барбитуратов до ибогаина, могут вызывать как приятные состояния сознания, так и неприятные. Это могут быть состояния, кажущиеся более желанными, чем обычные, или наоборот, состояния страдания, ухудшения умственных процессов, адекватности поведения или правильного восприятия реальности. Хаксли описывал некоторые характерные эффекты мескалина как «небеса» и «ад» и эти определения стали стандартными для тех, кто знаком с эффектами галлюциногенов типа ЛСД. Но сколько наркотиков, столько же «небес» и «адов». Реакция каждого конкретного человека отчасти зависит и от его конституции. Шелдон отмечал, что активный и сильный соматотоник в ответ на алкоголь среагирует еще большей активностью и агрессивностью, в то время как более социальный висцеротоник выдаст реакцию в эмоциональном и речевом плане, а интроверт церебротоник среагирует понижением общего тонуса и задумчивостью.

Несмотря на то, что индивид может очень часто быть предрасположенным к определенным реакциям на конкретный психоактивный препарат, достаточно очевидно, что в каждом отдельном случае он может выдать различные реакции в ответ на различные терапевтические приемы, а также и в различные моменты данной сессии. Более того, кажется верным утверждение что, будет ли состояние, которое испытывает человек, «блаженным» или «кошмарным», напрямую зависит от его настроения в данный момент сессии, от его личных отношений с терапевтом, от окружающей обстановки и от последнего, к нему примененного, терапевтического вмешательства в течение данной сессии. Этот факт предоставляет человеку свободу в выборе того или иного типа переживания, поэтому важно, чтобы терапевт это тоже понимал.

Какова же природа этих переживаний — «позитивного» и «негативного», и что делает их «приятными» или «неприятными»? Диапазон пиковых состояний как в обычной жизни, так и в условиях психофармакологического воздействия, можно представить через множество стадий. Я предполагаю, что общим у них будет переживание, в котором человек открывает свою *исходную ценность (изначальную ценность)*.

Мы используем слово *«ценность»* в нескольких значениях. Например, как описание различных психологических процессов, приводящих к оценочным суждениям. Одно из значений мы обозначим как «нормативная» ценность, где *«ценность»* принимает значение принятия или отрицания чего-либо (человека, деятельности, объекта, работы, искусства и т. д.) в соответствии с навязанной ранее установкой. Такая установка может быть неявной или бессознательной, соответствовать личному восприятию или вступать с ним в противоречие. Ею, например, может являться такое понятие как «прилично» — как должен выглядеть приличный человек, какой должна быть приличная жизнь и т. д. В этом процессе описания ценностей *«ценность»* есть «идея — чувство — действие» и зависит от природы прошлого опыта или обусловленностей.

Но когда мы наслаждаемся вкусом яблока, свежим дыханием ветра, находимся под чарами красоты, любви или мистического откровения, «ценность» момента не в совпадении или несовпадении нашего сиюминутного опыта с общепринятыми нормами, а в открытии чего-то, что живет в этом моменте, и, вероятно, не было известно ранее. Более того, нормы обычно берут начало там, где раньше никаких норм не существовало, из таких вот моментов-откровений:

«И увидел Бог, что это есть хорошо».

Разнообразие переживаний *изначальной ценности* можно увидеть, как непрерывную прогрессию от простейшего уровня чувственного удовольствия до уровня всеохватывающего мистического восторга. Эти переживания представляют собой *истинное удовольствие*, которое отличается от всего того, что мы обычно считаем удовольствием. Этот процесс представляет собой освобождение от первичных напряжений (голода, жажды, и т. д…). Наслаждение чувственным восприятием, оказывается не связанным с нуждой или инстинктом, но, как изначальная **ценность,** воспринимается как нечто принадлежащее самому «объекту» (цвет, вкус, звуки и т.п.) и поэтому переживается как Дар. Такое состояние можно распознать как элементарную форму любви, которая есть благодарность и **творение «да» реальности в деталях, в ее ткани, или в ее основе**, а не в ее специфических формах. Это то качество, которое Стоковский, говоря о музыке, называл «телом» музыки в отличие от принятого «душа» музыки, и красота этого тела музыки настолько же реальна, как и красота физического тела человека.

Но «душа» искусства принадлежит к области понятия «красота», которое, в свою очередь, отличается от «удовольствия» не только по качеству, но по своей сути. Если наслаждение состоит из отдельных чувственных восприятий, то в красоте ценится ее целое: объект, символ или лицо, у которого, безусловно, есть сенсорные признаки, но эти признаки не определяют целое. Так, хорошая музыка может звучать на инструменте с плохим качеством звука или бесполезная картина быть написана самыми красивыми цветами.[1]

Если *единичные ощущения* предназначены для удовольствия, а *вся ситуация* для красоты, то *бытие* предназначено для любви. И если «*вещь*» больше, чем порождаемые ею сенсорные ощущения, так и *бытие* больше, чем его «**чьей-ность**» (***принадлежность чьему-то телу***)[2]. Так же как у человека есть тело, и он выражает себя через тело, так и дух, пронзающий произведение искусства, говорит через него, но не является этой определенной формой. И чем больше мы погружаемся в глубины творения, тем ближе приближаемся к духу автора, который передается посредством его стиля. Один из глубочайших моментов в восприятии искусства, это понять автора — говорим ли мы о Бахе, Достоевском, Ван Гоге, или любом другом, кто вдохновенно творил, а не просто случайно украшал время и пространство. (Но, чтобы встретиться с духом во Истину, мы должны являть собой нечто более цельное, чем просто последовательность случайной активности в том месте, которое мы называем «Я»). И когда мы любим объект, он также существует для нас за пределами своего физического существования, которое может быть прекрасно или нет. Нам неважен его эстетический аспект. Возможно, это любовь ко всему существующему позволила Гогену сказать: «*Вещь не всегда привлекательна, но всегда красива*». Я не утверждаю, что объект наделен чем-то типа души, а только хочу указать на качество нашего переживания. В одном случае, объект — это лишь абстрактная совокупность физических качеств, а в другом, мы персонифицируем его, и относимся к нему, как к бытию, как к индивидуальности.

---

[1] *То есть звучание инструмента или краски (частное) не определяют общее* — Примечание переводчика

[2] Примечание переводчика

Иногда это происходит неявно, например, в момент, когда мы моем посуду с любовью, или это выражается более или менее ярко, когда мы отказываемся расстаться с любимым старым свитером.

Так же, как *бытие* может являться объектом любви, так и *бытие*, само по себе порождает чувства, которые можно выразить словами «святость» и «неприкосновенность». Чудо существования, в любой форме, есть чудо утверждения, которое создало этот мир — «Есть-ность», как Хаксли перевел *«Istigkeit»* Экхарта.

В моменты пиковых переживаний происходит встреча с *исходной ценностью* — от принятия ощущений, которые поставляет восприятие, и далее, через красоту и любовь, до принятия всего переживания как такового, как общей основы вещей. Но что тогда, что же находится на другом конце небесно-адского континуума?

Поверхностно опишем это, как усиление синдромов, с которыми мы хорошо знакомы из психиатрического опыта: психосоматические или дисбалансные проявления, тревожные и депрессивные реакции, усиление патологий характера, переходных бредовых состояний, кататонии и так далее.

Углубляясь, я хотел бы предположить, что эти состояния не что иное, как продукт отрицания *исходной ценности*. Нахождение ценностей на всех уровнях и во всех формах — вот та жизнеутверждающая сила, которая определяет наш единственно правильный путь в жизни. Но рядом с силой жизнеутверждающей, говорящей «да» — жизни, соседствует активная сила, которая говорит «нет», не принимает и отвергает идею жизни, которая опускает занавес, на нашу истинную радость, существования, лишая нас способности к любви и делая нас неспособными верить именно тем чувствам, которые приглашают нас преклоняться перед существующим как таковым.

Препараты всего лишь помогают ярче проявить некоторые аспекты человеческой психики. В зависимости от того, будет ли индивид в состоянии принять это или нет, он или войдет в контакт с *исходной ценностью*, или же будет находиться в конфликте между стремлением к познанию и его отрицающим малым «я». Естественно, такой конфликт может привести к подавлению, символически выраженному через тело или сознание, реактивным образованиям и боязни себя отпустить.

Но и такой опыт нельзя недооценивать. В нем заключено драматическое столкновение внутренних сил личности и, благодаря этому, конфликт может быть выявлен, понят и разрешен. Проявление конфликта, заключающегося, в основном, между «быть» или «не быть» и отражающего внутренние противоречия, приводит к разоблачению «монстра», в котором концентрируются все отрицательные силы. Разрешение конфликта и достижение единства можно сравнить с победой над драконом из классических сказок и принятию в себя его силы или укрощению дикого зверя и направлению его энергии на службу жизни.

Процесс «нисхождения» в патологию, хаос и разрушение как средства для личностной интеграции не является открытием современной психотерапии. Например, это очень хорошо описал Данте в своей *Божественной Комедии*. Поэма начинается с того момента, когда автор на половине своего земного пути заблудился в «сумрачном лесу» во время сна. Увидев вдали высокий холм, он устремляется к нему в надежде найти свой путь, но увы, это невозможно. Три страшных зверя (различные воплощения одного), преграждают ему путь. Перед ним появляется проводник, чтобы объяснить, что прямой путь невозможен и путь к спасению лежит через подземелье.

Затем Данте рассказывает, как следовал за проводником и был вынужден стать свидетелем, одного за другим, разных человеческих аберраций. Позже, пройдя сквозь круги ада и чистилища, он говорит о том, что все они воплощение «болезней любви» — «любви, что движет солнце и прочие звезды».

И путь, описанный Данте в Комедии, наиболее соответствует описанию «адского» переживания, вызываемого препаратами. Все страсти распознаются как различные формы «Я», центра человеческого существования. Не без стресса или боли встречался Данте лицом к лицу с различными сценами в аду, а иногда он был даже не в силах оставаться в сознании от увиденного («и падал, как мертвое тело падал»), но он сумел сохранить отстраненное отношение к происходящему и пройти сквозь.

В наши дни, *осознание* или *сознание* — единственный элемент, на который большинство психотерапевтов указывают как на необходимый двигатель трансформации. Осознание наших процессов — это то, что может подчинить их нашему контролю, сделать их действительно «нашими». Парадоксально, но в процессе осознания мы есть не только «это», но намного более многогранная сущность, которая может продолжать существовать как с «этим», так и без него, «Дух есть Свобода (Свобода есть истинная сущность духа)» — сказал Гегель. И в этом разница между адом и раем у Данте, также как между началом и окончанием успешной психотерапии. И ад и рай в Комедии не различаются по силе их изображения — как в аду описана похоть, так в круге рая воспевается любовное томление, гнев в аду соответствует боевому духу в раю; греху обжорства противопоставляется жажда небесной манны и т. п. **Разница заключается лишь в том, что то, что в аду описывается как проявления «страсти» (некое пассивное «страдание»), в раю принимает вид «добродетели»** (virtue) — от Индо-Европейского vir: сила, энергия и от Латинского vir: человек.

Трансформирующим эффектом, который сознание приносит в жизненные процессы, является преобразование их в нечто большее, чем они были. Как, если бы «адом» называлось такое состояние сознания, при котором человек забыл свое действительное предназначение, свои истинные цели, и энергия в нем не текла бы естественным образом. Когда каждая часть человека «вспомнит», что она действительно хочет, болезнь превратится в здоровье.

Путешествие, создаваемое химическими веществами, открывающее ад, не отличается, по сути, ни от процесса «старомодного» самопостижения, ни от процесса современной глубинной психотерапии. Все три варианта различаются техническими деталями, но их главное различие состоит в интенсивности процесса: так, под воздействием вещества, месяцы могут сжиматься в часы. Процесс остается тем же самым, во всех «способах личностного развития»: акт признания того, что удалось вытолкнуть за границы сознания. Поскольку мы избегаем того, что внушает нам страх, то такой процесс является актом мужества. А так как многое из того, чему мы не позволяем присутствовать в нашем сознании, является болезненным, унизительным и неудобным, то те же самые чувства могут возникать разными способами, и стимулировать те же инсайты. Таким образом, боль или тоска, провоцируемые использованием препаратов, могут стать концентратом мучений или страха, длящегося месяцами, или годами само-исследования и могут быть неизбежной ценой, которую человек должен заплатить, чтобы приблизиться к реальности.

Опыт подсказывает, что такое состояние является временным и в конце «очистительного пути» пациента ждет самопринятие. Хотя сомнительно, что этот конец может быть достигнут без шагов на пути исцеления — разрешения конфликтов, переосмысления ненависти к себе, проработки стыда, вины и т. п.

Факт того, что исцеление происходит доказывает, что «проблемы» и источники страданий были в каком-то смысле иллюзией.

Если химически вызванная интенсификация сознания приводит к усилению патологии, то только потому, что «нормальность» поддерживается посредством психологической «анестезии» и «регулировка» в нормальном состоянии сознания находится в отрицании, а не в трансцендентности внутреннего смятения. Еще один шаг в осознании может показать, что все патологии процветают только в темноте, а вызвавший их конфликт проистекает из запутавшегося бессознательного.

Парадокс психотерапии состоит в том, что страдания, которых мы изо всех сил стараемся избежать, сами по себе есть воплощение процесса избегания. Только двигаясь навстречу страху и противостоя чудовищу, являющемуся источником боли, можно сделать открытие, что никакого страшного монстра там нет. Иногда это находит свое драматическое выражение во время сессии, когда клиенту кажется, что он вот-вот умрет, но в тот момент, когда он уже покоряется смерти, он просыпается в экстазе от наполняющей его жизненной силы; или же в случае, когда ему кажется, что он сходит с ума и уже готов сдаться, приходит откровение, что это было всего лишь его собственное ожидание катастрофы, а на самом деле ящик Пандоры абсолютно пуст, и все его импульсы к контролю устранены.

Мы можем описывать процесс как различение между реальностью и иллюзией, как один из «позитивных распадов» (Домбровский), как переопределение условностей, через усиление вытесненного. В практическом применении лучшее, что может делать психотерапевт, — это находиться рядом с путешествующим по аду, вдохновившись примером Вергилия, который сопровождал Данте, направляя его к цели, давая ему мужество идти вперед и видеть, а иногда даже подталкивая, когда страх заставлял его поворачивать назад. Я верю, что осознание того, что ад — это не ад, должно приходить из внутреннего понимания, а не из доброжелательных утешений или промывания мозгов, и поэтому я снова и снова повторяю моим пациентам, «Оставайтесь в этом». Оставаться там — это способ пройти через это, что бы там ни происходило.

Тем не менее, за адом следует чистилище, и символы Данте могут быть полезны в терапевтическом процессе. **Ад** — это состояние беспомощного и безнадежного страдания; **Чистилище** — это выбранное страдание, которое становится средством на пути к цели. В первом случае человек — это жертва; во-втором — раскаивающийся. В аду человек просто созерцает реальность, затопленный доказательствами своего ужаса. Чистилище начинается, когда широко открытые глаза бдительности перестают пугать, но все еще действовать –это сложный вызов. Это начало **активной жизни** (*viva activa*), в отличие от *жизни созерцательной* (*viva contemplativa*), и боль чистилища рождается из трения между утверждением существования и укоренившимися личностными искажениями. Это принятие того, что единственный путь достижения осознания лежит через брошенный вызов. У Данте это принимает образ восхождения на гору. В психологических терминах, это — мужество быть, выражать свою природную сущность наперекор сопротивлению. В процессе психотерапии, и особенно в той, где используются психоактивные препараты, действие обычно разворачивается в очень ограниченном социальном контексте взаимоотношений с психотерапевтом, но все же может включать в себя и абстрактную сферу искусства, и неограниченную область воображения. Важность действия, содержащуюся в визуальных абстрактных образах или драматическом самовыражении, для ослабления стресса, помогают обнаружить Гештальт-терапия или управляемые сновидения, что будет проиллюстрировано в этой книге.

Очевидно, что процесс внутреннего изменения начинается с неизбежной болезненной проработки аспектов искаженной психологической действительности. Тем не менее, необходимо сказать о дополнительном подходе к психотерапии, который ставит себе задачей содействовать росту и подкреплять здоровые аспекты личности и развивать наиболее правильные (точные) связи с действительностью, а не разрушать старые паттерны и не анализировать сомнительные картины несуществующего мира и интерпретаций бытия. В сессиях с применением фармакологической терапии в этой роли выступает использование пиковых переживаний.

Кажется очевидным, что среди некоторых психотерапевтов, использующих ЛСД и похожие препараты, прослеживается тенденция односторонней трактовки пиковых переживаний, где «плохое путешествие» видится как случайность, которая не несет в себе предпосылок для дальнейшей проработки. С другой стороны, есть и такие, у которых имеется большой опыт в трактованиях патологических проявлений и конфликтов, но они чувствуют себя беспомощными перед лицом «счастливых» эпизодов, не входящих в их концептуальную структуру.

Если и страдание, и экстаз от переживаний под действием веществ являют потенциал психологического исцеления, то для нас важно уметь распознавать роль каждого из них в индивидуальной терапии и уметь находить наилучший путь работы с этим во время курса сессий.

Вопрос о том, как эти два типа переживаний соотносятся между собой, является одним из примеров соотношения психотерапии с духовными дисциплинами и духовными исканиями, и тем, как они описаны у мистических писателей и учителей.

Когда дело доходит до понимания психоделических переживаний, разброс мнений о связях между психотерапией и духовной сферой велик также, как и весь человеческий опыт в целом. Хотя наиболее широко распространенной тенденцией является та, где положительное и отрицательное переживания рассматриваются вне связи одного с другим, и тем не менее, либо одно, либо другое переживание считается особенно важным. Есть еще те, кто акцентируют «трансцендентную» сторону и видят психотерапию как путь тривиальный, и другие, которые смотрят на все «мистическое» с подозрением или с культурным интересом, не имеющим значения для исцеления ума. Психотерапевты, на чьи труды оказали влияние духовные дисциплины (Фромм, Бенуа, Николь) или религиозные мыслители, интересующиеся психотерапией (Уотс), находятся в меньшинстве, и их число еще уменьшится, если мы обратимся к тем, кто имеет существенные представления о том, что связывает между собой идеи этих различных областей (психотерапии и духовности).

На мой взгляд, «психотерапия» (в правильном понимании) и «мистицизм» или «эзотеризм» (в правильном понимании) не что иное, как различные этапы одного духовного путешествия, различные уровни непрерывного процесса развития сознания, интеграции, самореализации. Главные вопросы у них одни и те же, хотя психические состояния, которые возникают и технические методы, к ним применяемые, могут разниться. Некоторые из этих проблем, как я уже где-то писал, помимо проблемы роста сознания, это: контакт с реальностью, разрешение конфликтов в сторону большей целостности, развитие свободы и способности отдаваться жизни, принятие переживаний и, в особенности, скачок в изменении идентичности, ведущий от самоописания к идентификации со своей реальной внутренней сутью.

Отношения между поиском здравого состояния ума и просветлением можно сравнить с второстепенными и главными мистериями античности. В то время как целью первых было восстановление «настоящести человека», человечности, вторые стремились к трансцендентности человеческого существования и приобретению относительной степени свободы от нужд и законов, которые определяют обычную человеческую жизнь, посредством ассимиляции радикально различных состояний бытия.

Пропасть между между человеческим сознанием, даже полностью реализованным, и «другим берегом», проявляется в таких символах, как мост или океан, которые надо пересечь; лестница, на которую надо взобраться (не только гора в земном смысле), и в образах смерти и возрождения, которые мы находим во всех мистических и религиозных традициях.

«Истинный человек», «Настоящий человек» — цель психотерапии. Это человек освободившийся от «первородного греха», человек, который не обращается против самого себя и реализует свой потенциал в утверждении себя и своего существования. Это тот человек, которого Данте в его монументальном синтезе древней культуры и христианства, подводит к вершине чистилища: земному раю. Рай, да, но не Небеса. Небеса лежат за пределами подлунного мира Аристотеля: это «круги» планет, Солнца и неподвижных звезд.

Также, как и в путешествии Данте лишь только после того, как будет достигнута полнота естественного человеческого состояния (возможная лишь после прохождения ада и чистилища), человек сможет воспарить над землей. Большинство мистических учений подчеркивает необходимость в пути очищающем перед тем, как начинать путь воссоединяющий: это и необходимость личности в реализации своей естественной сути человеческого существования, перед тем, как она начнет стремиться к реализации своей божественной сути, и необходимость установить порядок и гармонию в своей жизни, прежде чем душа ее станет восприимчивой к «сверхъестественному» — которое лишь часть естественного, которая находится за пределами обычного человеческого понимания и осознания.

Эти стадии выделены в практической действительности, и экстатические и мечтательные переживания могут возникнуть, когда человек еще не готов к ним и не готов даже понять их смысл. Стоит отметить, что духовные школы всего мира достаточно амбивалентно относятся к таким экзальтированным состояниям. Так, с одной стороны, Гуру йоги предостерегают своих учеников от очарования от приобретения «специфических» возможностей, которые могут сбить их с истинного пути; христианские мистики предупреждают монахов об опасности очарования «видениями» и эмоциональным восторгом; учителя Дзен оценивают галлюцинаторные переживания во время медитации, как макио (от дьявола) и вообще мы очень часто находим упоминания об опасностях для «неподготовленных» при контакте с оккультизмом. В данном контексте подготовка означает не наличие знаний, а приобретение качеств, вследствие личностного роста, без которых мистицизм превратился бы в магию, а также, такой поиск сверхъестественного, которому эго подчиняет свою жизнь, направляя ее на постижение большей целостности, позволяющей индивиду найти свою истинную цель.

С другой стороны, такие переживания Неба без чистилища, *самадхи* до просветления, милости до мистического единения, особенных состояний сознания перед достижением абсолютной духовной зрелости, рассматриваю как семена трансформации.

Я думаю, что эта двойная точка зрения может касаться и пиковых переживаний, которые у некоторых людей могут быть вызваны рядом психоактивных препаратов. Намного чаще, чем медитативные дисциплины или ритуалы, они могут подвести к Небесам без чистилища, к состоянию озарения от универсальных истин, лежащих в основе религий, при этом, не будучи сопрождаемыми инсайтами или изменением какого-либо личностного несовершенства. Человек может использовать такой опыт для раздутия эго или для внутреннего изменения, для самооправдания и стагнации, или же принять его за свет, указывающий ему путь.

Кроме всего того, что можно сказать о терапевтической ценности пиковых переживаний, я думаю, что преимущество этого подхода (представленного в подробностях в III главе) в том, что личностные изменения отличаются от пиковых переживаний, какая бы связь между ними ни была. Каждое из них может быть шагом навстречу другому, но нужно иметь в виду, что «мистическое переживание», например, лишь облегчает психологическое исцеление (дает человеку более широкую перспективу его конфликта), а психологическое здоровье обеспечивает только большую восприимчивость к глубинному переживанию реальности, которая и составляет основу пиковых переживаний.

Из-за факта того, что «мистическое переживание», вызванное посредством веществ того или иного типа, в общем имеет меньший эффект на человеческую жизнь, чем такое же спонтанное переживание (или являющееся результатом систематических духовных практик), часто поднимается вопрос о том, действительно ли они имеют одну природу.

Естественно ожидать, что спонтанное религиозное переживание более устойчиво, чем то, что вызвано при помощи внешнего посредника.

Чем сильнее внешнее воздействие (химическое или другое), которое необходимо применить для получения пикового переживания, тем вероятней предположение, что у человека, наличествуют сильные психологические защиты, и существует разрыв между ценностями, присущими обычным состоянием сознания и необычным. Также, если мы обрисуем искусственно вызванное пиковое переживание как временное освобождение из тюрьмы ординарной индивидуальности и ею созданных конфликтов, мы можем представить ценность этого переживания, через вкус свободы, который чувствует заключенный хотя бы на время покинувший одиночную камеру. Такого рода опыт может повлиять на его окончательное освобождение путем подкрепления его намерения, разрушив его идеализацию тюремной жизни, дав ему ценные направление и информацию извне о том, что ему предпринять, чтобы стать свободным. Многое из этого зависит от активности узника в то время, как дверь камеры остается временно открыта. В одном случае он может даже не толкать незакрытую дверь, будучи слишком сонным или испуганным жизнью за пределами стен, в которых он привык жить. А может выйти за едой в соседнюю комнату, или пойти прогуляться и насладиться окрестностями. Или, наоборот, может использовать это время для того, чтобы завоевать себе постоянную свободу. Он может найти инструменты и использовать их для открытия замка, когда дверь снова закроется, или он может заняться изготовлением дубликата ключа.

Иными словами, под искусственным экстазом можно понимать процесс, начинающийся с устранения препятствий для погружения в глубины психики, и ведущий к восприятию подлинной реальности. Такое устранение препятствий можно сравнить с тем эффектом, который большое количество алкоголя, NO_2 или недостаток кислорода оказывает на центры контроля в коре головного мозга, вызывая состояние растормаживания импульсов или аффекта. И в случае, если эта нейрофизиологическая модель верна, то область действия веществ, о которых идет речь в этой книге, должна отличаться от той, на которую действуют депрессанты, также, как и тот расслабляющий эффект, который каждый из этих препаратов вызывает. Это освобождение от привычных защит в сознании и поведении, всего лишь намек на будущее преодоление барьеров и реструктуризацию дисфункциональных паттернов личности. И хотя оба этих переживания могут казаться одинаковыми, в первом случае мы встречаемся с условной свободой, а во втором — с целостной свободой, испытываемой несмотря на трудности. Возвращаясь, к примеру тюрьмы, описанному выше, это, как если бы в первом случае охрана заснула, а не была обезврежена или убита, в отличие от того, как если бы эго растворилось в мистическом Просветлении и «старая» или «внешняя» личность умерла, а «новая» или «внутренняя» личность родилась в какой-то момент успешного духовного поиска.

Многое из того, что было сказано выше, относится в какой-то степени и к переживаниям, вызываемым некоторыми духовными дисциплинами, природой или личной «заразой». Простой уход от мира (независимо от того, простая ли это жизнь, или это монах или индийский саньясин, которые отказались от всего сущего) может уменьшить препятствия, и конфликты, которые встают на пути у пиковых переживаний. Конечно, намного тяжелее сохранять сосредоточенность и естественность в условиях городской жизни и в тесном окружении семьи, чем в горах Гималаев. И конечно, уединение может дать неоценимую помощь тому, кто хочет познать себя прежде, чем понять, что он будет делать со своей жизнью и что хочет от окружающего мира. Во многих формах медитации тело и дух находят облегчение от привычного внутреннего беспокойства, предвосхищая желаемое внутреннее состояние. В этом случае пиковые переживания возможны благодаря подавлению стимулов, которые могли бы их заглушить. И конечно, эти приходящие состояния, возможные в тишине одиночества, в созерцании белой стены с головой, свободной от мыслей, есть не простое избегание сложностей жизни, а начало возвращения к ней, к встрече с проблемами с новыми силами.

В пиковых состояниях, вызванных веществами, такой выход из конфликтных зон происходит достаточно спонтанно, и мы можем рассматривать эти моменты в том же свете, что и происходящие при медитации. Их негативный аспект в том, что целительный контакт с реальностью происходит только в узких формах, в то время как области, где скрыты проблемы личности, остаются незатронутыми. Положительным аспектом является то, что такое избегание трудностей может быть функциональным, являться шагом в достижении *частичного* слияния. Как только в этом будет достигнута относительная стабильность, следующим шагом будет ее распространение на периферические области личности, так же, как конечной целью медитации является влияние на самосознание, которое, в свою очередь, оказывает влияние на обычную жизнь. Можно предположить, что избегание может создать место для того основного состояния, которое я называю *«частичное»* пиковое переживание и которое, хотя и интенсивно, но охватывает только лишь часть из всего диапазона личностных качеств. Некоторые люди, например, способны испытывать сильные эстетические и религиозные чувства, но испытывают затруднения в том, что касается обычных человеческих эмоций, несмотря на то, что такие чувства присутствуют на континууме состояний. Если бы человеческие отношения рассматривались в этот момент, вполне вероятно, что экстаз растворился бы под давлением тревоги и обид, но человек бессознательно контролирует это внутреннее неудобство, чтобы позволить себе ясность в других областях опыта. Для других пробелы или зоны избегания могут быть иными. Есть люди, которые положительно воспринимают все кругом, но только не самих себя. Поэтому то, что они думают о своей личной жизни или о собственном отражении в зеркале, может превратить их рай в ад. Другие могут избегать восприятия или мыслей о людях в принципе, как у Хаксли в его первой знаменитой сессии с мескалином, описанной в «Дверях восприятия». Еще у кого-то все может быть великолепно, пока их глаза крепко закрыты, а контакты с внешним миром ограничены, а третьи с удовольствием общаются с внешним миром, и наоборот, избегают одиночества и закрытых глаз из-за беспокойства, которое возникает из-за работы воображения.

Такие избегания, по существу, являются выражением фобических областей (областей страха) личности, и как, в принципе, во всех психотерапиях, для работы с ними можно выбирать между двумя стратегиями: обойти блоки для того, чтобы укреплять здоровые аспекты индивидуальности, или же прорабатывать блокировки путем погружения в водоворот болезненных и избегаемых эмоций. Первый вариант, при использовании препаратов, может превратиться в молниеносный перенос в рай, после которого возвращение на землю не приносит какого-то заметного изменения или улучшения существования. Второй — это выбор в пользу решения земных трудностей, со слабой надеждой на победу, но с большой вероятностью на то, что произойдут какие-либо изменения. Другими словами, выбор между двумя вариантами, будет походить на ситуацию, когда из одного широко раскрытого окна открывается великолепный вид на окрестности, в то время как вы стараетесь открыть окно, находящееся рядом и которое крепко закрыто.

Вероятнее всего, максимум чего вы добьетесь, будет лишь маленький лучик света, вместо яркого солнечного света, льющегося из уже открытого рядом окна, однако в конечном результате, в доме будет еще одно место, откуда можно насладиться внешним миром.

Конечно, это не значит, что в первом случае полученный опыт не повлияет на процесс возможных трансформационных процессов в личности. Укрепляющие свойства *исходной ценности* могут дать человеку силу и желание избавиться от существующих блоков, чтобы глубже проникнуть в смысл. Конечная цель будет зависеть от того, что ищет странник: чем ближе к ней он будет подходить, тем лучше он будет ее видеть. И если молодой дубок нуждается в защите от кроликов, а к стволу зрелого дерева можно привязать слона, так и избегание конфликтов может иметь свое место, в то время как упор делается на развитие и выявление здоровых свойств личности. И в итоге, этот целительный процесс, стимулируемый пиковыми переживаниями в ходе терапии, художественного творчества или жизненных ситуаций, может вторгнуться и заменить собой дисфункциональные области личности.

Таким образом, мы имеем два подхода к процессу психологического исцеления, которые будучи противоположными, не только совместимы, но могут и дополнять друг друга.

Пиковые переживания в христианской теологии рассматриваются как благодать: дар, который может быть послан как святому, так и грешнику и которым в дальнейшем, кто-то воспользуется, а кто-то нет. С другой стороны, психологический дисбаланс можно рассматривать как вызов со стороны *via purgativa* — как ту вершину, на которую нужно взобраться. Чем ближе поднимется к ней пилигрим, тем вероятнее, что он получит всепрощающий небесный дар. И чем масштабнее будет этот благодатный дар, тем яснее он будет видеть свой путь, и тем крепче будет его надежда, вера и воля, ведущие его к цели.

Оба этих подхода хорошо задокументированы в духовных практиках человечества.

Некоторые делают акцент на прямом видении реальности и рассеивании тени иллюзий. Другие подчеркивают важность проживания момента, каким бы иллюзорным он ни казался, внимания к нему, которое докажет, что иллюзия — это всего лишь отражение на рифленой поверхности сознания, которое приведет от отражения к истинному свету. Опираясь на собственный опыт, у меня развилась сильная вера в индивидуальную мотивацию человека следовать любому из этих путей в данный момент времени, уважать его естественный ритм. Время от времени, он будет выбирать созерцательность. В другой раз, вступив в контакт со своими истинными чувствами и импульсами, он захочет включить их в процесс исследования мира. Состояние парения во время пикового переживания превратит ад в чистилище, но если во время выхода оно потеряется, то человеку снова придется возвращаться к центру. Ритм определится в течение одной или нескольких сессий. Некоторых уже первый экстаз может подвести к чистилищу, а другим на первых порах дар благодати может оказаться недоступен, и они смогут достигнуть безмятежности только после неоднократных кошмаров, пережив которые, они поймут, что бояться совершенно нечего. Я склонен не доверять таким опытам с препаратами, которые имеют тенденцию к однонаправленности или в сторону радости, или в сторону страдания, потому что первые могут быть следствием избегания каких-то проблем, а вторые — являть собой пристрастие к тяжелой работе. Что я делаю, когда у меня возникают подобные подозрения, будет описано в клинических материалах следующих глав.

Глава 2

МДА — Лекарство для Анализа

МДА (метилендиоксиамфетамин) является продуктом аминирования сафрола и так же, как ММДА получается в результате аминирования миристицина. Сафрол и миристицин — это эфирные масла, содержащиеся в мускатном орехе; они обладают определенным психоактивным действием и довольно токсичны. Как и в случае с ММДА, МДА не был найден в природе, но была выдвинута гипотеза, что оба эти вещества могут вырабатываться в организме путем аминирования их родительских соединений, что, в свою очередь, объясняет субъективные эффекты мускатного ореха, уже признанные в Аюрведе, где он обозначается как *mada ishaunda* — наркотический фрукт.

Психоделический эффект МДА был случайно обнаружен Г. Аллесом, который принял 1,5 мг этого химического вещества с целью оценки его влияния на кровообращение. Аллес испытал в основном повышенную интроспекцию и внимание, но в момент начала субъективных эффектов он увидел вокруг себя воображаемые кольца дыма, что навело его на мысль, что МДА в достаточных количествах может быть галлюциногеном. Из моего собственного исследования препарата следует, что это не совсем так. В одном из первых исследований, направленных на описание эффектов МДА на здоровых людей, ни один из восьми испытуемых не сообщил о галлюцинациях, зрительных искажениях, усилении цвета или мысленных образах, в то время как все они продемонстрировали другие ярко выраженные реакции: усиление чувств, усиление общения и повышенную рефлексивность, что привело к озабоченности собственными проблемами или проблемами общества или человечества. Дальнейшие эксперименты с МДА у невротических пациентов в контексте психотерапии подтвердили эти эффекты, но в этих случаях также нередко возникали физические симптомы и большинство испытуемых описывали визуальные феномены, возникающие в тот или иной момент их процесса.

Тем не менее, наиболее характерной особенностью опыта этих испытуемых было то, что мы здесь назовем возрастной регрессией. Это термин, используемый для обозначения яркого повторного переживания событий из прошлого, которое иногда становится возможным благодаря гипнозу, когда человек фактически теряет ориентацию в настоящем и может временно поверить в то, что он ребенок, вовлеченный в ситуацию прошлого. Однако, возрастная регрессия, вызванная МДА, отличается от гипнотической регрессии: в состоянии, вызванном МДА, пациент одновременно регрессирует и сохраняет осознанность в настоящем. В обоих случаях человек помнит прошлое не просто концептуально, а может ярко переживать зрительные или другие сенсорные впечатления, недоступные ему в обычном состоянии, и реагирует чувствами, которые адекватны событию. Это тот самый процесс, который в Дианетике называется «возвращением» и который может варьироваться от гипермнезии до перепроживания прошлого опыта, при котором вновь ощущаются не только старые чувства, но и физическая боль или удовольствие и другие ощущения, в зависимости от ситуации.

Регрессия с МДА — это нечто более специфическое, чем изменение стиля психической деятельности и реакций, поскольку она влечет за собой воспоминание конкретных событий. Иногда это может происходить под действием других галлюциногенов или без всякого препарата, особенно если к этому стремятся с помощью терапевтических маневров. Ибогаин, в частности, хорошо подходит для исследования событий в прошлом пациента благодаря богатству чувств, которое он проявляет. Однако при использовании МДА регрессия происходит настолько часто и спонтанно, что это можно считать типичным эффектом этого вещества и первоисточником его терапевтической ценности.

Я считаю, что представленные ниже отчеты о случаях лучше чем теоретические обобщения передают то тонкое понимание действия препарата, которое необходимо для его использования в психиатрии. Именно из них я почерпнул все, что хотел бы сказать, и думаю, что лучше всего я могу сказать об этом, описав некоторые события, свидетелем которых я был как психотерапевт, какими бы неясными они порой не были бы.

Далее я кратко обобщу суть некоторых примеров МДА-терапии, выбранных мной для отражения процесса эффективных изменений личности пациента. Как будет видно, все они отражают появление у пациента нового понимания своей жизни или какого-то ее аспекта. Именно этим исцеляющий процесс отличается от того, который наблюдается в большинстве случаев терапии гармалином, ММДА или даже ибогаином.

Первый представленный здесь случай, на самом деле и был первым, в котором я использовал МДА в терапевтических целях. Пациент — инженер на высокой руководящей должности и профессор делового администрирования, который изучал психологию по профессиональным причинам и, таким образом, пришел к пониманию того, что жизнь, в целом, и его, в частности, может развиваться, становиться богаче и глубже. Отвечая на мой вопрос о причинах, побудивших его обратиться к психотерапии, он подчеркнул, что чувствует, что не развился или не достиг того, что видит своим потенциалом для развития, что его жизнь ограничена: «И моя профессиональная, и любовная жизнь подчинены случайности. Я мало влияю на ход своей жизни». Это он объяснял неуверенностью в себе, которая проявлялась в его сомнениях в своих оценках и поступках, что, в свою очередь, заставляло его плыть по течению.

«Это может быть удобно для тех, кто живет со мной, но я не удовлетворен. Мне хочется найти настоящее направление моей жизни, а для этого я должен быть более непреклонным».

Его неуверенность также была причиной его ранимости, особенно в отношениях с женой, и иногда его ранили такие мелочи, как критика со стороны жены. Он не чувствовал к ней особой привязанности или уважения и подумывал о разводе, но чувствовал себя слишком привязанным к своим детям, чтобы уйти из дома. На вопрос о том, чего бы он хотел добиться с помощью терапии, он ответил следующее: «Я хочу знать, куда идти в данных обстоятельствах. Я хочу стать лучше, полезнее и чувствовать себя счастливым. В самой сокровенной части себя я всегда был неудовлетворен. Я хочу быть уверенным, что я что-то представляю из себя. Это моя самая большая проблема, которая мешает мне принимать решения и лишает мою жизнь направления. И я хочу понять, откуда она взялась».

Я предложил пациенту лечение, включающее подготовительный период продолжительностью около двух месяцев с еженедельными встречами (во время которых он напишет автобиографию), за которым последует однодневный сеанс МДА и последующая групповая терапия. Автобиографический отчет, который он написал, был очень скрупулёзным, и интересно сравнить некоторые его взгляды с теми, которые проявились во время сеанса МДА или позже. Я процитирую отдельные фрагменты. О своих родителях он говорит следующее:

> *Моя мать была восприимчивой, трудолюбивой женщиной с живым интересом ко всему. Она глубоко любила свою семью, что выражалось в постоянном стремлении к прогрессу и благополучию для всех нас. Она всегда прилагала усилия для достижения этого. Я глубоко любил ее.*
>
> *Мой отец был жестким, хорошим, честным человеком. Уверенный в себе, иногда великодушный, а иногда эгоистичный Трудяга, воспитанный в строгости и дисциплине испанской деревни. В своей жизни он руководствовался некоторыми простыми правилами поведения и определенными этическими принципами, общепринятыми и верными.*

Первое детское воспоминание, которое он описывает, — это столовая:

> *Я жил в доме с достаточным комфортом. Больше всего мне запомнилась столовая. Она была большая, довольно элегантная или, по крайней мере, как у преуспевающих буржуа. Очень приятная. В ней был ви-*

> *сячий звонок, стол из полированного красного дерева, буфет со стеклянными дверцами, полный прекрасных чашек.*
>
> *Я помню, что во время еды самой большой проблемой для меня был французский хлеб, который, имея дырки, мог содержать червей и поэтому был непригоден для еды. Что касается людей, то я смутно помню свою мать, некоторых служанок, некоторых дядей, моего деда по отцовской линии. Для всех них я был хорошим мальчиком, и, похоже, они меня очень баловали, поскольку я долгое время был практически единственным ребенком.*

Он заканчивает рассказ о своем детстве следующим абзацем:

> *Похоже, что в этом доме у меня была кормилица, так как, говорят, у моей матери не было молока. Я помню эту кормилицу наиболее отчетливо в более позднем периоде жизни.*

Между этим периодом и началом учебы в школе он помнил финансовые трудности дома, свою большую печаль из-за того, что уронил в камин мамино ожерелье, наблюдение за половым актом служанки, рассуждения о женских гениталиях и беременности, а также рождение брата, когда ему было шесть лет. Обо всем этом периоде он говорит: «Я был просто еще одним одиноким мальчиком», что контрастирует с его приятными воспоминаниями о первом годе обучения в американской школе и последующем в английской школе, в обеих из которых он чувствовал уважение учителей и с удовольствием играл с одноклассниками.

Из двадцати страниц своей биографии он посвящает только пять страниц своей жизни до школы, но именно они, как оказалось, содержат то, что имеет наибольшее отношение к событиям во время сессии МДА. Остальные страницы посвящены в основном школе и работе, и лишь вскользь упоминается смерть матери, когда он учился на первом курсе университета, и его довольно безлюбовная любовная связь (loveless love affair), закончившаяся браком. Несколько событий указывают на пожизненное чувство застенчивости и запрета перед лицом женщин и секса, которое он хорошо осознает, и он заканчивает историю своей жизни, указывая на свою неуверенность и недооценку себя и своей семьи, которая, как он считает, зародилась между первыми воспоминаниями и школой, но он не знает как.

Первые полтора часа после приема 120 мг МДА пациент чувствовал себя нормально, за исключением чрезвычайно кратковременного изменения зрительного восприятия в конце первого часа, когда холм перед домом показался ему похожим на льва. Кроме этого явления, длившегося не более десяти секунд и казавшегося вполне нормальной фантазией (хотя он воспринимал ее как необычную), у него не было больше никаких симптомов воздействия препарата. Ситуация сохранилась после приема еще 100 мг химического вещества и еще полутора часов ожидания, поэтому я интерпретировал это как случай субъективного сопротивления предстоящему опыту, а не физиологической невосприимчивости.

Мне казалось, что пациент держался очень официально, в то время как другая его часть переживала «наркотический опыт», даже не подозревая об этом. Вербальный способ общения, который мы использовали, не помог ему установить контакт с текущим опытом, поэтому я обратился к невербальному уровню. Я попросил его позволить своему телу делать все, что оно хочет в данный момент, не задавая вопросов, и он вернулся на кушетку, которую покинул несколько минут назад.

Он сообщил о легком ощущении тяжести в теле, желании лечь всем весом и позволить выдоху быть более полным. Я попросил его последовать этому желанию и целенаправленно выдыхать с силой на каждом вдохе. По мере того, как он делал это все сильнее и сильнее, он почувствовал необходимость сначала сократить мышцы живота, а затем и всего тела, сгибая ноги и бедра, позвоночник, руки и голову. Я продолжал тренировать его, доводя этот импульс до крайности, пока, примерно через три минуты, свернувшись в позу эмбриона, он не взорвался смехом. Внезапно начался собственно «психоделический сеанс». Хотя его английский был далеко не беглым, и я не слышал, чтобы он говорил на нем раньше, теперь он говорил именно на английском, смеясь и выражая восторг от самого себя. Даже на следующий день, рассказывая о пережитом, он говорил по-английски:

> *I was strictly myself. It's very funny that I wanted to speak English, and I was laughing at the man, the man that I was. In that man that I felt was laughing was another fellow. It was deep, deep, deep inside of me, when I was...my real self.*
>
> *Я был абсолютно самим собой. Очень смешно, что я хотел говорить по-английски, а смеялся над человеком, человеком, которым я был. В этом человеке, который, смеялся, был другой человек. Это было глубоко, глубоко, глубоко внутри меня, когда я был... моим настоящим «я».*

Я переписываю с магнитофонной записи, и несовершенный английский оставляет место для некоторой неопределенности, однако ясно, что его глубокое удовольствие было в *чувствовании себя*, что он буквально и делал:

> *Я чувствовал свои плечи, мышцы на руках, живот, спину; я продолжал чувствовать себя — свои ноги, ступни. Это был я! И я был правильным мужчиной, красивым мужчиной в определенном смысле, чрезвычайно мужественным. Мужчина, это хорошее тело... отражает то, чем он является внутри.*

Всю свою жизнь он чувствовал себя неполноценным, сомневался в себе во всех отношениях, и теперь он знал, что считал себя уродливым. Он даже считал, что у него что-то не так с ногами. Теперь он знал, насколько все это было иллюзорно, как все это было основано на его искаженном восприятии самого себя. Примерно через месяц он сказал об этом переживании:

> *Это чувство себя и обнаружение себя в каждой части моего тела, которое было материализацией меня самого, было тем, что я любил, и от чего в то же время я страдал. Я любил это, потому что это был я сам, я страдал, потому что так долго смотрел на себя свысока и откладывал себя, отвергал, даже считал себя злом — с точки зрения неправильного и ограниченного представления о себе. Мне было жаль себя.*

Он продолжал чувствовать свое тело пока говорил, в течение получаса и вскоре (вопреки своему обычному стилю) снял свои ботинки, расстегнул рубашку, ослабил ремень. Он прокомментировал, как ему приятно чувствовать себя нормальным, симметричным, хорошо сложенным, и как его организм является удачным воплощением его самого во всей его индивидуальности и неповторимости. Затем он заговорил об осязании как о самом надежном из чувств, позволяющем установить самый прямой контакт с реальностью во всем ее богатстве. Он остановился на ограничениях других чувств и самого интеллекта, анализа и логических построений, когда дело доходит до постижения предельной реальности. Каким же должен быть этот чистый и простой акт полного познания? Это было возможно только в Боге. Какое чудо и бесконечная красота были в Боге! Первоначальное и конечное существо, в котором все было заложено и к которому все естественным образом стекалось. Два часа без перерыва он увлеченно говорил по-английски, размышляя об эволюции человека в поисках Бога: греки, римляне и финикийцы, Средние века в Европе, Возрождение, капитализм, отчужденность современного человека и необходимость поиска решений.

В этот момент его энтузиазм был затуманен другим чувством. Он выглядел так, словно что-то искал, и сказал: «Эта встреча с самим собой болезненна!». Я неоднократно просил его выразить и подробно рассказать о своем переживании момента, но он все больше и больше отказывался от этого: «Это не это, это не этот момент, а что-то в моем прошлом. Что-то случилось со мной, и я не знаю что».

На этом этапе мне понадобилось выйти из комнаты на несколько минут, и я посоветовал ему писать в это время, так как это позволит ему более четко организовать свое мышление. Так он и сделал, крупным почерком, примерно десять строк на страницу, с небольшим количеством слов, написанных большими заглавными буквами, такими как Я, Есть и Я. После девяти страниц он стал озабочен повторяющейся ошибкой, которую он делал, и которая заключалась в написании «m» вместо «n». Именно это беспокоило его, когда я вернулся, и он продолжал писать в моем присутствии, пока мы разговаривали. «*Великая проблема «n»*, — пишет он на пятнадцатой странице, — *что это, «m» или «n»? Я чувствую беспокойство. Я обнаружил, что N находится в ONE. One, One. ME. (Я написал NE). Беспокойство. Беспокойство о моих грехах. Грешник. Беспокойство. Беспокойство. Я беспокоюсь о «n». Я обращаюсь к Богу».*

Хлеб с червями, который я видел мальчиком в столовой. Я до сих пор его вижу. В нем были дырки, а в них — черви [гусанос].

Gusano

UN

UNA

NANA

Его ассоциации привели его от буквы «n» к отвращению к червям, которых он представлял себе в хлебе в столовой, а затем к его няне, его кормилице. Теперь он ясно выражает свои чувства к этой няне. Он чувствует желание понять что-то, что, как он предполагает, очень важное в связи с его няней, и, пока он пишет, он понимает, что замена «m» на «n означает замену мамы на няню. Когда он обнаруживает эту путаницу, он пишет несколько раз: «Няня, а не мама. Няня, а не мама». Затем он вспоминает больше о своей няне — как она водила его на прогулки, когда ему было всего два-три года, как он спал с ней и гладил ее; какой безусловной была ее любовь, как спокойно он чувствовал себя с ней. Он вспоминает ее внешность, ее свежее лицо, ее черные волосы, ее открытый смех. И по мере того, как он вспоминает ее, ему становится все грустнее и грустнее, грустно от того, что он потерял ее, что у него больше нет няни. «Няня ушла», — пишет он. «Один. Один. Один. Тревога. Мать была частью, но не всем. Няня была всем. Она ушла. Приходила ко мне позже. Она любила меня. Это — больная рана. Я есть.

С болью. Я становлюсь больше собой. Я — это я. Я — это я с моей няней. Как жаль, что она ушла. Она так много дала мне просто так. Нет! Потому что она любила меня больше, чем своего собственного сына. Бедный мальчик, он потерял свою мать! Она так любила меня! Она ушла, и я остался один. В поисках любви».

Теперь он мог видеть всю свою жизнь как мольбу о любви или, скорее, как покупку любви, в которой он был готов уступить и приспособиться к тому, что другие хотели видеть и слышать. Вот в чем была причина того, что он не управлял своей жизнью, его покорности. Он потерял что-то очень ценное и чувствовал себя таким обделенным! Теперь его мысли обратились к тому периоду, когда он остался «наедине» с родителями. Переход от няни к маме означал переход из кухни в столовую. Здесь он чувствовал себя стесненно, некомфортно, нелюбимо. В его жизни теперь не хватало близости и тепла; его больше не принимали безоговорочно таким, какой он есть, а нужно было приспосабливаться, соответствовать определенным требованиям, иметь хорошие манеры.

И все же в его чувствах на этой стадии — чувствах, которые он снова переживал во время сессии — было что-то, что он не мог понять адекватно или даже ясно почувствовать. Это было нечто большее, чем боль, большее, чем любовь к няне и одиночество. Он чувствовал тревогу, и в этой тревоге скрывалось нечто, что он пытался лучше понять.

«Что ты чувствовал по отношению к своим родителям?» Я продолжал спрашивать, и сначала ясного ответа не последовало.

Потом был вопрос: «Почему они позволили моей няне уйти? Почему моя няня оставила меня? Почему вы позволили моей няне оставить меня? Почему?» Ему казалось, что ее уволили. Мать ревновала, возможно, потому что он любил ее больше всех, или потому, что у его отца был с ней роман.

«И что ты чувствуешь сейчас, когда ее уволили?» — спросил я. Его беспокойство усилилось.

«Ты принял это без протеста? Если да, то, возможно, ты чувствуешь вину…».

И теперь оно у него есть: чувство вины. Вот что он чувствовал. Вину за то, что не заступился за няню, не защитил ее, не ушел с ней. Теперь он понимает, что это и есть то, что он искал. Он хотел уйти; более того, он собирался уйти из дома, но родители не позволили ему этого сделать. «Это было ужасно… чувство слабости, слабости!». Но сейчас он также вспоминает, что после этого он притворялся слабым, он просто играл в хорошего, слабого мальчика, потому что когда он этого не делал, было что-то очень отвратительное, что-то очень неприятное, что они с ним делали. «Они придумали все эти глупые вещи о вине и аде. У меня было очень реальное представление о мире, ясное и чистое. Я чувствовал его… а потом пришло множество демонов, дьяволов из другого мира, боль наказания… вещи, которые не входили в мою схему и были навязаны мне. Кто это сделал?» Его бабушка по материнской линии? Это неясно. Он продолжает вспоминать об угрозах наказания, грехе, аде и пожирающем огне. «Мне было очень трудно в это поверить. Для меня огонь был огнем, и если люди попадали в ад, то в этом не было никакой вины. У человека не было тела, а значит, не было ничего, в чем он мог бы страдать. Так что это была ложь, обман, уловка. Для чего? Чтобы заставить меня вести себя хорошо. Ха, ха! Уловка, чтобы заставить меня вести себя хорошо. Чтобы я был ублюдком, а не ошибался. Я буду ублюдком, но настоящим!»

Продолжая говорить об огне и аде, теперь он вдруг вызывает в памяти образ раскаленных углей, на которые он по неосторожности уронил ожерелье, и печаль от того, что жемчуга больше не найти. Теперь он понимает это горе. Это было ожерелье не его матери, как он считал раньше, а его няни. Оно принадлежало той женщине, которая так много отдала, вложила столько сил, не имея ничего, и с которой так плохо обошлись. А потом кто-то заговорил об аде. Может быть, служанка?

Нет, я уверен, что это был кто-то другой, кто-то, кто утверждал это с авторитетом. Я думаю, это была... это была моя мать... моя мать! Это была моя мать. Она лгала мне. Да, это была моя мать. Как ужасно! Как глупо! И она заставила меня жить с этим чувством вины! И это стремление быть тем, кем я не был, и страх быть тем, кем я был! Какая ограниченность и глупость! Какое упорное желание сделать меня по своему вкусу, черт побери! Она завела ребенка не для того, чтобы его породить, а для того, чтобы сделать его. Чтобы сделать его по своему образу и подобию! И она заставила меня поверить в эту глупую затею с грехом и адом. Они не могли быть добрыми и справедливыми без этих глупостей. Что за идиотская дама! Женщина, жаждущая статуса, черт побери! Никакой подлинности. Возможно, есть нечто большее... отсрочка ценностей. Зачем? Чтобы изображать милую юную девственницу, изображать леди. И мой отец тоже ублюдок, из-за этого; они оба скрывались за масками. Ай, как тяжело видеть, как уменьшаются твои родители! Какими маленькими я их вижу сейчас! Кажется, они объединились против меня. Не против меня, а против Няни, против жизни. Сейчас я вспоминаю, как они считали меня неразумным. Я был очень проницательным, умным, и я мог их об-

мануть, ха, ха! Да, используя именно их аргументы, те аргументы, которыми они меня опускали, более чем опускали. Ужасно! Это еще ужаснее! Они подчинили мою жизнь, жизнь своего любимого сына, такой куче мусора!

Это далеко от картины его родителей и тех чувств, которые он выражал по отношению к ним в своей автобиографии. Он даже вспоминал столовую как красивую. Интуиция подсказывала ему, что в раннем возрасте с ним что-то пошло не так. В его чувствах произошла полная перемена: они были похоронены и заменены набором псевдочувств, приемлемых для его родителей. Неудивительно, что он чувствовал себя ограниченным и нереализованным!

Сеанс начался в полдень, а в 3 часа утра следующего дня пациент пошел спать. Он продолжал думать об этом весь следующий день, а около полудня надиктовал на магнитофон, прерываясь на рыдания, описание того, что произошло с ним за предыдущий день и что он чувствовал в данный момент. Вот как он заканчивает:

Я должен поразмыслить над этим: почему, как мне кажется, моя няня так страдала? Или это я сам так страдал? Она была настолько отстранена от многих вещей, что вполне возможно, что она не страдала, когда ей сказали уйти. Ей просто было жаль мальчика, который остался один. Это была ее единственная печаль. А для меня горе заключалось в том, что я остался один, совершенно неоправданно. Я действительно страдал от жестокости. Я страдал из-за того, что моя няня уехала, я страдал из-за того, что ее уволили. Я страдал от того, что остался один. Я страдал от того, что с ней несправедливо обошлись, и я страдал от своего бессилия. Я не мог ничего сделать! Это была потеря части себя. Какое невнимание со стороны моих родителей! Отсутствие заботы, плохое управление, эгоизм. Они меня совсем не любили. Просто театральность. Пустая театральность. Возможно, со временем они увидели, как приятно любить сына, и полюбили его, но я думаю, что меня не любили с самого начала. Меня баловали, это правда, но чувство любви было только с моей няней.

Теперь возникла проблема: я стал носить маску чтобы быть принятым в этой новой среде. Это был мой дом, но он стал иным, так как моей няни там не было. И тогда я понял, что могу получить многое, притворяясь хорошим и слабым. Это была маска, которую я надел. Думаю, я носил ее до вчерашнего дня. Я всегда хотел казаться не таким, какой я есть. И я всегда сомневался в том, кто я есть, сомневался в своих качествах. А теперь я вижу, что я всегда носил эту маску и я знал, как приспособить ее к людям и обстоятельствам. Этому я научился очень рано, чтобы быть хорошим мальчиком, потому что иначе…

Ах! Теперь я вспомнил, что однажды мне сказали, что я сосал молоко хуасы (невежественной крестьянки), и поэтому я был таким грубым. Я считаю за честь, что взял молоко моей няни! Это молоко, молоко, молоко, молоко, молоко, молоко из настоящей груди! Настоящей женственной женщины! Они говорили это, чтобы унизить меня. Они считали, что их мальчик груб, что у него наклонности хуасо, и поэтому они сдерживали меня или помыкали мной, чтобы я не казался слишком похожим на ху-

асо. Я постепенно сдался, похоже. Ребенок гибкий, очень гибкий. Тогда я действительно не замечал, что уступаю. Теперь я понимаю, сколько усилий они приложили, чтобы устроить меня в эти школы. Они были действительно хорошими, но они были средством социального восхождения. Они хотели, чтобы я чувствовал себя виноватым за то, что вскормлен крестьянской кровью. Какой способ унизить мою няню! Эта кровь была самой благородной из всех!

Они медленно заставили меня предать ее.

И это еще одна печаль: предать свои чувства, не увидеть ее больше, не сказать ей, как я ее люблю, не любить ее больше — хотя в глубине души я всегда любил ее, и я жил с благодарностью по отношению к ней. Только с ней я испытал любовь в своей жизни. Немного позже с моей матерью, но не то же самое. И это чувство, которое было строго моим, я забыл и отложил. Вот корень печали: отречение от самого себя. Я нашел его: горе от того, что я отрекся от себя! Я больше не буду терпеть это. Я буду тем, кто я есть и кем бы я ни был!

Я считаю, что это замечательный документ, поскольку он связно описывает несколько часов, которые привели к радикальным изменениям в психическом состоянии человека. В нем изображен процесс, который является целью психотерапии и который обычно достигается в течение длительного периода времени. Психоделики могут фасилитировать этот процесс, но даже с их помощью «однодневное исцеление» в такой степени, как в данном случае, крайне удивительно. Многие люди были поражены, увидев изменения в выражении лица и поведении пациента в последующие дни.

Он перестал пользоваться очками, кроме как для чтения, а стиль его одежды утратил формальность. Субъективно его отношение к собственному телу изменилось, поскольку он сохранил часть повышенного физического сознания и удовольствия, испытываемого при МДА, и улучшилось не только зрение, но и слуховое восприятие. В размышлениях он чувствовал себя более уверенно, поскольку мог сохранять уверенность в определенных вещах, и это проявлялось в его работе и профессиональных отношениях. Он чувствовал избыток энергии, который был ему неведом ранее, за исключением игр в детстве, воспоминания о которых начали проиходить к нему. Жизнь теперь стала в основном приятной, и он понял, до какой степени он жил в состоянии депрессии. Что касается отсутствия направления, которое он чувствовал в своей жизни, то оно сменилось желанием дальнейшего личного развития и заботой о развитии человека в целом, которому он успешно служил творческими способами через свою профессию.

Это определенно соответствует тому образу, который он дал своей няне, когда смог вспомнить ее, а для того, кто хорошо его знает, оказалось трудно найти более подходящие слова для *его* описания. Похоже, что качества, которые он проецировал на няню, он теперь мог присвоить. Сначала он делал это для себя, стремясь к самосовершенствованию, и для своих детей. Затем началась его активная забота об обществе, в работе, и только к концу года он почувствовал настоящую любовь к своей жене. (Этот шаг стал результатом сеанса гармалина и МДА, который можно описать только очень подробно. Поскольку он во многом представляет собой развитие того, что описано здесь, я опустил его в этом рассказе).

Мне кажется, что одна из ценностей этой истории заключается в том, что она проливает свет на значимость прошлого для процесса исцеления эмоциональных нарушений. Видно, что важно не воспоминание фактов, и даже не воспоминание чувств, а изменение взглядов и чувств в настоящем, которое связано с признанием и встречей с реальностью, настоящей или прошлой. Взгляд пациента на свое настоящее до начала терапии был частью «маски», которую он носил, частью роли, которую он усвоил и благодаря которой он стал «хорошим» мальчиком, испытывающим хорошие чувства по отношению к своим родителям. Эти чувства можно было сохранить, только «забыв» факты, которые их не поддерживали, факты, которые породили бы другие чувства, не совместимые с его ролью.

Жить в соответствии с искусственным образом себя — образом себя, созданным для удовлетворения требований родителей, — означало отказаться от собственного опыта, игнорировать то, что он видел, слышал, чувствовал («отречение от себя»). Это, вероятно, происходило в каждом аспекте его восприятия, не только во взаимодействии с людьми, но и при обычном использовании своих органов чувств. Об этом свидетельствовало улучшение зрения после терапии, открытие невидимых нюансов и неслышимых звуков в природе. Ношение маски работает по принципу «ВСЁ или НИЧЕГО». Ее нельзя носить только для родителей; она так плотно прилегает к лицу, что мешает видеть природу и слышать музыку. Точно так же, для человека быть самим собой — это «Всё или ничего», то есть использовать свои собственные чувства, думать свои собственные мысли, испытывать свои настоящие чувства. Не может быть одновременно программирования и свободного потока чувств и мыслей. Только открытость неизвестному внутри позволяет открывать каждое мгновение — как в случае с богом из рассказа Апулея, который остался с Психеей только при условии, что его не будут спрашивать, кто он такой.

Для этого пациента «быть самим собой», открыться своим чувствам, независимо от обстоятельств, означало открыть шлюзы, которые были построены для защиты ландшафта, таким, каким он его видел. В начале своей жизни он понял, что такой взгляд на свою жизнь, как тот, который он создал и с которым он вырос, может быть сохранен только ценой подавления реальности. Должно быть, он всегда знал это бессознательно (хотя сознательно игнорировал, как и все остальное) и поэтому держал свою сознательную жизнь в водонепроницаемом отсеке. Это объясняет его устойчивость к воздействию МДА.

И поскольку его защитная система была сильно интеллектуализирована, понятно, что невербальный подход оказался наиболее успешным в приведении его в состояние спонтанности. Как он сам отметил в начале сеанса, даже восприятие своего тела было заменено априорным образом самого себя, но это была, конечно, менее охраняемая область, чем его образ жизни, характер или чувства к другим людям. Как только был установлен прямой контакт с реальностью, и «он» действительно стал чувствовать истинные ощущения своего тела, ворота открылись, и он вступил в контакт с цепочкой ассоциаций, которые потенциально могли привести его к любому опыту на том же уровне реальности.

Возможно, полезно представлять здорового человека как систему, в которой все части находятся в согласии, и поэтому каждое действие, чувство или мысль основаны на общем опыте организма. Одним из аспектов такой доступности опыта является запоминание — либо открытое, сознательное запоминание, либо неявная память, связанная с учетом прошлого опыта, как это делает врач при постановке диагноза или путешественник по горам перед подъемом. При неврозе этого не происходит. Здесь чувства или поведение человека не основаны на всей совокупности опыта, но часть его «выключена», так что он живет в каком-то фрагменте самого себя. У большинства взрослых происходит некоторое сужение личности, так что психологический остров, на котором они живут, не является всей территорией, на которой они родились. А поскольку детство — это время наибольшей спонтанности и единства, именно детские воспоминания, в частности, становятся диссоциированными от настоящего.

Из приведенной выше истории видно, что для мальчика в данном возрасте (вероятно, от трех до четырех лет) оказалось несовместимым чувствовать печаль и гнев и в то же время быть принятым своими родителями — единственной поддержкой, которая у него оставалась. Он мог подавить свои чувства только путем подавления мыслей, которые их вызвали, то есть забыть. Воспоминание было угрозой для его безопасности, для его чувства, что он принят взрослыми. Однако взрослый человек, пришедший на терапию, уже не находится в такой же ситуации. Его активное забывание, его защитная структура, сохранилась в нем как бесполезный остаток его биографии, шрам, анахроничное устройство, защищающее его от опасности, которая давно перестала существовать. Ведь для него больше нет реальной угрозы в том, чтобы так или иначе думать о своих родителях. Мир велик, и он больше не нуждается в них так, как нуждался, когда ему было три года. Фрейд говорил, что невроз — это анахронизм, и в этом факте кроется возможность психотерапии. В некотором смысле это можно представить как исследование испуганных и избегаемых областей души, в которых нет ничего угрожающего или того, чего следует избегать.

Человек может испытывать печаль или гнев, как в данном случае, но только через бесстрашное принятие можно интегрировать всю сумму опыта человека в целостную здоровую личность.

Исцеление этого пациента можно рассматривать как переход от способа существования и чувствования, каким он когда-то узнал, что он «должен» быть или что ему было удобно быть, к его «истинному» бытию — тому, что соответствует переходу от импринта к сотворению Я. Видно, что его невротический паттерн — «маска», идеализированное Я — состоял из копии искаженного восприятия мальчика его родителями и их собственных стремлений к нему, в то время, когда он чувствовал себя одиноким и очень нуждался в их любви. Главным аспектом такого отношения было то, что они считали его грубым и неинтеллигентным и хотели, чтобы он был хорошо образованным, воспитанным и утонченным. Поэтому они заставляли его воздерживаться от всего, что было бы «вульгарным», и заставляли его считать культуру «необходимостью», без которой он чувствовал бы себя никчемным простаком. Принудительность этого процесса сделала его жестким, и превратило его в излишне формального, неспонтанного, словоохотливого интеллектуала, неспособного наслаждаться простыми вещами. Такой процесс подмены истинных переживаний набором «долженствований» лежит в основе каждого невроза, какими бы разными ни были обстоятельства, приведшие к созданию маски, и какими бы уникальными ни были ее черты. Что кажется необычным в истории этого пациента, так это четкая демаркационная линия между временем нормального развития в атмосфере любви и тем временем, когда он столкнулся с необходимостью адаптации к тревожным влияниям. Можно предположить, что такой переход от Няни к Маме, который вызвал параллельный переход от «быть» к «казаться», мог стать источником трудностей в речи мальчика, поскольку он, должно быть, искал свою няню в матери и иногда называл ее неправильным именем. А когда няня и связанные с ней мысли стали для него запретными, само слово «мама», как и живая мама, должны было нагрузиться противоречивыми чувствами.

Это была счастливая, хотя и слепая интуиция, которая помогла мне посоветовать пациенту начать писать, позволяя таким образом похороненному конфликту выйти через десятилетия на его письменный блокнот. Каналы между его прошлым опытом и нынешним опытом написания текстов открылись с помощью МДА, но это, конечно, не стало бы очевидным только через высокоавтоматизированную деятельность взрослой речи. Можно только гадать, что могло бы произойти, если бы пациента не подтолкнули к написанию письма. Получили бы его подавленные чувства и воспоминания доступ к настоящему иным способом? Может быть, если ассоциативные каналы открыты, объединение происходит по пути наименьшего сопротивления — как вода, падающая со склона горы, меняет свой курс, учитывая препятствия на своем пути?

Следующие истории могут подсказать ответ: Первая история касается тридцатипятилетнего мужчины, который в течение многих лет занимался в духовной школе в надежде стать более совершенным человеком. Он выразил эту надежду в своей первой беседе, указав, что быть «человеком» предполагает наличие таких качеств, как воля, ответственность, свобода, которые у него еще далеко не развиты. Какими бы верными ни были эти мысли, вскоре выяснилось, что переживание того, что пациент не является полноценным мужчиной, включало в себя конкретный страх того, что он гомосексуалист, в чем он вряд ли осмелился бы признаться самому себе, не говоря уже о своих духовных наставниках. Такой страх был частью навязчивого чувства незащищенности, поскольку в нем постоянно присутствовало неявное предположение, что, если он будет вести себя спонтанно, другие увидят в нем женоподобного и «разоблачат» его. Эта неуверенность портила его отношения с людьми, особенно в его профессии врача, и это стало для него самой большой тревогой. «Я хочу быть уверен, что эта неуверенность основана на иллюзорных страхах, и что я не гомосексуалист, или наоборот, что у меня есть основания бояться...».

Ниже приведена автобиографическая информация, наиболее относящаяся к его симптому — в соответствии с рассказом пациента до лечения МДА:

Из информации, которую мне неоднократно давали члены моей семьи, моя мать провела девять месяцев своей беременности в постели, так как у нее была болезнь сердца, которая позже привела к ее смерти [когда пациенту было девять лет]. Во время сложных родов, акушерка вывихнула мне правую ногу. По этой причине я не мог ходить примерно до пяти лет, в этом возрасте я вылечился после многих процедур.

Все эти обстоятельства, связанные с моим рождением, заставили моих родителей уделять мне много внимания, и они таким образом избаловали меня, сделали меня нервным и упрямым, что в свою очередь очень злило моего старшего брата. Он не скрывал своего раздражения и постоянно издевался надо мной, называя меня «маленькие анютины глазки» и «неженка». Я очень страдал от этого и постоянно плакал, так как он был на шесть лет старше и намного сильнее, и я не мог с ним бороться, а когда я пытался защищаться, мне доставалось больше всего. Я так злился на него, что бросал в него ножи или ножницы и причинял ему боль. Несмотря на все сказанное, мой брат был любимцем отца, так как он указывал на него как на пример ума и мужественности, всегда по-

ощрял его и одобрял его поступки. Ко мне такого отношения не было.

Поскольку брат не разрешал мне играть с ним, а друзей у меня не было, мне приходилось проводить время с сестрами, особенно со старшей из них, которую я очень люблю и с которой я очень близок. От этих отношений, я думаю, я перенял те женоподобные манеры, за которые меня презирал брат и которые доставляли мне проблемы в первые годы учебы в школе.

Что касается моей матери, то я верю, что она любила меня, хотя она никогда не выражала эту привязанность, в отличие от моего отца, который был гораздо более экспрессивным, чем она.

Примерно через час после приема 100 мг МДА (небольшая доза для этого пациента) он сообщил о головокружении, в течение последующих пятнадцати минут ничего не происходило. В этот момент я попросил его посмотреть на мое лицо и сообщить о том, что он увидел в моем выражении лица. Он почувствовал, что мой взгляд на него похож на взгляд его мачехи, поэтому я попросил его представить, что я действительно его мачеха, которая смотрит на него с тем выражением, которое он воспринимает. Как бы он перевел это выражение в слова? Что бы сказала «мачеха», чтобы сделать свое отношение более явным? «Неженка!» — сказала бы она. «Неженка! Всегда бегаешь за своим отцом, привязан к нему, как маленькая девочка». Теперь я попросил его ответить ей так, как он ответил бы мальчишкой и если бы осмелился сказать о своих чувствах. «Я ненавижу тебя! Я ненавижу тебя!» В течение следующих пяти минут или около того я просил его переходить от одной роли к другой и таким образом поддерживать диалог с мачехой, что привело к дальнейшему выражению его чувств: жертвы, беспомощности, его потребности в отце как единственной защите от ее нападок. В этот момент его постепенно начало посещать воспоминание. «Что-то случилось с садовником — в доме был садовник — и что-то случилось, я не помню что именно — это было в гараже, это я помню — я вижу себя сидящим у него на коленях — может ли это быть правдой?». Затем возник образ пениса садовника и его сосания, затем ощущение, что лицо вдруг стало мокрым, и недоумение. Все это было как-то связано с маленькими картинками, которые продавались в сигаретных пачках, и он постепенно вспомнил, что этот человек давал их ему в обмен на сексуальные манипуляции. И он хотел их не для себя… нет, для своей сестры… да, для своей сестры он делал это, чтобы у нее были эти маленькие отпечатки для ее коллекции… ведь она соревновалась с его старшим братом, вспоминает он сейчас, и его брат… (теперь он вспомнил важную часть)… его брат поймал его! Он помнит, как заглянул в гараж, и помнит свой собственный страх — его брат расскажет родителям!

Потребовалось около пяти часов, чтобы воссоздать всю ситуацию, вызванную давно забытым эпизодом. Большинство его прозрений и воспоминаний изложены на следующих страницах, написанных на следующий день:

Когда меня поймал брат, я очень испугался. Я побежал к сестре и сказал ей, что меня раскрыли и что Фернандо, который меня не любил, донесет на меня матери. Она очень боялась моего отца и так боялась, что он изобьет ее, что умоляла меня признать свою вину и сказать, что мне нравилось то, что я делал. «Пожалуйста, ты — король дома, тебя не будут бить, а меня — да». Я думаю, она была добра ко мне, чтобы получить взамен любовь моего отца.

Когда Фернандо поймал меня, он подумал: «Ха, ха! Король дома — размазня! Я — единственный мужчина». Моя мать была в ярости. «Я тебя побью! Почему ты это делал?» «Потому что мне это нравилось». «Ах, так тебе понравилось!» — и она насыпала мне в рот перца. Я повторял: «Мне понравилось, мне понравилось, и я расскажу папе о тебе!». Она разозлилась еще больше и подумала: «Прямо как его отец». «Ага, значит, тебе понравилось!». И она вывихнула мне ногу.

Моя сестра: «Бедный малыш! Что они сделали с тобой из-за меня, из-за того, что ты не рассказал обо мне? Они вывихнули ногу королю дома. Бедный малыш».

Младшая сестра: «Так это ты виновата! Посмотри, что они сделали с Роберто из-за тебя. Ты плохая. Я собираюсь рассказать о тебе».

Отец: «Посмотри, что сделала Сара! Как ты посмела втянуть мальчика в это? Это ты виновата!» И он ударил ее линейкой по подошвам ног. «Не бей ее, папа. Мне понравилось, мне понравилось!»

Мать: «Что я наделала? Я вывихнула ему ногу, и мой муж рассердится. Прости меня, Роберто, я не знала, что делаю».

Я: «От тебя воняет, мама, почему ты не моешься? Не забирай меня из школы, мама, потому что мне за тебя стыдно. Я хочу, чтобы отец пришел. Он хороший, а ты плохая. Ты не любишь меня, ты вывихнула мне ногу».

Мать: «Опять этот трусишка. Он хочет пойти со своим отцом, они оба одного рода. Слабость. Единственный мужчина в доме — Фернандо. Он мой сын, он такой же, как я».

Я: «Значит, тебе больно видеть, что я трус. Так я им буду, и я буду говорить отцу каждый раз, когда ты будешь меня так называть».

Отец: «На какой суке я женился! Что она сделала со своим сыном! Могу себе представить, что она думает обо мне — точно так же, как и о нем. По правде говоря, единственный мужчина в доме — это Фернандо, который похож на нее».

Фернандо: «Мой отец больше любит Роберто, но после того, как я наговорил на Роберто, у меня есть мама».

Младшая сестра: «После того, как я наговорила на Сару, у меня есть отец. Бедный маленький ребенок! Как жаль, что они вывихнули ему ногу. Видишь, папа, как я тоже люблю Роберто».

Фернандо: «Трусишка! Единственный мужчина в доме — это я».

Я: «Папа, Фернандо назвал меня трусишкой».

Отец: «Не беспокой своего брата, Фернандо. Разве ты не видишь, что он нервничает после несчастного случая с ногой?».

Форма этого текста представляет фактический ход сессии, когда я попросил его выдать себя за различных членов его семьи и выразить чувства каждого из них в связи с ситуацией. Когда все, что было процитировано, стало ему понятно, он занялся смутным воспоминанием о более позднем событии. Процесс постепенного вспоминания был похож на предыдущий — комната, где его мать лежала в постели, его будущая мачеха, разговаривающая с медсестрой, что-то о дозировке лекарства, его желание, чтобы мать умерла, и его последующее чувство вины. К тому времени, когда действие лекарства прошло, он определенно чувствовал, что убил свою мать, дав ей большее количество капель, чем было предписано, но в то же время он сомневался в реальности всего эпизода, который он «вспоминал», который, в свою очередь, был довольно туманным.

В течение последующих двух дней пациент не мог делать ничего другого, кроме как размышлять над событиями, открывшимися ему под воздействием препарата. Он попеременно то принимал их за правду, то не верил в их реальность, считая их иллюзиями, вызванными МДА. С другой стороны, он чувствовал, что процесс, начавшийся во время сеанса, не завершен, и настаивал (безуспешно) на том, чтобы вспомнить больше обстоятельств, связанных со смертью матери. Со временем чувство реальности сексуального эпизода усилилось, и это сопровождалось исчезновением его сомнений в отношении своей мужественности. Его безопасность (уверенность в себе) также значительно возросла в контактах с людьми в целом, и он почувствовал, что может быть более спонтанным, хотя теперь его тяготило бессознательное чувство вины. Ему было все равно, гомосексуалист он или нет, и впервые в жизни он мог открыто обсуждать этот вопрос с другими людьми. Его настоящая вина теперь заключалась в том, что он чувствовал себя убийцей и не мог в этом признаться. Сон, который он увидел через несколько дней после сеанса, произвел на него сильное впечатление. В одном из эпизодов он был на похоронах своей матери, и в окно влетели тигры. Он почувствовал, что это были проявления его собственного гнева, гнева, который он похоронил очень рано в своей жизни и только сейчас начал ощущать сквозь завесу символов и воспоминаний.

Изменения, произошедшие в пациенте, можно заметить, сравнив первый абзац автобиографии, написанной до лечения, с началом другой ее версии, написанной примерно через неделю после сеанса. Перед сеансом он начинает следующим образом:

> *Я родился 1 августа 1930 года в доме бизнесмена, который был очень уважаем в нашем кругу и принадлежал к одной из старейших семей города.*

Это описание напоминает то, которое предыдущий пациент демонстрировал, говоря о столовой дома. Там субъект сначала игнорировал свои настоящие чувства к этому месту, которое было главной комнатой пыток в его жизни, и заменил их гордостью за социальное положение своих родителей, передаваемое полированным столом и изящными чашками. В этом открытии пациент также подчеркивает «респектабельность» своих родителей и таким образом рассматривает их с точки зрения ценностей, которые были для них наиболее важны. К этим ценностям они в значительной степени приучили и его, поскольку ему тоже пришлось «отречься от себя», а когда ребенок отрекается от своих настоящих чувств и мыслей, он оказывается во власти внешних влияний. Для этого конкретного мальчика «быть самим собой» означало такое разочарование и гнев на мать и старшего брата, что он не мог с этим справиться, особенно в отсутствие сильного отца, который был бы на его стороне. Его отец проявлял некоторое понимание к сыну, и поэтому мы можем понять большую привязанность мальчика к нему, но он был слабым и покорным. После сеанса пациент больше не говорит о нем как об уважаемом человеке, который очень заботился о нем и выражал свои нежные чувства, но говорит: «Я вижу в нем очень слабого человека, над которым я всегда доминировал, которого я даже неоднократно ругал. Он не знал, чего хочет, и очень труслив. То есть у него есть все те недостатки, которые я вижу в себе. Я никогда не мог говорить с ним открыто, потому что он сплетник и не стесняется рассказывать другим о моих делах. Он никогда не поддерживал меня ни в чем».

Этот взгляд на отца, без сомнения, ближе к его реальным чувствам, и этот разворот точки зрения, вероятно, связан с угасанием его восприятия себя как гомосексуалиста. Можно ожидать, что по мере того, как он станет более открытым для своих настоящих чувств, он будет испытывать меньшую потребность в поддержке со стороны отца или отцовских фигур в мужском мире. Он уже на шаг ближе к этому, но чувство вины все еще мешает ему примирить странное переживание из своего детства с его нынешним представлением о матери. Очень познавательно проследить, как он относился к женщинам своей семьи на протяжении всего периода терапии. Все, что он говорит о своей матери в своем первом автобиографическом отчете, содержится в уже цитированном абзаце: «Что касается моей матери, то хотя я верю, что она любила меня, она никогда не выражала эту привязанность, в отличие от моего отца, который был гораздо более экспрессивным, чем она». Его разочарование здесь почти не выражено, не только в том, что он не говорит о своей собственной реакции, но и в том, что он не обвиняет свою мать. Вместо этого он выдвигает версию о том, что ее черта характера — невыразительность — стала причиной того, что она не проявляла свою привязанность. В другом месте своего рассказа он рассказывает о своей реакции на смерть матери: «Когда мне было девять лет, моя мать умерла от давней болезни сердца. Я помню или, кажется, вспоминаю, что я не плакал и не хотел покидать дом двоюродного брата, куда меня отправили, чтобы я не попал на похороны, и где я хорошо проводил время».

О своей мачехе он открыто говорит: «Я ненавидел ее. Эта женщина никогда не любила меня, и она разлучила нас друг с другом — всех, кроме меня и моей старшей сестры, которая всегда проявляла ко мне большую любовь и которую я очень люблю».

В ходе сессии стало очевидно, насколько эта старшая сестра заменяла ему мать и была настолько важна для него, что он не только согласился на манипуляции садовника ради нее, но и смог обвинить себя в этом и таким образом защитить ее (старшую сестру) от наказания. Однако также стало ясно, что это была плохая замена материнской любви, поскольку он переживал ее не как настоящую привязанность. Свою сестру в этих отношениях он осознал, как игравшую роль, и манипулирующую им, чтобы привлечь любовь отца. Учитывая такое позднее понимание, мы можем рассматривать первоначальные заявления пациента о взаимной любви с сестрой как самообман, по крайней мере, частично, и как результат отчаянной потребности верить, что кто-то его любит.

На следующий день после сеанса, помимо процитированного письма, он записал следующие замечания о своей матери и мачехе:

Когда умерла моя мама, я не плакал. Наоборот, я был счастлив, что она умерла. Я лучше ладил с мачехой, пока отец не разлучил нас.

Из этого следует, что большая часть враждебности, которую он ранее испытывал к мачехе, была вытеснением подавленной враждебности к матери, и поскольку теперь он мог признать ее, хотя бы частично (подразумевается, что он чувствовал себя счастливым после ее смерти), его (ретроспективные) чувства к мачехе улучшились.

Похожее смещение происходит и в его гневе на отца, поскольку сначала он винил мачеху в том, что она привела к разделению в семье, а теперь он видит, что отец разлучил его с ней. То, что мачеха действовала как экран, на который проецировались неприемлемые чувства к родителям, подтверждается и ходом сессии МДА, которая началась с восприятия выражения мачехи на моем лице, но диалог с ней по ходу дела превратился в диалог с матерью. В автобиографических страницах, написанных через неделю после сеанса, пациент говорит о своей матери следующее: «Я помню ее как женщину исключительной силы. Я думаю, она была очень хорошей, но в то же время ей не хватало привязанности или, по крайней мере, ее выражения. Я помню, что постоянно спрашивал ее, любит ли она меня, а она отвечала: «Оставь меня в покое, я очень устала». Время от времени она целовала меня, но я не помню, чтобы она когда-нибудь гладила меня».

Что касается мачехи, то он называет ее «ленивой и грязной женщиной; она постоянно била меня и подбивала моего брата бить меня. Мои сестры защищали меня. Если я плакал или рассказывал о ней отцу, она называла меня размазней. Она жалела еду, и я думаю, что зарождающийся туберкулез, который у меня был, был связан с этим — по крайней мере, так думал мой отец. Я ненавидел ее так, как никогда не ненавидел никого другого, и она мстила мне, называя меня размазней, тупицей, лентяем. Но мне также жаль ее. Как она должна была страдать с такой стаей монстров, какими были мы!»

Видно, что взгляды и чувства пациента в некоторой степени вернулись к тем, что были до сеанса. Однако не полностью. В последнем высказывании о мачехе подразумевается признание того, что она была объектом его собственных иррациональных реакций, и он воспринимает ее нападки как месть. С другой стороны, есть некоторая разница между первоначальными высказываниями о матери и предыдущими: «... не хватает привязанности или, по крайней мере, ее выражения. Я помню, что постоянно спрашивал ее, любит ли она меня, а она отвечала: «Оставь меня в покое, я очень устала!»». Здесь есть явное признание его неуверенности и разочарования, и представление о том, что мать не любила его, начинает им быть принято и выражено. То, как он строит предложение («не хватало привязанности или, по крайней мере, ее выражения»), является миниатюрной копией процесса, в ходе которого содержание сессии в целом вновь подавляется и сдерживается. Сначала идет четкое утверждение, затем то, что кажется рационализацией, оправданием матери, которое можно понять как средство сдерживания неприемлемых чувств, которые он испытывал бы, если бы первое утверждение было определенным. Это было типично для него на протяжении всего описанного здесь процесса. Под воздействием МДА он живо описывал сцену (например, сперма смачивает его лицо), а затем начинал сомневаться в ее реальности. «Может ли это быть правдой? Это произошло на самом деле? Нет. Это просто мое воображение. На самом деле я не могу этого помнить. Я был слишком мал, чтобы что-то помнить. Но тогда почему я вижу это так ясно? И все кажется таким последовательным! Если это правда…. Да, это должно быть правдой. А может ли это быть правдой? Что вы думаете, доктор, может ли это быть правдой?».

Длинные последовательности такого рода рассуждений имели место между успешными шагами в понимании или запоминании, и, как я уже упоминал ранее, дни после сессии сопровождались интенсивными вопросами того же типа.

Вскоре после работы с этим пациентом я уехал из страны на два месяца и ожидал увидеть его снова по возвращении, но он почувствовал, что помощь, полученная за это время от моего коллеги-терапевта, — это все, что ему было нужно, и что он предпочел сосредоточиться на духовном поиске, как и раньше. С тех пор я случайно встречался с ним, и по качеству этого контакта я почувствовал, что процесс, начатый в день сеанса, так и не был завершен. Несмотря на это, лечение было эффективным в обеспечении пациента симптоматическим облегчением, которое он искал, в придании ему большей уверенности в себе (что сделало его отношения с другими людьми более удовлетворительными), и в привнесении большей спонтанности в его жизнь.

Колебания этого пациента в принятии истинности событий, вспомненных под воздействием препарата, иллюстрируют реакцию, часто наблюдаемую в период после сеанса терапии. Кажется, что подавленные воспоминания могут быть приняты только тогда, когда происходит параллельное изменение отношения пациента к ним или их интерпретации, так, что они больше не угрожают его нынешнему «равновесию». По правде говоря, скрытый страх перемен, который заставляет пациента отгородиться от определенных событий или переживаний, является намеком на тайное признание нестабильности его нынешней ситуации. Подобно страху перед высокими местами у тех, кто бессознательно хочет упасть, страх вспомнить говорит о желании организма вернуться к истине, о скрытом желании увидеть.

Представляется, что МДА может способствовать возникновению состояния, когда ничто не угрожает, и человек может безоговорочно принять свой опыт, поскольку его безопасность находится где-то в другом месте, а не в образе себя. После завершения этой фазы информация в сознании человека может вступить в противоречие с его текущими взглядами или вызвать реакцию (например, осуждение родителя), которую он не может себе позволить. Результатом этого может стать тревога или ужас перед вспоминаемыми событиями, отрицание их реальности или амнезия в отношении всего эпизода. Для того чтобы произошли изменения, необходимо время, чтобы преодолеть разрыв между реакцией на критическое событие и структурой личности пациента, как это было успешно сделано в течение двадцати четырех часов пациентом из нашей первой иллюстрации. Если усвоение критического события в ходе сеанса недостаточно, процесс может продолжаться в течение следующего дня или месяца или возобновиться в ходе последующего сеанса с препаратом.

Следующий случай особенно наглядно демонстрирует работу защит после последовательных сеансов МДА и показывает, как в каждом из них пациент смог увидеть больше своего прошлого, а также интегрировать больше в свое постсеансовое осознание. Пациент — тридцатилетний заика, который проходил психотерапию в течение двух лет и испытывал значительное улучшение симптомов. Он был направлен ко мне своим терапевтом, поскольку она чувствовала, что отсутствие эмоционального контакта в нынешних терапевтических отношениях препятствует дальнейшему прогрессу, и она надеялась, что препарат поможет пациенту отказаться от его чрезмерно интеллектуализированного и нормативного подхода в терапевтической встрече.

Когда пациента спросили о его интересе в дальнейшей терапии, он объяснил, что заикание больше не является его главной проблемой, таковой является раздражительность дома, отсутствие чувств и отсутствие контакта с вещами в целом. «Мне кажется, что я не касаюсь земли, когда иду, а парю над ней, я не чувствую полного контакта ни с чем». Во время первого интервью он часто использовал безличные фразы (например, «В моих руках есть напряжение»), и когда я обратил его внимание на это, он объяснил: «Это моя основная проблема: я хочу иметь возможность говорить от первого лица!».

Одним из нескольких психологических тестов, использовавшихся до начала лечения, был НРТ состоящий из серии человеческих фотографий, на которые испытуемому предлагалось ответить, что ему в них нравится или не нравится. Наиболее примечательной особенностью его ответов было неприятие многих лиц, которые он воспринимал как преступные. Он связал эту особенность своих реакций с собственным бессознательным восприятием себя как преступника, о чем свидетельствуют сны, в которых его преследует полиция.

Наиболее значимым моментом в истории болезни пациента, как он помнил до начала лечения, было то, что его заикание началось в первый год обучения в школе, о котором он помнил очень мало. У него было очень мало воспоминаний до этого периода жизни: мать ходила в клинику, чтобы родить его младшего брата, он сам раздевался для принятия солнечных ванн и прятался от новой горничной, родители покупающие ему подарок. Из следующей школы он хорошо запомнил белокурую девочку, которая одолжила ему карандаш. Он рассказал, что в детстве часто запирался в отцовском шкафу и тайком предавался приступам ярости и плача, пока не мог больше терпеть жару. Отношения с родителями он описал как нормальные и спокойные и сказал, что обычно рассказывал матери все, пока ему не исполнилось двенадцать или тринадцать лет, когда он изменился в этом отношении, и она пожаловалась на то, что он потерял к ней доверие. В школе он был довольно хорошим учеником, но избегал занятий спортом. С четырнадцати лет он принимал активное участие в различных католических молодежных организациях. До женитьбы у него было два коротких любовных романа: один в шестнадцать, другой в двадцать лет. Со своей женой он познакомился в университете и установил с ней хорошие дружеские отношения, которые сохранились и спустя шесть лет. Сейчас он женат уже четыре года, у него двое детей, к которым он испытывает большую нежность.

После приема 150 мг МДА первым симптомом пациента было беспокойство, мимолетное желание заплакать, которое он контролировал, а затем ощущение, что его руки и грудь стали меньше, тоньше. «Это о чем-нибудь говорит?» «Наверное, о том, что я ребенок».

В течение следующего часа или около того он наслаждался музыкой и игриво двигал руками и ногами в ее ритме. «Податливый, как будто я бежал голый по ветру».

Помимо описанного опыта, большая часть содержания семичасового сеанса была связана с полостью рта пациента. Сначала он почувствовал, что его челюсть стиснута, и пытался все больше и больше разжать ее с помощью рук. Он постоянно ощупывал свое лицо и челюсти. Затем он начал движения, напоминающие сосательные, и когда на это обратили его внимание, он намеренно в течение длительного времени совершал сосательные движения. Все это время он чувствовал, что его челюсти напряжены и болезненны, и продолжал их ощупывать. Болели также нижние и левые коренные зубы, и это продолжалось до следующего дня. В другой момент ему захотелось широко открыть рот и вытащить язык, и некоторое время, держа рот широко открытым, он чувствовал, что с силой выдыхает. Затем он почувствовал холод, снова начал двигаться под музыку и продолжал открывать рот, вытаскивать язык или сосать. Он объяснил (на английском языке), что его беспокоили челюсти в более раннем возрасте, поскольку в период полового созревания он не хотел с силой жевать, боясь исказить овальную форму лица.

Первые слова пациента, сказанные им где-то на втором часу после появления первых симптомов, были о том, что он понял, что его никогда не любили, что, возможно, так оно и было, но он никогда по-настоящему не верил и не чувствовал с уверенностью, что кто-то заботится о нем. После этого он заговорил по-английски и продолжал использовать этот язык до конца сеанса, несмотря на то, что выучил его только в школе и владел им гораздо хуже, чем испанским. В одном случае он говорил и по-французски, и в нескольких моментах сессии он с удивлением отметил, что забыл испанский язык, но, похоже, это его не беспокоило. Он снова произнес несколько фраз на испанском языке после того, как представил своего отца в виде спинки сиденья с металлическим каркасом. Я попросил его поговорить с отцом, и он сказал по-испански с некоторым сопротивлением: *«Почему ты уезжаешь?»*. *«Почему ты не остаешься дома?»*. *«Почему ты не обнимаешь меня?»*.

Зная, что заикание у пациента началось в первом классе школы, я расспросил его об этом периоде его жизни, и он вспомнил один день, когда группа детей несправедливо обвинила его в том, что он толкнул меньшего мальчика. Один из них угрожал ударить его в рот, но он не мог точно вспомнить, действительно ли его ударили. Он провел около часа, размышляя над этой сценой. Он представлял себя с полным ртом крови, склонялся к мысли, что именно в этот день он начал заикаться, и думал, что, должно быть, чувствовал себя жертвой большой несправедливости и очень беспомощным.

После этого дня и в течение последующего месяца пациент заметил удивительное влияние сеанса на свои движения, которые стали гибкими и необычайно скоординированными. Он чувствовал это, когда играл на гитаре, когда занимался столярным делом в свободные часы, а также ночью, когда он больше не испытывал обычного дискомфорта от того, что не знал, куда деть руки перед сном. Помимо этого физического эффекта, он необычайно тепло стал относится к своим детям и более терпелив к событиям семейной жизни. Когда через два дня после сеанса ему снова предъявили HPT, его реакция сильно отличалась от той, что была неделю назад; основной темой его отказов стали уже не «преступные» черты, а половина его комментариев относилась к выражениям в области рта на изображённых лицах. Чаще всего упоминались страх и желание заплакать, слишком большая демонстрация зубов или фальшь. В таком акценте на рот и неприятии выражаемых им чувств, ситуация тестирования параллельна опыту испытуемого в сессии МДА, во время которой рот был в центре внимания как с точки зрения физических ощущений, так и фантазий.

Несмотря на благополучие, испытанное пациентом, описанный выше терапевтический процесс оказался незавершенным по следующим причинам:

1) Неполное выражение чувств: в начале сеанса пациенту захотелось плакать, но он не поддался порыву. В конце дня он боялся, что может почувствовать себя самоубийцей, но снова почувствовал себя лишь на грани грусти. Эти короткие переживания, история его жизни (плач в шкафах), отсутствие каких-либо интенсивных чувств на протяжении всей сессии и отказ от грустных выражений в тесте показали, что он все еще не готов принять или даже узнать свои собственные эмоции.

2) Неполное воспоминание: симптомы регрессии во время сеанса (сосательные движения, уменьшение тела) убедительно свидетельствуют о том, что ум пациента бессознательно хочет разобраться с эпизодами прошлого, и это подтверждает сцена в школе, которую он вспомнил частично. Однако здесь, как и в случае с чувствами, пациент только подходит к грани воспоминания эпизода, существование которого он способен почувствовать. Эмоции, которые он воображает, что испытывал, когда над ним издевались в школе (плач, ярость, бессилие), совпадают с теми, которые он воспринимал и отвергал в НРТ.

3) Неполный инсайт: опыт пациента свидетельствует о том, что он вырос с переживанием, что его не любят, что ему не хватает отца. По крайней мере, один раз он постоянно испытывал на себе несправедливое обвинение и нападки со стороны других детей. Это, в свою очередь, говорит о том, что с последней ситуацией он справлялся во многом самостоятельно, не ожидая никакой поддержки от родителей или учителей. Опять же, вся эта картина соответствует чувствам тревоги и печали, мимолетно пережитым в день сессии и впоследствии воспринятым испытуемым как чуждые его привычным взглядам и чувствам. На следующий день он считал этот опыт беспомощности лишь теоретической возможностью, не говоря уже о том, что он не видел в прошлом поведении своих родителей ничего, что могло бы подтвердить такое чувство одиночества или сделать его понятным.

В целом можно сказать, что лечение с помощью МДА позволило увидеть панораму, которая была не совсем раскрыта. Пациенту было рекомендовано посещать еженедельные встречи групповой терапии, чтобы достичь большего осознания и выражения своих чувств, и через три месяца он принял участие в групповой сессии с МДА, которую я кратко излагаю здесь:

В начале сеанса пациент, сидевший рядом с одной из девушек группы, спросил ее, хочет ли она побыть одна. Когда она кивнула, он опустился на пол, где лег на холодную плитку. От холода он испытал ощущения, знакомые ему по какой-то болезни: холод и рвота, одиночество и беспомощность, невоз-

можность попросить о помощи, покинутость. Он сказал, что он понял, что это было чувство отверженности, которое он чувствовал как тошноту, холод и одиночество. Затем он лег на кровать в одном конце комнаты и все больше и больше отдавался этому чувству. Он издавал тихие стонущие звуки, которые становились все длиннее и громче, пока не превратились в настойчивые завывания. Примерно через полчаса крики стали более членораздельными. Это были: «НЕТ! НЕТ! НЕТ!» Затем, несколько минут спустя, это было: «Не посредственно! Не посредственно! Не посредственно!» А еще позже он снова бросил оскорбления в адрес воображаемого обвинителя: «Посредственность! Бездарность!», а затем «Преступники! Убийцы!» в течение долгого времени. Он начал бить кулаками по кровати, а затем по стене. В процессе он понял, что настоящей целью его гнева был его отец. Потом были ссылки на его зубы. «Они падают сами по себе! Мамочка, они падают сами по себе!» Вперемежку с «Нет! Нет! Папа! Папа!» Он призывал отца на помощь, когда его к чему-то принуждала мать, и, наконец, заканчивал, уже мягче, повторяя: «У меня нет папы, у меня нет мамы».

Этот процесс длился около четырех часов, после чего он все забыл. Когда свидетели сообщили ему о том, что они слышали, он смог в какой-то степени вспомнить, что он сказал или сделал, но не ситуации прошлого, на которые он реагировал. Вот что он пишет на следующий день: «Я думаю, что крик был связан с несколькими ситуациями одновременно, в каждой из которых я чувствовал себя в похожем положении — не мог рассчитывать на защиту и любовь моих родителей, либо потому что они отказывали мне в этом, либо потому что их не было под рукой, либо потому что я не чувствовал, что они достаточно близки или что они могут мне помочь. Такими ситуациями могли быть поход к зубному врачу, нападение детей в моей первой школе или болезнь, во время которой я чувствовал себя очень плохо и одиноко».

Я не буду рассказывать обо всех переживаниях пациента в группе, но интересно отметить, что в течение всего дня он испытывал сильное желание быть защищенным и приласканным другими членами группы — наряду с неспособностью попросить об этом.

Сравнивая первую сессию МДА пациента со второй, очевидно, что на второй сессии он смог вспомнить и почувствовать больше (свое одиночество, разочарование и потребность), но за счет последующей амнезии. Несмотря на последнее, я чувствовал, что глубина самого переживания свидетельствует об ослаблении защит и что этот опыт может стать мостом к следующему. Это было подтверждено ответами пациента на HPT через два дня после сеанса. Изменения здесь снова были поразительными, и наряду с отказом от слабости появилась новая тема — тип критического, сардонического и отстраненного выражения, которое, по крайней мере, на одной из картинок он ассоциировал с отцом.

Следующий сеанс состоялся через месяц после второго и начался лихорадочно и с криками. Казалось, он переживал то же самое, что и на предыдущем сеансе, но ситуация, вызвавшая его чувства, была другой. Это начало постепенно раскрываться по мере того, как он поддавался своему гневу. «Ваш сын — вор. Ваш сын — вор. Ваш сын — вор», — писал он в последующие дни, а за этим следовали гнев, защита, ненависть: «Нет! Нет! Это мое, я нашел его лежащим на полу!

Это мое, мое, мое! Я не крал его! Я ничего не крал! Я нашел его. Преступники! Преступники!»

К середине третьего часа он рассказал, как вспомнил, что в первом или втором классе школы нашел небольшую драгоценность (по-видимому, бриллиант), которую хранил, не зная ее стоимости. Его обвинили в краже, и он проглотил камень. Он ясно помнил, что ему поставили клизму и заставили вырвать, чтобы вернуть драгоценность. Теперь ему привиделось, что внутри у него еще что-то есть. Он смутно различал два пакета. Маленький — за грудиной, а побольше — ниже. Он открыл меньший и нашел алмаз. «Другой, который я едва увидел и забыл, до сих пор не открыт», — заявил он позже и добавил: «Обнаружив все это, я почувствовал себя свободным от чего-то очень большого и тяжелого, как будто я мог дышать глубоко и впервые за много лет. Но это желание дышать глубоко и сильно указывало на что-то, что я не мог понять». В течение остальной части дня он общался с другими людьми, а не отстранялся, как на прошлых групповых занятиях. После того как действие препарата прошло, он попрощался с другими членами группы, и при этом был на грани слез. Особенно когда он прощался со мной, он был очень тронут и поцеловал меня в лицо, как сын целует отца. Это был разительный контраст с тем бесчувствием, которое заставило его обратиться за лечением.

На следующий день его охватило сильное чувство, что у него нет ни отца, ни матери, и это заставило его почувствовать себя так, как будто он их убил. Он также чувствовал, что кусочки огромной головоломки становятся на свои места: мечты, страхи, жизненные ситуации. Однако в течение недели казалось, что над его зрением нависает занавес, его чувства снова приглушились, а история, вспомнившаяся во время сеанса, казалась ему все менее реальной.

Еще один сеанс был предложен пациенту по причинам, сходным с теми, которые послужили толчком к предыдущему, и стоит сообщить, что именно этот сеанс оказался и наименее запоминающимся, и наиболее эффективным. Вкратце, в первые часы сеанса пациент чувствовал себя женщиной и наслаждался этой ролью; после этого он обнаружил, что в начале своей жизни он принял женскую идентификацию, полагая, что таким образом он привлечет любовь своего отца. Быть женщиной означало, прежде всего, быть чувствующим и чувствительным, как его мать. Но в какой-то момент своей жизни он сказал себе: «Мужчины не плачут», — эта фраза неоднократно всплывала в его опыте МДА, и он стал жить бесчувственно, будто под наркозом. Переживая это на сессии, он попал в короткий период бесчувствия, бессвязности, а затем безразличия. «Ценность этого была в том, что я увидел карикатуру на себя», — сказал он позже. «Каким я всегда являюсь, в какой-то степени, таким я был тогда до крайности». Что происходило в его бессознательном, пока он чувствовал себя женщиной, или тогда, когда переживал безразличие, трудно сказать, но только после этого сеанса пациент почувствовал, что сделал окончательный шаг к эмоциональной адекватности. Мимолетное состояние тревоги заставило его осознать, что именно в таком состоянии он жил всю свою жизнь до лечения. Более того, ему показалось, что весь мир изменился, хотя он чувствовал себя тем же человеком. Когда его спросили о характере изменений, он сказал, что это трудно выразить словами, но это было что-то вроде «иметь отношения» с другими людьми. «Мне не нужно контролировать других, потому что я больше не завишу от их принятия или отвержения. Я могу принимать их независимо от того, принимают они меня или нет. Если принимают — хорошо; если нет —

плохо; но мне не нужно тратить энергию на деятельность подобную ЦРУ, чтобы определить, как я отношусь к другим». Кроме того, его эффективность на работе повысилась, по его оценке, на 1000 процентов.

Через несколько месяцев после начала лечения он подытожил эти изменения в письме по случаю последних дней моего пребывания в стране. В конце он задал вопрос:

Что произошло во время последней сессии, что привело к кристаллизации этой хрупкой верхней корочки ясности, которая, тем не менее, кажется мне постоянной? Я могу продолжать отвечать: «Ничего... просто, пока я был там, мир изменился и стал другим».

Некоторые факты, которые я вижу. На первом этапе сессии я жил в чулане, в своем аду. Но теперь, когда я вспоминаю, самое неприятное чувство, которое я могу вспомнить, это чувство отвержения, и, хорошо поразмыслив, я понял, что это было не так уж и больно, в конце концов. Ад был не чем иным, как высвобождением чувств, и многие из них были весьма приятными. На второй стадии я смог увидеть себя таким, каким я жил долгие годы: неспособным любить.

Так заканчивает свое письмо человек, страдавший от бесчувствия:

Клаудио, друг, я знаю, что не могу дать тебе ничего подобного тому, что ты дал мне. Я знаю, что ты даже не ожидал этого письма. Я знаю, что ты даже не ожидал той привязанности, которую, как ты знаешь, я могу испытывать только вопреки. Я знаю, что ты принял меня, зная, что я верю, что правиль-

но отдавать то, что ты отдаешь. Я знаю, что ты рад мне.

Теперь ты уезжаешь. Я не буду говорить тебе «спасибо». Это было бы добавлением цветка к той гирлянде, которую ты оставляешь. Я хочу сказать тебе то, чего никогда не слышал мой отец, то, что я никогда не мог сказать ему, потому что у меня не было возможности, или он не дал мне ее, кто знает? Я люблю тебя.

Моя жена, мои сыновья, другие люди, которые повстречают меня, никогда не узнают о том, какой ты друг, но, если бы они узнали, они должны были бы улыбнуться той же улыбкой, что и я сейчас, спрятанной, долгое время, для этого случая.

Счастливого пути.

Приведенные выше рассказы о терапии МДА показывают как эпизодическую гипермнезию, которую может вызвать это вещество, так и противодействующие защитные механизмы, которые могут включиться перед лицом неприемлемого самопознания.

Во взаимодействии воспоминаний с забыванием или запутыванием, восприятием своей жизни и нежеланием взглянуть ей в лицо и заключается специфический ад или чистилище МДА, аналог более известных адов мескалина или гармалина. Но картина воздействия МДА была бы неполной без представления о его специфическом рае.

Для многих веществ существует типичная область, в которой проявляется пиковое переживание, когда оно происходит. Это, например, переживание трансцендентности и чувства святости для ЛСД, красоты для мескалина, силы и свободы для гармалина, любящего спокойствия для ММДА. Можно спросить, есть ли что-то, что можно считать типичным позитивным опытом МДА, и что это такое.

Проанализировав около тридцати сеансов с этим препаратом, я обнаружил, что наиболее характерной чертой тех из них, которые передают переживание полноты, глубины и интеграции, является нечто, что я бы назвал усилением переживания «Я».

В действительности, подобно тому, как стандартный психиатрический термин «деперсонализация» используется в связи с состоянием сознания, часто вызываемым ЛСД-25 или мескалином, здесь можно использовать обратный термин «персонализация». Вместо «исчезновения эго» и экстатического единства с миром, вызываемого первым, здесь появляется акцент на индивидуальности и уникальности этой жизни. Действительно, некоторые из испытуемых в тот или иной момент сессии пришли к общему осознанию, которое они выразили эмфатическим заявлением: «**Я есть! Я есть! Я — это я!**»

Эта черта «хорошего» опыта МДА хорошо проиллюстрирована в первом случае, представленном в этой главе. Давайте еще раз рассмотрим, в каких выражениях пациент описывал свой опыт в начале действия препарата, как он наслаждался ощущением самого себя: «Я был строго самим собой». «Я смеялся над тем, кем я был». «Я погрузился в переживание себя — это был я!». Этот опыт возобновился через несколько часов, когда он начал вспоминать события своего детства, и он написал большими буквами, покрыв весь лист бумаги: «Я это — я.»

Важным аспектом этого переживания является то, что в нем возникает восприятие непосредственной реальности. В отличие от человека под действием ЛСД, который склонен видеть богов или дьяволов, безличные силы, проявляющиеся через его личное существование, здесь сознание человека сосредоточено на уникальных качествах его тактильных, проприо-цептивных, слуховых и других ощущений. И это ни в коем случае не проявление демонов или абстрактных принципов, а конкретное переживание реальности субъектом. Записи сеансов МДА изобилуют такими открытиями частностей, которые часто являются подсказками к неразрешенным ситуациям прошлого.

Один пациент, например, заметил, что его голос звучит боязливо и покорно, как при разговоре с отцом, и это привело его к прояснению его прошлых отношений с отцом, за которым последовала большая свобода от этой анахроничной модели. Возможно, он всегда разговаривал этим же голосом, только не осознавал этого аспекта себя. Как только он смог воспринять себя полнее, он также смог осознать свое отношение к своему голосу в прошлом и в настоящем, жизненные эпизоды, которые привели к такому отношению. Таким образом, можно сказать, что его восприятие себя в данный момент и его воспоминания о себе в прошлом относятся к одной и той же области сознания (личностной) и связаны между собой простыми ассоциативными цепочками. Когда одно становится объектом подавления, то и другое тоже, и снятие подавления как прошлого, так и настоящего идет практически рука об руку. Открытие ребенком своей индивидуальности, вероятно, происходит от осознания того, что он может контролировать движения своего тела и проявлять волю. По аналогии с этим взрослый, заново открывающий свое Я-переживание на сессии МДА, часто занимается какой-то двигательной активностью, которая является воплощением и знаком его индивидуальности. Более того, по крайней мере, в двух случаях такие движения представляли собой воплощение игривой спонтанности ребенка. В одном из случаев пациент начал с червеобразных движений, которые, по его мнению, были похожи на движения младенца в кроватке. Вскоре он начал совершать сосательные движения, которые продолжались около трех часов, в то время как постепенно появились другие проявления. Сначала сосательные звуки, затем повторение слога «ма», «ма, ма» снова и снова, затем ритмичные удары кулаками по кровати, когда он кричал «ма, ма» все громче и громче, и, наконец, слово «я, я, я», повторяемое в ритме его ударов с приятной силой. Впоследствии, вплоть до окончания сеанса, постепенно развернулась вся панорама его семейных отношений.

Совершенно противоположная последовательность событий была у другого пациента, чьим первым опытом, который стоит отметить после того, как МДА начал действовать, было чувство эго-присутствия: «Я двигал рукой и остро осознавал, что двигаю ею. Я был там. Какая замечательная вещь — быть самим собой! Я чувствовал каждый мускул, каждую часть своего существа, и все это было мной».

Вскоре после этого я показал ему фотографию, на которой он изображен с отцом. Его отец опирался на его плечо в жесте, выражающем одновременно защиту и собственничество. Как только он это увидел, он заговорил со своим отцом на фотографии: «Нет, нет... ты — это ты, а я — это я... Нет, нет, нет! Я не позволю тебе жить моей жизнью, я не позволю тебе опираться на меня. Мы — два разных мира, и мы независимы друг от друга. Я жил твоей жизнью, я носил тебя в себе и делал то, что ты хотел, но так больше продолжаться не будет». Он объяснил мне это дальше, обнаружив, что даже в любовной связи, которая у него недавно была, он теперь видит, что девушку любил его отец, а не он сам.

Аналогичный процесс происходил, когда он смотрел на другие фотографии и вызывал связанные с ними воспоминания. Смотря на каждую из них, он осознавал, каковы были его собственные чувства в данный момент и где скрывается искажение, из-за которого он не честен сам с собой. Каждый раз, когда он чувствовал это, он испытывал сильный дискомфорт, пока не переживал ситуацию заново, переживая не то, что было, а то, что было бы, если бы он был настоящим собой, разговаривая с фигурами своего прошлого с новой позиции, которая, как он теперь понимал, была действительно его собственной. После этого он снова смог насладиться чувством единства и переживанием собственного «Я». «Только я живу этим мгновением, только я. Я живу мгновением, которое принадлежит мне. Никто не имеет права жить моей жизнью, и я не должен мириться с тем, что меня обременяет посторонняя жизнь». «Я не хочу терять это драгоценное мгновение. Чувствовать себя в мире, с другими людьми — это чудесно. Не людей, а себя самого».

В какой-то момент его внимание переключилось на его мастурбацию в период полового созревания и его чувство вины за это. Вот его взгляд на это сейчас: «Это было важно только потому, что Я был там, и в этом я нашел свое Я, свою поддержку. Действительно, это было единственное, что Я делал, и то за своей спиной».

Этот пациент был двадцатипятилетним мужчиной, причиной обращения за консультацией которого был недостаток спонтанности и свободы самовыражения, который он осознавал перед лицом людей, о которых он больше всего заботился, особенно перед своей матерью. Когда я передал ему фотографии его матери, он понял, как она манипулировала им через свои страдания и что он не смог отстоять свои истинные желания и взгляды. Во время сессии он интенсивно прожил воображаемую встречу с ней, которая закончилась тем, что он ударил «ее» ножом на полу в разгар сильных мучений. Позже он писал: «Я помню, с каким трудом я убил тебя, мама. Я убил ту твою жизнь, которая жила для меня. Я смог убить ее, чтобы потом полюбить тебя. Тогда я отдал тебе свою любовь, и это была не твоя ответная любовь, а любовь, исходящая от меня самого».

В этот момент я подумал, что больше не с чем будет иметь дело, поскольку состояние пациента было заразительно спокойным и уравновешенным, а основные вопросы его жизни были решены за последние пять часов. Тем не менее я продолжал показывать ему фотографии. Большинство из них вызвали вдохновенные размышления, советы его родителям, объективные оценки. Но когда я показал ему его фотографию в возрасте одного-двух лет, он испытал отвращение, пережил эпизод, когда мать насильно запихивала ему в рот еду, а затем почувствовал, что кусает грудь. «Даже тогда я понимал, — комментировал он позже, — что это из-за отсутствия молока у моей матери».

После нескольких минут молчания поза пациента начала меняться и постепенно стала похожа на позу плода. Не было никаких слов, только внезапный спазм, который он позже объяснил как реакцию на «воображаемый» удар.

Еще через три или четыре минуты он попросил меня оставить его одного на некоторое время, так как было что-то, во что он чувствовал, что не может войти со свидетелем. Через пять минут или около того он позвал меня, и объяснил мне свои переживания. Он чувствовал, что присутствовал при сексуальном акте, в результате которого он был зачат. Он воспринимал своего отца как сурового мужчину, а мать — как испуганную.

Я впечатлен этими его переживаниями, которые я пересказал, независимо от их интерпретации, потому что это был молодой человек, который не только не знал о МДА, но и никогда не сталкивался с психоаналитическими или другими ожиданиями, связанными с пренатальными воспоминаниями. Более того, я знаю его как исключительно прямолинейного, честного человека, который придерживается в своих словах того, что имеет для него значение, так что я с трудом могу представить себе, как он плетет фантазии, чтобы устроить интересное шоу. Являются ли это воспоминаниями, и существует ли некое «Я», не зависящее от структуры нервной системы, которое может помнить то, что он описал, я не знаю, и не знаю никого, кто бы это знал. Тем не менее, пренатальные «воспоминания» — это феномен человеческого разума, наблюдаемый в случае анализа или гипноза, и рассказ о МДА был бы неполным без описания этого опыта.

Однако на этом уникальность сеанса этого пациента не закончилась. Через некоторое время пациент издал внезапный крик и упал на пол, подняв руки к груди. После этого он объяснил: «Это была сцена смерти, и эти глупые люди убили меня». Но теперь, впервые за последние часы, он начал испытывать беспокойство, тревогу и дискомфорт. Он выразил чувство, что ему не следует идти дальше, но продолжал колебаться. «Я чувствую, что это больше не принадлежит мне, и не мне это знать. Я не могу нести бремя другой жизни». И все же постепенно открывались новые сцены. Он был нацистом. Он бегло говорил по-немецки голосом, которого я никогда не слышал у него раньше. Он видел себя за обеденным столом. «Хильда, принеси мне ужин», («Hilde, bring mir die Suppe,») — кричал он. В другой момент он пел, пересекая поле в сельской местности.

Было ли все это фантазией или реальным воспоминанием о прежней жизни? У пациента был немецкий дед, с которым его семья жила до четырехлетнего возраста. Мог ли этот нацист, с которым он себя отождествлял, быть его дедом или его трансформацией в сознании ребенка? Он не смог ответить на мой вопрос. Все, что он знал, это то, что он чувствовал тяжесть. Он чувствовал страх и тошноту от собственного вопроса: «Это был я? Я сам? Был ли это я?» Он чувствовал себя обремененным виной за ту жизнь, как будто она действительно была его. Наконец, он решил, что не будет брать на себя такую ответственность. Он сказал своему альтер-эго: «Нет. Я не могу тебя вынести. Ты слишком тяжел». Затем он посмотрел на обогреватель в комнате и снова почувствовал себя самим собой — не просто своим обычным «я», а недавно обретенным чувством «я»: «Осознание того, что я слушаю, делаю, двигаюсь, дает мне невероятную силу».

Ясность пришла после его приезда домой. Он разыскал фотографии деда и, глядя на них, снова почувствовал ту же тошноту, которую испытывал при мысли о нацисте. Он видел своего деда грязным и развратным. Затем, глядя на фотографию юноши со свастикой, он позже объяснил: «Мое лицо исказилось, и я увидел себя в тот день, когда я изнасиловал ее». Он почувствовал огромное облегчение и затем попытался понять, что с ним произошло. Изнасиловал ли он кого-нибудь? Он был совершенно уверен, что физически — нет. Изнасиловал ли он кого-то морально? Уничтожил ли он кого-то? Затем в его голове начали всплывать воспоминания. Как он напугал своих младших братьев и наслаждался их страхом, как он поцеловал маленькую девочку. Эти и другие воспоминания были источником, как он теперь знал, этого чувства грязи и тошноты. Все, что он чувствовал к деду, он теперь чувствовал к себе. Теперь он понял, что использовал нациста и своего деда в качестве экрана, на который можно было спроецировать свою вину, поскольку он не мог взять ответственность за себя.

В записке, которую он прислал мне в последующие дни, он заканчивает такими словами:

Я совершил эти плохие поступки, и я должен возместить за них добром.
Вот он Я. Я, несущий ответственность за это Я.
Я принимаю ответственность.
Я полностью принимаю ответственность за свое Я.
Я принимаю свою ответственность.

Я думаю, что этот рассказ представляет интерес не только потому, что он может пролить свет на многие «переживания прошлой жизни», полученные в гипнотическом или медиумическом состоянии, но также для понимания эффектов МДА, о чем я пишу в этой главе. Как и в случае с гипнозом, состояние МДА благоприятно для гипермнезии и регрессии времени, но оно также приводит к появлению ложных воспоминаний («экранных воспоминаний») и особенно к идентификации с ними, что можно рассматривать как состояние временного сдвига идентичности. Эти возрастные регрессии или сдвиги идентичности чаще всего связаны с диссоциацией, поскольку личность склонна забывать (вытеснять), отрицать совместимость между тем, чем она является и «вспоминаемыми» событиями.

И все же, как это ни парадоксально, переживание Я или индивидуализированной личности, которое венчает успешный опыт МДА, является полной противоположностью диссоциации. Это именно то состояние психической сплоченности или единства, из которого человек может сказать, как в последнем примере: «Я беру ответственность за себя». Хотя весь процесс можно рассматривать как интеграцию через диссоциацию или, более телеологично, как диссоциацию приводящую к интеграции. Как и в гипнотическом состоянии, только забыв о своей обычной идентичности и притворившись, что его здесь нет, как свидетеля, человек может позволить себе пережить свою жизнь с другой точки зрения, привычно подавленной. Но эта временная ложь «Это не я» — путь к постижению истины.

Размышляя о том, что сдвиг идентичности в прошлую жизнь в нашей последней иллюстрации скрывает (и проявляет) аспекты его настоящей идентичности в этой жизни, мы можем задаться вопросом, не всегда ли так происходит с воспоминаниями, какими бы правдивыми они ни были. Ведь обращаясь к прошлому, мы, скорее всего, обращаемся к индикатору нашего настоящего. Когда наш пациент почувствовал внезапное облегчение от тяжести, которая навалилась на него, когда он вышел за пределы своего рождения, это облегчение было его реакцией на изменение, происходящее в его настоящем состоянии. Это изменение в тот момент было выражено в его сознании как представление о том, что он кого-то изнасиловал, и это представление заняло место отвращения к своему деду или к своему поведению и личности в прошлой жизни. Когда отвращение направлено на его собственные действия, он уже не испытывает отвращения или подавленности, а испытывает облегчение, потому что он может взять на себя ответственность за свои преступления. Более того, возможно, мы правы, полагая, что важны не его прошлые поступки, а его отношение к ним в данный момент. В своем желании искупить свои грехи, как он выражается, он теперь оставляет позади себя склонность, которую он, очевидно, осуждал в своих прошлых действиях, и, скорее всего, отвергает в своем настоящем. И это, кажущееся принятие прошлого, если мы посмотрим на него с точки зрения проекта на будущее, на самом деле является изменением личности в настоящем.

Таким образом, иллюзия инаковости может быть связующим звеном с осознанием самости, позволяя человеку чувствовать себя в безопасности во временной безответственности, пока он не обнаружит, что то, что он до сих пор отвергал, можно принять; а иллюзия того, что проблема осталась в прошлом, может привести к открытию ее присутствия в настоящем. Подобным образом содержание воспоминания может быть ложью, которая ведет к истине. Псевдовоспоминания нашего пациента о предыдущем существовании здесь ведут к воспоминаниям о личности его деда, о том, что он «кого-то изнасиловал», и, наконец, к конкретным событиям, которые он не признавал и которые были источником его отвращения. Сколько из «воспоминаний», восстановленных на других сеансах, является фактом, а сколько символическими подменами, я не могу сказать, но данный случай предлагает способ, с помощью которого мы можем взглянуть на них. Ясно одно: «ложное» воспоминание, хотя и неверное с фактической точки зрения, психологически истинно. Следовательно, принятие его в некотором смысле эквивалентно примирению с реальными событиями, искаженными в нем. Так, в нашем последнем примере «осознание», которое пациент выразил словами: «Я вижу себя в тот день, когда я ее изнасиловал», принесло немедленное облегчение. Более того, экранное воспоминание может, в силу своего символического характера, заключать в себе такой эмпирический смысл, который не может передать ни одно воспоминание о факте из жизни человека. Правда, бывают случаи травматических событий (примером может служить разлука с кормилицей в нашей первой иллюстрации), но во многих жизнях, вероятно, нет одного эпизода, в котором произошло отречение от себя, а есть серия микротравматических взаимодействий. Воображаемый день воображаемого изнасилования, таким образом, скорее всего конденсирует чувство вины за бесчисленные случаи, из которых вспоминаемые являются образцом. И этого образа достаточно, чтобы увидеть проблему. Мое уважение к силе символов очень возросло однажды в моей ранней практике, когда я безуспешно лечил гипнозом женщину с острым случаем рвоты. Она была на втором месяце беременности, и рвота была настолько сильной, что угрожала ее жизни. Ее новобрачный муж умер примерно за месяц до этого, и связь между его смертью и ее нынешним состоянием можно было заподозрить, но в то время она была нам неочевидна. Она была хорошим гипнотическим субъектом, и из-за чрезвычайной ситуации я попытался подавить или заменить симптом; но по мере того, как проходили дни, эффективность моих постгипнотических команд снижалась. Тогда коллега предложил инициировать управляемый дневной сон в состоянии транса. По прошествии десяти лет я не помню этого ясно, но я помню решающую сцену, в которой женщина стояла лицом к мужу и могла видеть его живот через прозрачную брюшную полость. Мой коллега из вдохновения велел ей взять его желудок и съесть его. Она так и сделала, а когда проснулась, тошнота прошла. Действие, совершенное в фантазии, «смысл» которого ни она, ни мы не могли рационально понять, излечило ее от рвоты, настолько глубоко укоренившейся, что она не поддавалась гипнотическим манипуляциям, и настолько сильной, что угрожала ее выживанию.

Точно так же я готов поверить в терапевтическую ценность столкновения с воспоминаниями, которые никогда не имели места во внешней реальности. Они являются воплощением психологической реальности, с которой, по крайней мере по-другому никак нельзя было связаться. Однако это не последний шаг. Как только наш пациент смирился с мыслью о том, что он кого-то изнасиловал, он был готов изучить факты. Он смирился с худшим. Он признал себя виновным в своих худших обвинениях. Теперь он больше не защищался, а был открыт своей реальности, готов видеть.

То, что он видел, может показаться нам более невинным, чем его фантазия об изнасиловании, но мы не должны забывать, что именно он является агентом вспоминаемых действий, и сравнительная мягкость преступлений компенсируется реальностью — качеством или уверенностью его воспоминаний и мерой его участия и ответственности. Экранные воспоминания, как и символы, и раскрывают, и препятствуют более полному раскрытию. Они одновременно и раскрывают, и скрывают. Однако, как это ни парадоксально, когда покров снят, мы можем обнаружить, что за ним ничего не было скрыто. Или, выражаясь иначе, то, что было скрыто, было ничем. Ибо не может быть и речи о сокрытии, как бы ни был пуст сосуд. Этот парадоксальный факт, я думаю, является одним из способов понимания всего терапевтического процесса: осмелиться посмотреть на скелет в шкафу… и обнаружить, что его там нет.

Готовность стать пациентом для психотерапевтического воздействия уже свидетельствует о желании поднять крышку того, что кажется ящиком Пандоры. Еще более важным является решение испытать на себе действие препарата, который сорвет покровы с обычного состояния сознания. Тем не менее я думаю, что лишь немногие способны сделать последний шаг к «взгляду на реальность». Взгляд на символ и работа с ним в символической форме — это уже большой вызов и, без сомнения, исцеляющее приключение. Но даже помимо битвы с драконом, открытие того, что дракон был иллюзией, и это осознание и есть настоящее убийство дракона.

Наш пациент стал готов увидеть в себе самое худшее, приняв на себя вину за то, что он насильник. И что же он увидел? Определенную степень разрушительности в том способе, каким он искал удовольствие. Он сурово осудил себя за это, но его суровость имела привкус прощения: «Что ж, вот он Я, и Я отвечаю за себя. Я принимаю это». По сути, он мог это принять. Можно совершать ошибки. Для него было гораздо терпимее смотреть в лицо своим ошибкам, чем тем заменителям, которые он нашел для того, что он неявно принимал за больший ужас: преступления предыдущего воплощения, подлость и распущенность своего деда, его собственный акт изнасилования. По мере того, как он постепенно отходил от привычного избегания этой проблемы, преступление оказывалось все ближе и ближе к сути, и все меньше. Оно не переставало быть для него преступлением, но он смог обратить на него внимание. Более того, оно приводило в восторг и придавало направление его жизни. «Я совершил эти злодеяния и должен возместить их добром... Я беру всю ответственность на себя».

Таким образом, мы часто можем рассматривать успешную сессию МДА как процесс достижения истины через проявление ошибок. Ведь ошибка часто имеет характер тени истины, тени, указывающей на ее источник. Однако, когда мы находим источник, мы обнаруживаем, что тени ошибок подобны теням, отбрасываемым заходящим солнцем, — они гораздо больше, чем объект.

Если вышесказанное верно не только для сессий МДА, но и для психотерапии в целом, или даже для жизни, то есть смысл, в котором это особенно верно для МДА, по сравнению с другими препаратами, рассматриваемыми в этой книге. Область психики, к которой чаще всего относится содержание опыта МДА, — это область жизненных событий, и истина, относящаяся к ней, — это истина фактов. Область ММДА, как мы увидим, больше относится к чувствам в настоящем, чем к событиям в прошлом, и когда мы говорим о чувствах, мы думаем не столько об истине, сколько о глубине и подлинности. С другой стороны, область применения гармалина — это визуальные символы архетипического содержания, и здесь мы чаще говорим о мифе не в терминах истины, а в терминах красоты и Откровения. Ибогаин, по мнению многих, кто сталкивался с широким спектром психохимических препаратов, из всех препаратов наиболее связан с непосредственным переживанием реальности. Тем не менее, такой контакт с реальностью имеет качество невыразимого переживания в данный момент, а не прояснения событий прошлого. Из всех психотропных средств именно МДА больше всего заслуживает того, чтобы называться «наркотиком истины». Активное стремление к Истине, по-видимому, является характеристикой для процессов им побуждаемых, подобных представленным здесь, но и в реакциях более здоровых людей, которые стали озабочены своей нынешней жизнью. В таких случаях действие вещества часто носит характер сильного стремления очиститься от искажений, которые изводят и обедняют человеческие отношения, и открыть каналы общения, которые могут сделать жизнь среди друзей или членов семьи более значимой. Такое раскрытие происходит (как в случае с обычным гипнозом или воздействием так называемых «сывороток правды») не как акт расторможенности и безответственности, а как следствие активного интереса к столкновению с правдой и обмену ею, а также осознания того, что большая часть избегания этого в обычной жизни проистекает из необоснованного страха. Помимо этого факта, реакция на МДА является наиболее вербальной по сравнению с другими препаратами, упомянутыми в этой книге, и это способствует тому, что он является полезным агентом для проведения групповой терапии. Но об этом я не буду здесь говорить.

Предостережение:

Годы, прошедшие после написания этой главы, показали, что МДА токсичен для определенных людей и при различных уровнях дозы; также, как и в случае с хлороформом, то, что является обычной дозой для многих людей, может быть смертельной дозой для некоторых других: случай афазии произошел в Чили, и смерть наступила в Калифорнии. Однако, поскольку индивидуальная непереносимость постоянна и привязана к уровню дозы, ее можно установить путем постепенного увеличения тестовых доз (т. е. 10 мг, 20 мг, 40 мг, 100 мг). Это следует делать без исключения в течение всего времени, предшествующего любому первому терапевтическому сеансу МДА. Типичными токсическими симптомами являются кожные реакции, обильное потоотделение и спутанность сознания; я наблюдал их примерно у 10 процентов испытуемых при дозах 150—200 мг.

Глава 3

ММДА и Вечное Сейчас

ММДА — это аббревиатура для 3-метокси-4,5-метилендиоксифенилизопропиламина. Как и МДА, от которого он отличается только наличием метоксильной группы в молекуле, это синтетическое соединение, полученное из одного из эфирных масел мускатного ореха. Химическая схожесть этих двух соединений отражается и в их психологическом воздействии на человека — в каждом случае преимущественно в усилении чувств. Однако их химические различия обуславливают и качественную разницу эффектов: ММДА часто вызывает реалистичные визуальные образы, а объектом внимания человека, находящегося под ММДА, становится не прошлое, а настоящее.

ММДА и МДА относятся к одной категории веществ, отличающейся от ЛСД-25 и мескалина, а также от гармалина и ибогаина. Две последние группы веществ чаще всего вызывают трансперсональные переживания, сильно отличающиеся от повседневных переживаний человека, в то время как эти усиливающие чувства изопропиламины ведут в зону одновременно личную и знакомую, отличающуюся от повседневности лишь своей интенсивностью.

Синдромы ММДА

Одной из возможных реакций на ММДА, как и на другие психотропные средства, является пиковое переживание. Чем такое переживание отличается от переживаний, вызываемых другими соединениями, станет понятно ниже. Противоположностью искусственному раю ММДА является его ад. Эту реакцию, характеризующуюся усилением неприятных чувств (тревожности, чувства вины, депрессии), можно рассматривать как зеркальное отражение первого, то есть рая, и она представляет собой ярко выраженный синдром. Тем не менее, эти два типа реакции можно объединить в один класс переживаний, так как они по сути усиливают чувства, в отличие от тех состояний, которые не влияют на чувства, например, пассивность, замкнутость и/или сонливость вместо возбуждения. Я обнаружил, что и образы, и психосоматические симптомы более выражены при отсутствии ярких эмоций, поэтому я бы предварительно рассматривал это, как синдром замещения чувств. Наконец, бывают случаи, когда человек реагирует на ММДА практически без каких-либо продуктивных действий — отсутствуют как чувства, так и их эквиваленты, и это состояние вполне можно назвать краем (лимбо) ММДА. В этих случаях эффектом ММДА является сильная апатия или глубокий сон, так что я бы предложил понимать их как случаи, при которых даже символическое проявление вытесняется; это состояние, которое можно сохранять только ценой отключения сознания.

В целом, для того чтобы решить, как действовать в терапевтической ситуации, я буду рассматривать типы воздействия ММДА, как относящиеся к пяти возможным состояниям или синдромам.

Первый тип субъективно очень приятен, и может рассматриваться как особый вид пикового переживания;

второй — когда привычные чувства и конфликты усиливаются;

третий и четвертый — чувства не усиливаются, но физические симптомы или визуальные образы становятся заметными;

и, наконец, пятый, вызывающий вялость или сон.

Психосоматические симптомы или эйдетические образы могут присутствовать в любом из этих состояний, но наиболее заметны в третьем и четвертом (как заменители чувств), в то время как сами чувства являются наиболее заметной частью опыта в первых двух, а чувство безразличия (возможно, защитного характера) наступает в третьем и четвертом и достигает кульминации в пятом состоянии. В последнем случае, как и в обычном сновидении, может наблюдаться значительная психическая активность, но ее трудно уловить, вспомнить или выразить.

Эти состояния могут сменять друг друга в рамках одного сеанса, так что реакция на ММДА может быть вначале тревожной и конфликтной, пока не будет достигнут баланс или не наступит сонливость; или сеанс может начаться с приятного сбалансированного состояния, а затем перейти в эмоциональный или физический дискомфорт, и так далее.

Об Ассимиляции Пиковых Переживаний

Мы уже отмечали, что пиковое переживание, возможное под действием МДА, является утверждением своей индивидуальности, в отличие от ЛСД, где типичным переживанием является растворение индивидуальности и переживание

Я как единства со всем сущим. В пиковом переживании, которое может вызвать ММДА, может присутствовать и индивидуальность, и растворение, и они сливаются в весьма характерную новую целостность. Растворение здесь выражается в открытости опыту, готовности не иметь никаких предпочтений; индивидуальность, с другой стороны, подразумевается в отсутствии явлений деперсонализации и в том, что субъект озабочен своим повседневным миром отношений с людьми, и объектами.

В пиковом переживании ММДА, как правило, проживаемый момент становится интенсивно приятным при всех его обстоятельствах и во всей его реальности, но доминирующим чувством является не эйфория, а спокойствие и безмятежность. Его можно описать как радостную беспристрастность или, как выразился один испытуемый, «неличностное сострадание»; ведь любовь пребывает в спокойствии.

Как бы редко ни наступало это состояние для большинства людей, оно определенно находится в пределах нормального человеческого опыта. Восприятие вещей и людей, как правило, не изменяется или даже улучшается, но негативные реакции, которые пронизывают нашу повседневную жизнь помимо нашего сознательного понимания, остаются в стороне и заменяются безусловным принятием. Это очень похоже на «amor fati» Ницше — любовь к судьбе, любовь к своим конкретным обстоятельствам. В таких состояниях, вызванных ММДА, непосредственная реальность воспринимается без боли и привязанности; кажется, что радость зависит не от конкретной ситуации, а от самого существования, и в таком состоянии души все одинаково любимо.

Несмотря на то, что ММДА является синтетическим соединением, он напоминает гомеровский nepenthe («без страданий»), который Елена дает Телемаху и его спутникам, чтобы они забыли свои страдания:

*Умная мысль пробудилась тогда в благородной Елене:
В чаши она круговые подлить вознамерилась соку,
Гореусладного, миротворящего, сердцу забвенье
Бедствий дающего; тот, кто вина выпивал, с благотворным
Слитого соком, был весел весь день и не мог бы заплакать,
Если б и мать и отца неожиданной смертью утратил,
Если б нечаянно брата лишился иль милого сына,
Вдруг пред очами его пораженного бранною медью.
Диева светлая дочь обладала тем соком чудесным;
Щедро в Египте ее Полидамна, супруга Фоона,
Им наделила; земля там богатообильная много
Злаков рождает и добрых, целебных, и злых, ядовитых;
Каждый в народе там врач, превышающий знаньем глубоким
Прочих людей, поелику там все из Пеанова рода...[3]*

О том, какие терапевтические последствия может иметь такой эпизод мимолетного спокойствия, можно судить по следующему случаю с двадцативосьмилетним пациентом, который был направлен ко мне другим психиатром после шести лет лишь умеренно успешного лечения.

Причиной обращения пациента за консультацией, как сейчас, так и в прошлом, была хроническая тревога, неуверенность в отношениях с людьми, в частности с женщинами, и частые приступы депрессии. После первичной беседы я попросил пациента написать рассказ о своей жизни, как я часто делаю, учитывая как ценность такого психологического упражнения, так и время, которое это позволяет сэкономить.

Когда он уходил, я сказал: «Если ничего нового не вспомните, приходите, когда закончите писать. Но если вы дей-

---

[3] Гомер, «Одиссея», перевод. У. Х. Д. Раус (Нью-Йорк: Новая американская библиотека, издательство «Mentor Books», 1971), 49.

ствительно вложите в это силы, возможно, к тому времени я вам больше не понадоблюсь». Мужчина вернулся через четыре месяца с объемной автобиографией и напомнил мне о моих словах, потому что написание книги действительно стало одним из главных событий в его жизни, подарившее ему ощущение нового начала. Читая ее, я понимал, что редко встречал человека, столь явно отягощенного своим прошлым, как и столь героический акт исповеди, в котором автор, преодолевая страницу за страницей, боролся с чувством стыда.

Большая часть этой автобиографии, начиная с детства, рассказывала о его сексуальной жизни и заканчивалась описанием тех аспектов его нынешней жизни, которые были связаны с его общей неуверенностью в себе. С одной стороны, он тревожился от того, что его привлекал анальный секс, и беспокоился о том, что женщины считают это гомосексуальной чертой. С другой стороны, ему нравилось стимулировать свой анус во время мастурбации и он чувствовал стыд за это отклонение. Когда его спросили о его собственных суждениях о том, насколько он может быть гомосексуалистом, он сказал, что не знает о наличии в себе каких-либо гомосексуальных наклонностей, но не может отбросить «иррациональный» страх того, что другие не будут видеть в нем истинно мужское начало. Выдает ли его анальный эротизм скрытую гомосексуальную тенденцию, он не знал, и мысль об этом его пугала.

Ожидая первых эффектов воздействия ММДА, пациент чувствовал себя неспокойно и немного боялся выглядеть смешным, но, к своему собственному удивлению, он постепенно вошел в состояние спокойного наслаждения: «Как будто ни в чем не нуждаешься, как будто не хочешь даже двигаться; как будто спокоен в самом глубоком и абсолютном смысле, словно находишься рядом с океаном и даже за его пределами; как будто жизнь и смерть не имеют значения и все имеет смысл; все имеет объяснение, и никто его не давал и не просил — как будто ты просто точка, капля медового удовольствия, излучаемая в приятном пространстве».

Через некоторое время пациент воскликнул: «Но это же рай, а я ожидал ада! Может ли это быть правдой? Или я обманываю себя? Сейчас все мои проблемы кажутся мнимыми. Может ли это быть так?» Я ответил, что это возможно, и что если его проблемы действительно были плодом воображения, то хорошо бы это осознать, чтобы помнить об этом в будущем. Я предложил ему сравнить его нынешнее состояние ума с привычным состоянием и попытаться уловить разницу.

Разница была очевидной. Препарат отключил в нем ту осуждающую сторону, которую мы выявили на предыдущих встречах — внутреннего критика, который не давал ему жить.

Я сказал, что теперь он знает, на что похожа жизнь, когда его «судья» искусственно усыплен, но он снова проснется — и тогда пациент сам будет решать, мириться с ним или нет. Он согласился, а я продолжил ставить пациента лицом к лицу с его проблемами и фотографиями членов его семьи, чтобы закрепить в его сознании взгляд его неосуждающего «я». При этом он все яснее осознавал реальность своей склонности к самоистязанию в обычной жизни. Как он позже сказал: «Я уже давно предчувствовал это в самоанализе. Но теперь я вижу яснее, чем когда-либо, что это уже не просто причина, а *черта характера* со всеми ее атрибутами. И ее значение в моей жизни и проблемах — я чувствую это сейчас — было огромным».

Это понимание, действительно, принесло изменения в течение нескольких дней после сеанса, поскольку пациент больше не идентифицировал себя с критикой самонаказания, а смотрел на нее с некоторой отстраненностью, как будто у него была жизнь (его *собственное* суждение), независимая как от обвинителя, так и от жертвы.

Если посмотреть на дневник, выдержки из которого пациент любезно разрешил мне использовать, то можно увидеть, что именно то душевное состояние, которое он впервые пережил с помощью ММДА, беспрепятственно сохранялось четыре дня после приема этого химического вещества. На пятый день пациент чувствовал себя подавленным в течение нескольких часов, но пришел в себя после того, как сделал запись в дневнике. Эти записи касались сначала его депрессии, а затем того, что он чувствовал, когда «я был в центре, в центре себя, и я знал, что никогда не потеряю этого, потому что мне нужно было только глубоко дышать, улыбаться Вселенной и вспоминать книжные полки, на которые я смотрел в тот день». Он продолжает: «Я понял, что нескольких секунд и пустой комнаты достаточно, чтобы оправдать целую жизнь. Теперь уже неважно, умереть или потерять руку. Это не вопрос количества. В ноль минут и без вещей жизнь настолько хороша, насколько это возможно. В минимальном пространстве и без денег, даже без здоровья, без социального успеха и всего этого дерьма». И добавляет: «Но я чувствую это и сегодня. Я нахожусь на некотором расстоянии от центральной точки Алеф, но я продолжаю быть в центре, в моем центре, который все еще хаотичен, но все же он везде, и он чист».

Я думаю, что пациент очень точно подмечает, что несмотря на то, что он «сконцентрирован» на вновь открытой области интимной радости, самодостаточности и безразличия к фрустрации, он тем не менее не был в порядке. Другими словами, он не путает (как это иногда делают пациенты и даже терапевты) опыт трансценденции с опытом психологического равновесия и здравомыслия.

Он осознает негативные эмоции, которые признает частью своего невроза, и продолжает реагировать не самым желательным образом. Однако точно так же, как «потеря руки» не имеет значения, он больше не мучает себя за такие недостатки. Вместо этого он испытывает менее навязчивое, но, возможно, более эффективное желание «построить» и «навести порядок» в своей жизни, «как долг любви или святой труд».

Какими бы разными ни были духовная отрешенность и психологическое здоровье, я считаю, что последнее может постепенно развиваться в присутствии первого, что создает терапевтический подтекст такого пикового переживания.

Один из способов, с помощью которого настроение безмятежности может привести к дальнейшим изменениям, является то, что оно увеличивает вероятность получить прозрения, подобно тому, как анальгетик способствует хирургическому исследованию раны. Такое прозрение невозможно до тех пор, пока чувство идентичности пациента полностью зависит от целостности идеализированного образа самого себя. Но когда наш субъект теперь говорит, что «смерть не имеет значения», даже если он, скорее всего, преувеличивает, он может неосознанно заявить метафизическую истину; ведь для того, кто «в центре», *смерть концепции я (себя)* не имеет значения.

Как настроение и отношение «безразличия» может привести к большей осознанности проиллюстрировано другими отрывками из того же дневника. Следующее было написано через три дня после сеанса:

> *Что-то застряло в горле. Анальная мастурбация: великая вина, высшее преступление, которое не прощает Великий Пуританин. Крайняя степень деградации, худший мусор. Нужно было обсудить это с доктором Н., но не вышло… факт*

> *того, что я ласкал свой анус, вводил в него предметы, пока мастурбировал другой рукой, мечтал о проникновении... великая дыра, задница, центр моего ада... остался скрытым, не считая себя заслуживающим прощения и понимания, считая себя чем-то, к чему даже такой человек, как доктор Н., испытывал бы отвращение. Я могу засунуть этого Великого Инквизитора себе в задницу, насрать или нассать на него — но все это уже придает ему слишком большое значение, решение заключается в том, чтобы ясно понять и почувствовать, что это не имеет большого значения, что это, как и остальные проблемы, преодолимо.*
>
> *И это не что-то злое или ужасное, или признак неполноценности, а временный выход для временно остановившегося потока.*

И он добавляет три дня спустя:

> *Я понял, что великая вина лежит не в анальной мастурбации, а в гомосексуальности; и у меня кружится голова при мысли об этом, потому что мне кажется, что это самое худшее, что может со мной случиться.*

Последовательность вышеописанных психологических событий представляет собой обычный процесс в психотерапии, когда объект или проблема (например, способы мастурбации) теряет свое значение, в то время как возрастает значение более существенной проблемы (например, гомосексуальности). Отстраненное, безмятежно принимающее отношение по-настоящему является той силой, которая может привести к изменениям, и мелкие конфликты в конечном итоге могут перерасти в крупные, обогащая жизнь, а не отвлекая от нее.

Вот дальнейшие иллюстрации возросшей способности пациента видеть себя:

Я чувствовал, что ничто действительно не имеет значения. В последующие дни я думал о многом. Я понял, что моя озабоченность тем, чтобы носить удобную одежду, одежду по своему вкусу (мне было немного стыдно, когда я ответил этим в качестве первого ответа на вопрос доктора Н. о том, что я хочу делать), происходит от того, что мать заставляла меня носить одежду, которую я считал унизительной. Я понял, почему я не делаю того, что мне нравится или кажется удобным, — потому что я считаю их обязанностью, а моя мать твердила мне о моих обязанностях на протяжении двадцати восьми лет. И я подозреваю, что нежелание звонить моим девушкам, когда она или мой отец рядом, указывает на чувство вины в отношении секса, и я также чувствую вину за то, что даю другим женщинам любовь, которую не даю матери.

Я не верю, что это простое совпадение, что отрывок, рассказывающий о его прозрении в трех различных ситуациях, начинается с заявления о чувстве, что *«ничто не имеет значения»*. Ведь прозрение, как мы хорошо знаем, не зависит только от мыслительных процессов, а является одним из признаков целостного изменения. Только когда *«ничто не имеет значения»*, он может принять себя «плохим мальчиком», которым он никогда не был, и зародить мысли, в которых он противостоит своей матери, потому что такие мысли неотделимы от его собственного самоутверждения и бунтарства.

Открытость к инсайтам — это открытость чувствам и импульсам, которые были несовместимы с приемлемым образом себя. Теперь они (чувства, импульсы) становятся допустимыми, потому что появляется нечто иное, чем образ, — то, на что можно опереться — «центр», который дает пациенту уверенность в себе и возможность отпустить привычные паттерны. Если смерть не имеет значения, почему же тогда имеет значение гнев или то, что вы поступили «неправильно» в соответствии с прежними установками?

Следующий отрывок является хорошей иллюстрацией такой повышенной спонтанности в поведении и представляет собой очень точную параллель с пониманием, выраженным в предыдущей цитате:

Я снова почувствовал себя прогнившим из-за того, что живу в этом доме, где жизнь невозможна, с этой жарой, со старым шарлатаном и его клиентами, которые постоянно звонят в дверь, и старухой, которая только и делает, что ворчит. Почему бы мне не поехать на своей машине и не принести те стулья, и почему бы мне не поехать за другой сумасшедшей женщиной в клинику в субботу, и что скажет дядя Джон, если узнает, что я не собираюсь выполнять то или иное ее поручение. (А сколько в доме муравьев — миллионы, и они летают! Они мешают мне писать дневник). Но я сказал им: К черту дядю Джона и всех родственников и то, что они говорят! Я крикнул на нее и стукнул по столу раз, два, три, четыре раза. И я сказал ей, чтобы она не ждала, что я буду продолжать слушать ее только потому, что так я поступал двадцать восемь лет, и так далее. И она ушла с сумкой. Я думал, что она идет к своей сестре, но она вернулась, так что кажется, что она просто пошла в прачечную с одеждой. И я чувствовал гнилую вину за то, что ненавижу эту дерьмовую женщину, которая испортила мне жизнь и хочет продолжать ее портить.

Но хватит! Им придется научиться не докучать мне в эти последние дни, которые я проведу с ними.

Описанный выше эпизод можно сравнить с периодом «ухудшения», который часто наступает в какой-то момент в ходе глубокой психотерапии без лекарств. На самом деле, враждебность пациента только открылась, и, возможно, это — неизбежная цена, которую необходимо заплатить за возможность полностью пережить и понять ее, прежде чем он сможет оставить ее позади. Абсолютное неприятие окружающей среды, изображенное в рассказе пациента, может показаться полной противоположностью безусловному принятию действительности, которое характерно для «душевного состояния ММДА» в его лучшем проявлении. Как муравьи могут значить так много для того, кто почувствовал, что даже смерть не имеет значения?

Тем не менее пациент принимает свой собственный гнев в гораздо большей степени, чем раньше, вместо того, чтобы подавлять его и заставлять проявляться в виде симптомов. Такой гнев, вероятно, представляет собой защиту от других чувств, которые он все еще не готов испытать (одиночество от того, что не чувствует себя любимым или уважаемым своими родителями, например) и которые вызываются определенными раздражителями в доме. Поэтому можно ожидать, что дальнейшее продвижение *в этом же направлении* должно привести к тому, что эти чувства окажутся в центре внимания и сделают его менее уязвимым к жаре в его комнате, муравьям, отцу или требованиям матери.

Мы можем представить описываемое сейчас психологическое состояние как состояние, в котором «количества» безмятежности, появившегося за пять дней до этого, как раз достаточно, чтобы растворить, так сказать, один слой ментальной луковой кожуры. Но если это изменение останется в силе, эта же сила отныне будет работать над следующим слоем.

Можно провести параллель между раскрытием гнева пациента и его страхом перед гомосексуальностью. Ни его раздражительность, ни его сексуальные сомнения не являются проявлением здоровья и психологического равновесия, но теперь он, по крайней мере, может смотреть им в лицо. Столкнувшись с ними, он смотрит в лицо *себе* в большей степени, чем когда он был озабочен тем, какую одежду он носит или что женщина скажет о его навыках в постели. Показателем этого является его эволюция, поскольку даже позже в этот день он чувствовал себя так хорошо, как никогда раньше, а в течение следующей недели количество спадов не превышало количество восстановлений уровня благополучия, который был неведом ему прежде. В эти моменты он писал подобные отрывки:

> *Я понял, что мало что имеет значение. Неважно, что машина не работает, что твоя девушка тебя не любит, что в университете не дают лучших мест, что говорят, что я гомосексуалист, что у меня нет ни денег, ни королевства, что родители умрут, что тетя Роза, как всегда, сумасшедшая. Важно, наверное, только уметь глубоко дышать и чувствовать себя здесь и сейчас, наслаждаясь воздухом и полетом. Неважно, что я не смогу поехать в Англию, не стану писателем или плейбоем.*

И пятнадцать дней после сеанса:

> *И прощай порочный круг, «онтологическая» скука по поводу всего, проблемы и психотерапия. Кончи-*

лось Саргассово море и темная ночь, и шторм; кончилась тревога по горло, депрессия и дерьмо маленькими ложечками. Солнце вышло, море вышло, мир и полет.

Читатель, возможно, заметил, что несколько цитат, в которых пациент выражает свое новое понимание, написаны в прошедшем времени: «я понял»; «я почувствовал». Они передают состояние пациента в данный момент. И тот факт, что они не были описаны ранее (хотя он составил подробное описание сеанса с ММДА, которое сюда не включено), указывает на то, что понимание произошло *именно* в этот момент, хотя и могло присутствовать во время пика действия препарата.

Другими словами, состояние чувств во время сессии было таким, в котором такое видение было уже заключено. Процесс возвращения в обыденную реальность можно описать как процесс, в котором появившееся на сессии чувство *переводится* в *явное* отношение к конкретным актуальным вопросам. Или другими словами, пиковое переживание можно сравнить с местом на вершине горы, с которого видна окружающая панорама; однако нахождение на вершине горы не дает больше, чем *возможность* видеть, в то время как процесс наблюдения отличается от процесса восхождения на гору. Конкретный вид можно увидеть из определенной точки обзора, и таким образом эта точка обзора становится явной для наблюдателя, и точно так же конкретные озарения, которые можно получить из определенного состояния сознания, подразумевают определенный уровень осознания.

Однако озарение отличается от психического состояния, из которого оно исходит, и являет собой творческий акт, в котором сознание, будучи как бы на определенной высоте, направляется на то, что скрыто в глубинах. Другими словами, тот «центр», который может «оправдать жизнь в пустой комнате», должен контактировать с периферией повседневной жизни; «небеса» духовного опыта необходимо перенести на «землю» конкретных обстоятельств. И только в этом случае создается жизнь (т. е. выбранное поведение) в соответствии с видением, возникшим в мимолетной вспышке понимания.

Причина, по которой вышеописанный синтез затруднен, заключается в том, что с вершины горы долина может быть невидимой для человека, у которого кружится голова и который может наклониться, чтобы посмотреть на камни под ногами или даже упасть. Атмосферные же условия таковы, что вершина горы едва видна из долины. Или, переводя это в эмпирические термины: актуальные трудности человека может быть сложно вспомнить во время пикового переживания, тогда как такая рефлексия была бы очень полезна; либо их болезненность может заставить человека избегать воспоминаний о них; либо особое состояние ума, которое составляет пиковое переживание, может быть нарушено такими мыслями.

С другой стороны, когда человек находится близко к проблемам своей повседневной жизни, перед которыми он сильно уязвим, он может вообще не иметь возможности отрефлексировать их, поскольку сам будет потерян в них, как наш пациент со звонком и просьбой матери сделать что-то для нее.

Однако поскольку ни одна из этих альтернатив не является невозможной, я считаю, что следует придавать большое значение попыткам направить ум в момент «хорошего» опыта ММДА на конфликтные ситуации в жизни пациента, а также на воспоминания пациента о его пиковом переживании в момент контакта с трудностями в реальной жизненной ситуации.

Как раз последнее естественным образом произошло в течение нескольких дней после описываемого сеанса, что объясняет использование пациентом прошедшего времени, даже когда он не только вспоминал, но и заново переживал вкус «центричности» перед лицом данных обстоятельств, которые он, возможно, обдумывал во время действия препарата. То, как пациент чередует «вспоминание» своего опыта спокойного удовлетворения с моментами отчаяния (когда он думает, что лечение было бесполезным), указывает на то, что состояние ума, достигнутое под воздействием ММДА, не является чем-то, что просто длится определенное время и затем теряется, а напротив, то, что можно освоить.

После того как человек хотя бы раз использует свой разум таким образом, он получает более легкий доступ к такому же способу функционирования. Желательная установка может быть «запомнена» не только на интеллектуальном, но и на функциональном уровне после того, как она была принята однажды (как запоминаются на практике движения во время письма и ходьбы). И в этом освоении, лежит, как мне кажется, одно из главных обоснований для провокации искусственного пикового переживания. Это можно сравнить с направляющей рукой, которая держит руку ребенка, чтобы показать ему, как написать букву, или с рукой практикующего в системе М. Александера, показывающего человеку, как стоять или сидеть, чтобы он почувствовал «вкус» правильности, или, в представлении мексиканских шаманов, использующих *пейотль*, направляющую руку Бога. После того как человек овладеет такой информацией, он может запомнить и применить их на практике. Выразительным отрывком о роли освоения управления состоянием ума является следующее воспоминание Жан-Пьера Камю (процитированное Хаксли в его «*Вечной философии*»):

Однажды я спросил епископа Женевского, что должен делать человек, чтобы достичь совершенства. «Ты должен возлюбить Бога всем своим сердцем, — ответил он, — и возлюбить ближнего своего, как себя самого».

«Я не спрашиваю, в чем состоит совершенство, — возразил я, — я спрашиваю, как его достичь».

«Любовь к ближнему, — снова заговорил он, — это одновременно и цель и средство, и достичь этого совершенства мы можем только посредством самой любви к ближнему... Если душа — это жизнь тела, то любовь к ближнему — это жизнь души».

«Я знаю все это, — сказал я. — Но я хочу знать, каким образом человек может любить Бога всем своим сердцем и любить ближнего своего, как себя самого».

Но снова он ответил: «Мы должны любить Бога всем своим сердцем и любить ближнего своего, как себя самого».

«Я так ничего и не понял, — ответил я. — Скажи мне, как обрести такую любовь?»

«Самый быстрый, самый лучший, самый простой способ возлюбить Бога всем своим сердцем состоит в том, чтобы возлюбить Его всем своим сердцем!»

Он продолжал повторять один и тот же ответ. И все же, в конце концов, епископ сказал: «Ты не один такой».

Очень многие хотят узнать у меня метод, систему и тайный способ достижения совершенства, и я могу сказать им только одно: единственный секрет состоит в искренней любви к Богу, а достичь такой любви можно только любя. Ты учишься говорить в процессе речи, ты овладеваешь знаниями в процессе их обретения, ты учишься бегать, бегая, *ты учишься работать, работая: точно так же, ты учишься любить Бога и человека, любя их. Все, кто думают, что есть другой путь, обманывают себя. Если ты хочешь любить Бога, то люби Его все больше и больше. Начни, как простой ученик, и сама сила любви приведет тебя к мастерству. Те, кто достигли наибольшего прогресса, будут постоянно идти вперед и ни за что не поверят, что дошли до цели: ибо любовь к ближнему должна постоянно расти в нас до самого нашего последнего вздоха».*[4]

Осложняет эту картину то, что в случае высших (неинструментальных) установок и способов психического функционирования, как и в случае моторных навыков, процессу обучения мешает пробуждение привычных паттернов реагирования, несовместимых с новыми. Другими словами, *вспоминание* нормального состояния[5] становится возможным только тогда, когда конкретные раздражители не вызывают условных реакций, от которых человек хочет избавиться. Рассмотрим, например, еще одну цитату из дневника нашего пациента:

Прошла неделя после сеанса с ММДА, и сегодня я снова почувствовал себя одиноким в своей постели, в своей темной, жаркой комнате, в этом зловещем доме, и мне хочется сбежать, уйти куда-нибудь, может быть, в кино или к Альберто или к кому-нибудь еще, и я знаю, что мне все равно будет плохо, пото-

---

[4] Олдос Хаксли, Вечная философия (Нью-Йорк и Лондон: издательство «Harper & Brothers», 1945), стр. 89—90.

[5] Называя его «нормальным», я предполагаю, что это естественное состояние и что только потому, что существует такая вещь, как естественное состояние, оно может быть проявлено спонтанно и без обучения. Обучение становится необходимым только для его «реализации», т. е. воплощения в практическую реальность.

му что я не смогу выбраться из себя и буду с ними как зомби, как маленький мальчик, плачущий внутри, зализывающий свои раны или мастурбирующий, вводящий пальцы в свой анус, ненавидящий своих родителей и фантазирующий о том, что он король.

И я чувствую все это сегодня, всего через неделю после того, как увидел нечто вроде окончательного излечения. А почему? Потому что я плохо спал прошлой ночью (после ссоры с Алисой), потому что в моей душе снова скапливается мусор, потому что я пришел, чтобы дождаться звонка Аны. (Черт бы ее побрал! Она ускользнула от меня) Вот оно!!! Она испортила мне жизнь, не позвонив. Мое чувство защищенности снова упало до нуля, и я продолжаю на сто процентов зависеть от других.

Тот факт, что пациент временно впал в невротический паттерн, когда девушка отвергла его, показывает, что такое отвержение не было принято во внимание, когда он чувствовал себя неуязвимым. Только столкнувшись с этим и оправившись от падения, он смог сказать, как он и сделал на самом деле: «Неважно, что твоя девушка тебя не любит».

Я считаю, что в такой конфронтации с опытом (или его возможностью) кроется исцеляющее свойство, а также озарение, придающее постоянство новому состоянию. Такая конфронтация может произойти во время сеанса с ММДА, если пациента подвести к рассмотрению конфликтных обстоятельств его жизни, или позже, когда проживание ситуации неизбежно. В данном случае я подвел пациента к размышлению о его трудностях, когда он, казалось, был готов смотреть на них с приятным спокойствием, я не понял, что он избегает рассмотрения некоторых вопросов. Это было его первое беспокойство после процедуры («что-то, что не выходило»), и он позже метко описывает эффект от сеанса, как «антисептик, который устранил инфекцию на два или три дня, так что я почувствовал полное избавление от невроза». Следует ожидать, что чем больше вопросов приходится избегать, чтобы не нарушить «пиковое переживание», тем нестабильнее и недолговечнее такое переживание будет в обычных условиях жизни. Я использую здесь кавычки для «пикового переживания», чтобы подчеркнуть, что такой опыт содержит элемент самообмана, поскольку он возможен только за счет подавления или отказа от встречи с несовместимым с ним.

Что может значить чувство принятия смерти, если мы не в состоянии ее представить? Я считаю, что в большинстве пиковых переживаний индуцированных фармакологически, присутствует некий психический субстрат, полный проблем, с которыми человек не разбирается самостоятельно, а скрывается от них.

Поэтому мы можем спросить себя, что может быть желаннее:

занять директивную позицию во время сеанса с ММДА и попытаться столкнуть пациента с тем, чего он избегает, рискуя нарушить состояние частичной интеграции, либо позволить пациенту испытать как можно больше вновь обретенной центричности, чтобы вкус ее остался, когда он впоследствии будет встречать жизнь во всей ее красе.

На самом деле, выбор не так широк, как может показаться. По моему опыту, только около 25% людей реагируют на ММДА спонтанным пиковым переживанием, а еще 30% приходят к нему после работы над своими проблемами. В последнем случае можно не сомневаться, что переживание произошло в результате разрешения некоторых конфликтов человека, проработанных во время большей части сессии.

Что касается первых 25%, то обычно моя практика заключается в том, чтобы позволить переживанию протекать без помех в течение примерно двух часов, а затем посвятить оставшиеся три часа изучению жизни и проблем пациента. Поступая так, я предполагаю, что могу помочь пациенту больше, присутствуя при этой конфронтации, чем оставляя ее на его переживание в последующие дни, и что вспоминать жизнь во время пикового переживания может быть легче, чем вспоминать его (пиковое переживание) во время проживания самой жизни. В реальной практике это не мешает склонностям пациента, поскольку он либо открыт для всего, что предлагается, в своем принимающем состоянии, либо чувствует естественную тягу к такому самоанализу. Так было в случае (среди прочих) с человеком из нашей иллюстрации, который после примерно двух часов наслаждения небесным состоянием захотел узнать, где находится его ад, и выяснить, действительно ли его нынешнее состояние является правомерным или обоснованным.

Иногда решающая конфронтация происходит спонтанно в ярких образах, как в случае с пациентом, который всегда чувствовал себя неуверенно на работе менеджером и компенсировал это властным поведением. Ближе к концу сеанса с применением ММДА он представил себя на работе в нынешнем состоянии расслабленного тепла, и из этой фантазии прочувствовал, что это может происходить на самом деле, и его защитная реакция была ненужной, а неискаженное выражение себя является более приятным и комфортным. С этим пациентом было очень мало разговоров, но его настроение и поведение на работе изменились.

Существуют пределы того, с чем человек хочет столкнуться в данный момент времени, и я думаю, что возможности терапевта здесь более ограничены, чем может показаться. Пациент или не будет слышать, или будет только делать вид, что слышит, или его чувства не будут совпадать с его размышлением, его разум будет пуст или заполнен отвлекающими мыслями, и так далее, и с этим придется смириться. Более того, в бессознательном может скрываться природная мудрость, регулирующая процесс, от которого зависит продолжительность шагов пациента к интеграции. Все, что может сделать терапевт в таких случаях, — это быть рядом, чтобы предложить то, что он может.

Другой случай такой спонтанной конфронтации в образах описан пациентом следующими словами:

> *Затем произошло нечто важное. Сначала я просто почувствовал, что что-то произошло, что-то изменилось. Как будто я простил себя за что-то. Затем я убедился, что прощение связано с тем, что меня вырвало некоторое время назад. Затем я обнаружил, что в фантазиях перемещаюсь по своему кабинету в колледже. Я обнаружил, что больше не нахожусь в депрессии самобичевания, в которой пребывал в течение последней недели. Я был свободен и спокоен.*
>
> *Затем у меня были моменты осознания качества душевного спокойствия, которого у меня почти никогда не бывает (при моей тревоге, подсчетах, репетициях, манипуляциях, беспокойстве и других привычных состояниях). Это качество было — и остается им и сегодня, спустя пятнадцать дней — состоянием, когда я могу позволить времени идти с изящной легкостью, даже наслаждаться и веселиться с друзьями в моменте.*

Что же, с практической точки зрения, можно предложить пациенту в такие моменты, когда его душевное состояние лучше, чем когда-либо? В целом, я бы рассматривал следующие ближайшие цели как способствующие стабилизации пикового переживания:

1. Детализация или выражение текущего состояния и видения

Можно предположить, что изменение, произошедшее в чувствах субъекта, не есть результат метаболических процессов в его нервной системе, но и что оно влечет за собой изменение в восприятии людей и отношений с ними.

Поскольку именно такие изменения могут поддержать новое эмоциональное состояние, чтобы оно сохранилось, желательно сделать их как можно более осознанными и таким образом помочь пациенту сознательно отказаться от имплицитно искаженных взглядов, которые поддерживали симптомы.

Таким образом, кто-то может перестать восприниматься как преследователь, или человек может обнаружить свою собственную ценность в той области, в которой он себя ранее отвергал. Весь подход сводится к тому, чтобы спросить пациента, *почему* сейчас ему кажется, что все в порядке (либо почему нет необходимости беспокоиться, чтобы он мог транслировать в понятия свое внутреннее понимание).

В случае с пациентом из нашей первой иллюстрации это привело его к более глубокому осознанию своего самобичевания, как уже упоминалось ранее. Другое осознание, которое помогло ему выразить свое новое состояние ума, он описал фразой «ничто не имеет значения», что на самом деле означает что-то вроде «ничто не может затмить радость существования, которое и есть предел самого себя». Ценность осознанного выражения заключается в том, что, если человек полностью и честно выражает полученный опыт, в его сознании создаются резервуары опыта, и в какой-то степени они являются средством воссоздания этого опыта. Плоды выражения, как и искусство, являются средством, позволяющим сделать невидимое видимым и зафиксировать в определенной форме в сознании какое-то мимолетное мгновение.

2. *Созерцание повседневной реальности*
Наиболее важным здесь является противостояние раздражителям (обстоятельствам, лицам), которые обычно болезненны или вызывают невротические реакции. Это — возможность для открытия нового типа реакции, вытекающего из интегрированного состояния. Этот, новый тип реакции с меньшей вероятностью возникнет после завершения пика безмятежности. Конфронтация в уме перед конфронтацией в реальности происходит в рамках стратегии, которую можно сравнить с той, которую использовал Персей в своем подходе к Медузе: он смотрит на нее не прямо, а через ее отражение в щите Минервы.[6]

Для этой цели будут полезны фотографии, поскольку подсказки, предлагаемые ими, являются ценной отправной точкой для ассоциаций с жизненным опытом, в отличие от стереотипных представлений, которые часто вызываются вопросами, выраженными вербально.

Всякий раз, когда выражается новый подход или чувство, разрывающее порочный круг невротических установок, это выражение можно поощрять, чтобы *закрепить* его в сознании в виде расширенного репертуара реакций.

Воображаемая встреча с определенным человеком, в ходе которой происходит диалог, может быть полезным ресурсом, как и записывание того, что происходит, что вполне совместимо с эффектом от ММДА.

Следующая иллюстрация взята из отчета молодого человека, который проходил терапию в течение пяти лет и на момент сессии переживал хаотичный и болезненный период в своем браке:

---

[6] Минерва — богиня мудрости, что позволяет предположить, что зеркальный щит представляет собой разум.

Помню, как лежал на ковре в комнате, испытывая теплое, светящееся, мягкое чувство благополучия. Доктор Н. подошел ко мне и предложил поговорить. Я рассказал ему о моей любви к Жанне и о том, как мне было больно. Он предложил мне записать свои чувства на бумагу. Я писал так, как если бы писал Жанне письмо. Я сказал, как сильно люблю ее. И что я жду ее. В это время я испытал самый острый сексуальный отклик, особенно в области паха. Я полностью погрузился в радостные фантазии о любви к Жанне. Любить ее тихо, мягко, лаская ее так нежно. Я чувствовал, возможно, впервые, что мое желание быть нежным и любящим по отношению к ней было той силой, которая могла прорваться сквозь сексуальную анестезию.

После сеанса их отношения улучшились, поскольку установка, выраженная в этом письме, в какой-то степени сохранилась и заменила прежние чувства отвержения и обиды. Акт выражения (фиксация этих чувств на бумаге) можно рассматривать, как обязательство, а также как реализацию, в смысле «воплощения в жизнь» того, что было просто чувством проживания того, что было лишь возможностью.

3. Тренировка принятия решения перед лицом существующих конфликтов

Обычно я прошу пациента составить список известных ему конфликтов, либо я составляю его с ним до начала сессии с ММДА. Таким образом, мы получаем ряд вопросов для рассмотрения в момент наступления состояния психологической гармонии.

Конфликт — это, пожалуй, центральное проявление невротического расстройства, поскольку он является выражением разобщенности или раскола личности. В исключительный момент интеграции, когда обычно несовместимые фрагменты психики человека объединяются, многие из его конфликтов исчезают.

Если интегрированное отношение человека не выражено явно в данный момент, его будет легче потерять, как только закончится исключительное состояние; однако это тот случай, когда человек может узнать отношение своего интегрированного «я» и понять, каково оно. Когда его «я» уже не будет, память о таком отношении станет еще одной нитью в его ткани воспоминаний о пережитом — и, возможно, лучшим из возможных советов.

Состояния Усиления Чувств и управление ими

Все, что я изложил до этого момента, относится к тому виду переживания, которое спонтанно возникает примерно в 20% случаев после приема ММДА. Возможно, отчасти это относится и к аналогичному переживанию, которое возникает еще в 30% случаев после терапевтического вмешательства, по мере разрешения конфликта и интеграции личности. Однако примерно в 50% случаев такие чувства «всеобщей благости», спокойствия и любящего принятия не возникают вообще, а в 80% они отсутствуют в начале сеанса.

В таких случаях реакция на вещество может быть преимущественно в усилении определенных эмоций и/или психосоматических симптомов или такой, когда главным объектом внимания становятся образы. Каждый из этих вариантов представляет собой тип воздействия, требующий отдельного подхода, и сейчас я буду рассматривать главным образом чувственные реакции. Эти реакции усиления чувств можно объединить в группу вместе с реакциями «пикового переживания», поскольку эмоции являются центральным элементом в обоих видах переживаний, но оба они контрастны по типу вовлеченных чувств. Как пиковое переживание представляет собой «рай» ММДА, так состояние усиления чувств представляет собой «ад». Вместо спокойного и любящего принятия опыта, эмоции второго состояния обычно вызывают тревогу и дискомфорт, что делает непосредственный опыт неудовлетворительным.

Что общего у второго типа переживаний с первым — так это релевантность переживаемых чувств по отношению к настоящей ситуации и непосредственному природному и социальному контексту. Я считаю, что такому качеству переживаний, вызванных ММДА, как «здесь и сейчас», наиболее соответствует неинтерпретирующий экзистенциальный подход гештальт-терапии, который я использовал — как будет видно из предстоящих иллюстраций — почти без примесей в работе на большинстве сессий.

Переживание дискомфорта обычно является внешним выражением самоотрицания или страха перед неизбежным самоотрицанием. Как только это становится явным, тупик «собака сверху, собака снизу» может быть пересмотрен, чтобы понять, может ли человек обнаружить какую-то ценность в своей отвергнутой части, соответствуют ли его стандарты суждений его истинному суждению или же они имеют характер автоматической реакции, от которой можно отказаться. Некоторые примеры могут сделать это более понятным.

Одной пациентке было предложено делать или выражать все, что она хочет, во время сеанса. Когда препарат начинает действовать, она удаляется в спальню, где ложится и слушает музыку. Примерно через пять минут она возвращается к терапевту в гостиную и объясняет, что не смогла насладиться этими минутами, поскольку чувствовала себя подавленной тем, что она называет своей «прожорливостью» — она не могла по-настоящему слушать музыку, поскольку ей хотелось сразу нескольких вещей, например: выпить, присутствия терапевта и, больше всего, быть особенной.

Поскольку ее дискомфорт, похоже, был связан скорее с упреками самой себя в жадности и прожорливости, чем с отсутствием средств удовлетворения своих потребностей, я спросил: «Что плохого в том, чтобы хотеть больше и больше?». Это замечание оказалось для нее не просто формальной поддержкой, так как подтолкнуло ее к непредвзятому взгляду на вопрос. Когда позже я настоял на том, чтобы она высказывала прямо и откровенно свои желания, она обнаружила, что, позволив себе выразить их, она, наконец, становится самой собой. То, что она сначала называла «прожорливостью», вскоре стало восприниматься как желание быть особенно любимой мужчиной. Когда я подчеркнул человеческую природу этого желания, она поняла, что его воплощение в жизнь тем или иным способом приемлемо и даже необходимо. «Я всю жизнь добивалась своих желаний окольными путями, и именно такая *иносказательность* и отсутствие осознанности испортили мне жизнь».

Процесс возрастающего принятия себя, описанный выше, произошел благодаря тому, что терапевт постоянно предлагал ей встать на сторону отвергаемых влечений и признать их как свои собственные, а не как *нечто происходящее с ней*.

Следующий фрагмент воспоминаний другой пациентки более подробно иллюстрирует процесс постепенного разворачивания отвергнутых влечений в атмосфере поддержки:

Когда я почувствовала первые признаки воздействия препарата, я легла на кровать. Доктор Н. сел рядом и предложил мне расслабиться и отдаться своим ощущениям. Я начала чувствовать сильное беспокойство и огромное желание плакать. Доктор Н. сказал мне, что я могу плакать, если хочу, но я сопротивлялась. Я сказала ему, что не позволю себе этого, потому что это кажется мне отвратительным; что мне не нравятся люди, которые предаются жалости к себе, и что я, выбравшая свой путь с таким трудом, считаю, что не имею права чувствовать себя несчастной.

Доктор Н. сказал, что у меня есть все основания жалеть себя, поэтому я могу продолжать и не стесняться плакать. Он сказал: Возьмите отпуск на денёк и делайте все, что захочется. Я спросила, одобрит ли он это, и поскольку он ответил «да», я горько заплакала. Затем доктор Н. спросил меня, как бы мои слезы объяснили свое появление, если бы они могли говорить. Я ответила, что они текут от мировой скорби. Он спросил, что это такое. Я сказала, что представляю себе великое озеро, в котором собрана боль каждого человеческого существа за все время, пока существует мир, от самой маленькой, такой как боль ребенка, который падает и плачет, до самой большой. Полигон коллективной скорби, в духе коллективного бессознательного Юнга. Доктор Н. сказал, что считает, что я, возможно, плачу по своему собственному опыту, по конкретным и определенным вещам. Возможно, мне чего-то не хватало в детстве, например, и этот факт до сих пор влияет на мою жизнь.

Я продолжала плакать и страдать, но уже с облегчением и свободой. Я включила на проигрывателе концерт Вивальди. Я очень глубоко прочувствовала эту музыку и ощутила, что через нее я могу проникнуть в то существо, которое ее создало. Кажется, доктор Н. спросил меня, что выражает эта музыка, и я ответила, что это сущность Вивальди, превращенная в голос; голос, который полностью выражает его самого. Я изумилась, что он мог так полностью вывернуть себя наизнанку.

Как это обычно бывает, пациент соединяется со своими собственными порывами, прежде чем получит поддержку и сможет рассмотреть возможность отпустить свое сопротивление. Когда пациент выворачивается наизнанку, он может прочитать проявление другой сущности.

Такое «выворачивание наизнанку» в последних примерах можно понимать как достижение большей прямоты в выражении желаний. В обоих случаях было важно указать пациентам на то, что они противостоят своему желанию, прежде чем поддержать их и предложить возможность отпустить свое сопротивление. Только когда самокритика будет озвучена, отрефлексирована можно посмотреть ей в лицо и пересмотреть ее. Поэтому такие вопросы, как «Что плохого в том, чтобы хотеть все больше и больше?» или «Что плохого в том, чтобы плакать?», должны были раскрыть обвинения себя в жадности или жалости к себе, прежде чем зрелое суждение пациента могло бы оценить такое автоматическое осуждение в новом свете и принять решение. В итоге бессознательные желания становятся осознанными и, следовательно, становятся предметом разумного решения проблем.

В то время как бессознательное желание выражается коварными и символическими способами, удовлетворение которого никогда не утоляет лежащую в основе жажду, осознанное желание может быть удовлетворено. Причем чем более осознанным является желание, тем больше оно принимается и само по себе становится удовлетворением. Так, бессознательная сексуальность переживается как изоляция, одиночество, фрустрация, в то время как осознанная и принятая сексуальность — это приятное переживание повышенной жизненной силы. Бессознательный гнев может переживаться как неприятное раздражение или чувство вины, тогда как принятый гнев может приветствоваться как мощное стремление к цели.

Ниже приводится еще один пример выведения на поверхность бессознательного желания и показан способ работы с визуальными искажениями:[7]

> *Доктор Н. теперь казался мне притаившимся волком, животным, которое привыкло охотиться за своей добычей в пещерах. Он предложил мне обратиться к монстру (которым я его видела), напрямую с ним общаться, забыв, что это он, что я его знаю, что он не причинит мне вреда и так далее. Я заговорила со всей смелостью, на которую была способна: «Почему ты такой некрасивый?». «Какое тебе дело до того, что я уродлив?» — ответил он. «Это моя проблема, а не твоя». «Но я удивляюсь, как ты уживаешься с таким лицом. Кто может любить тебя в таком обличье?» И тогда я начала смеяться, подумав, что, возможно, в его стране у всех жуткие лица, а он считается красавцем.*
>
> *Я сказала ему об этой мысли, и его лицо начало проясняться, пока не появилось лицо доктора Н. без искажений. Он сказал, что по его опыту такие искажения указывают на подавленный гнев, и хотя*

---
[7] Исключительно с ММДА (5% испытуемых)

он не видит этого во мне, было бы полезно изучить вопрос о возможной обиде. Я сказала, что не могу представить себе никакой обиды на него, поскольку у меня к нему такие хорошие чувства; он так много помогал мне и был так добр ко мне. Когда я закончила говорить это, я продолжила — почти бессознательно, как будто кто-то использовал мой голос: «Почему я должна обижаться на тебя, кроме как за то, что ты не любишь меня». Я была удивлена. Доктор Н. заметил, что это прекрасная причина для обиды. Переживание перестало быть таким жгучим и стало более сладким, с той печальной сладкой грустью, которая остается после хорошего плача.

Важность этой сессии заключалась не только в том, что удалось выразить желание пациентки быть любимой терапевтом, но также и в том, что это оказалось заменой выражения ее собственной любви. Несколько дней спустя она смогла принять свое чувство как достоинство, а не как недостаток, и написала стихотворение, которое стало первым после десятилетнего перерыва в ее творчестве.

В вышеприведенных примерах пациенты находились в конфликте, где данному порыву (любить, плакать) противостояло сопротивление, и результатом было выражение этого порыва. Это не всегда так, и одним из главных вкладов гештальт-терапии было показать, что защита тоже является порывом, который может быть перенаправлен на более удовлетворительное выражение, чем самоконтроль и подавление себя. Для этого пациента поощряют встать на сторону голоса суперэго («собаки сверху») и, добровольно «став» им, пережить это как собственное суждение, а не как внешнюю команду.

Работа над психосоматическими симптомами

Приведенный ниже отрывок из магнитофонной записи посвящен конфликту между необходимостью отдыха и подавлением себя в самом буквальном смысле, расслаблением и дисфункциональной контрактурой.

Фактически, это пример работы через психосоматическое проявление, поскольку для пациентки «сжатие души» ее защитной системой воплотилось в параллельном физическом симптоме, который вызывал у нее боли в животе, и по поводу которых она обратилась к врачу.

Итак, разбираясь с этой идеей, мы также обращаемся к вопросу о том, как быть с синдромами ММДА третьего типа в предложенной нами классификации: теми, в которых позитивные или негативные чувства, характерные для предыдущих типов, заменяются физическими симптомами.[8] Естественно, усиление физических ощущений может быть частью переживаний первого типа, но замещение телесными симптомами чувств, по понятным причинам, происходит для того, чтобы субъект не поддался переживанию эмоционального дискомфорта, свойственного состоянию второго типа. Это может отражать хроническую тенденцию человека, как в случае с этой пациенткой, которую во время сеанса можно описать как гипоманиакального ипохондрика — довольной собой и недовольной болями, которые она склонна считать следствием физического заболевания.

На этот раз я привожу только свою версию диалога, который длился двадцать или тридцать минут и в итоге привел к изменению отношения фигуры и фона в опыте пациента. Этот сеанс, на самом деле, больше, чем просто диалог. Его можно сравнить с сеансом между терапевтом, работающим

---
[8] Целью здесь является расшифровка отношения человека к себе и другим, которое кодируется и выражается в языке тела.

с телом и движениями и его пациентом. Вербальная часть сеанса состоит в основном из терапевтических манипуляций и реакций пациента на них, часто в форме изменения позы, стонов, криков и рыданий.

Доктор: Тогда я могу помочь вам, но я думаю, что есть только один способ, который позволит вам перестать чувствовать сдавленность, и это — узнать, *как* вас сдавливает, осознать, как *вы* это делаете, и осознать это вы можете, только *став* той частью себя, которая действительно сдавливает....

Стали ли вы тем, кто сдавливает, или вы просто его жертва?...

Да... Является ли это тем, что вы можете решить сделать снова?...

Я бы хотел, чтобы вы рассказали мне о своих чувствах. Просто отдавайте себе отчет в том, как это вас сдавливает....

Предотвратить что?... Не пытайтесь понять, не стройте теорий, просто следуйте своим ощущениям. Вы чувствуете себя сдавленно?...

Только там?...

Ваш голос звучит сдавленно?....

Теперь вы слышите его?...

Вы осознаете, *как* вы сдавливаете свой голос, *как* вы сдавливаете свое горло?

Вы чувствуете сдавленность в груди?...

Хорошо, есть сдавленность в груди и внизу живота — и там, там.

Вы чувствуете сдавленность в движениях, руках, шее, пальцах?...

А что происходит с вашими кистями сейчас и вашими руками сейчас? Вы сжаты сейчас?...

Можете ли вы сжаться сейчас, намеренно?…

Нет, я не ожидаю, что это будет то же самое. Просто испытайте это.

Что оно хочет от вас?… Как оно отвечает вам?…

Можете ли вы быть тем, что сдавливает вас, чтобы вы знали, чего хочет оно, чего хотите вы, когда сдавливаете себя? Чего вы хотите, когда сдавливаете себя, как сейчас? Что вы хотите с собой делать? И какое удовлетворение вы получаете от этого сдавливания?

Да, тот, кто сдавливает себя, получает удовлетворение. Он хочет сдавливать; он получает от этого удовольствие.

Не боритесь. Позвольте этому случиться, позвольте сдавить себя. Не пытайтесь отступить, станьте жертвой, позвольте пытке закончиться.

Чтобы страдать, не нужны силы. Чтобы сопротивляться, нужны, но если вы…

Попробуйте не сопротивляться сейчас….

Отпустите. Не останавливайте….

Отпустите, отпустите. Не сопротивляйтесь. Не вмешивайтесь….

Не сопротивляйтесь этому, вы сопротивляетесь, испытайте это. Будьте максимально открыты и испытайте это….

Что вы испытываете?…

Я видел, как много вы испытали впервые.

Чувствуете ли вы…?…

Не чувствуете ли вы желание этого переживания, как если бы вы хотели вернуться к нему? Получаете ли вы удовольствие от этого движения?…

Только отчаяние?…

Эта усталость подобна мертвой пустоте, серой мертвой пустоте, отсутствию энергии, и вся эта энергия содержится за ней….

И я чувствую, что в сдавливании у вас есть эта энергия, эта сила….

Поэтому вы должны стать другой стороной, если вы хотите иметь силу.

Может быть, пока происходит сдавливание, пока вы открыты для сдавливающего, вы можете ощутить в себе желание сдавливать….

Я хочу, чтобы вы поговорили об этом, о желании секса при сдавливании. Можете ли вы рассказать об этом подробнее, сказать, что вы чувствуете? Но постарайтесь быть тем, кто сдавливает, пока вы говорите об этом. Скажите, чего вы хотите как тот, кто сдавливает….

Можете ли вы ощутить сдавливание, как ваше желание, ваше удовлетворение?…

Ваше сексуальное влечение, ваш гнев, ваше отчаяние? Ваша тяга?…

Вы все еще не отождествили себя с тем, кто сдавливает…

Что ж, делайте это, не получая удовольствия, просто позвольте этому прийти естественно.

«Это я тебя сдавливаю», — можете начать вы, даже если вы этого не чувствуете. Просто играйте в эту игру. Говорите о том, чего вы хотите, о вас, сдавливающем вас, о том, какой вы человек.

В этот момент пациентку посетило озарение, которое сделало успешной всю сессию. Теперь, когда она смогла переключиться с позиции жертвы на позицию «сдавливателя», она увидела, что сила, вызывающая её боли, была ни чем иным, как алчной жаждой ко всему и вся, жадным, цепким младенцем, который никогда не может найти удовлетворения. Сразу же после этого она спонтанно поняла и испытала восторг от постижения извращенности, связанной с обращением желания на себя в неустанном сдавливании. Мейстер Экхардт говорит, что все наши желания в конечном итоге являются стремлением к Богу. Многие, возможно, выбрали бы другое слово и говорили о жизненном порыве, абсолюте, Добре, стремлении к идеальному состоянию, Эросе; но все эти понятия подразумевают признание единства за пределами кажущейся множественности человеческих желаний.

То или иное желание можно понимать как выражение неосознанного убеждения, что достижение таких-то конкретных целей приведет к счастью. Конечно, это не так, но имплицитные или бессознательные убеждения не могут быть изменены рассуждениями (или даже опытом). Таким образом, большинство воров получают мало удовлетворения от краж, дельцы — от богатства, а фанатичные ученые — от обучения. Всякий раз, когда терапевтический процесс приводит к пониманию влечения, субъект обретает некоторую свободу от этой конкретной потребности, поскольку теперь она понимается как средство достижения цели — часто окольное или неадекватное. Так, когда вор понимает, не разумом, а чувствами, свою потребность иметь что-то, что принадлежит кому-то другому, он может начать просить о любви, а когда невротический интеллектуал признает свою потребность в признании, он может стать менее привязанным к игре в престиж, поскольку ее ценность теперь не кажется ему чем-то существенным для накопления знаний.

Я считаю, что опыт, подобный приведенному выше, ведущий к осознанию «жизненной силы», на один шаг превосходит все это, поскольку он ведет к осознанию единства за пределами довольно ограниченных потребностей, таких как секс, амбиции, жадность и защита. Это та область опыта, которая интересует мистика, хотя в данном примере не используются религиозные или мистические термины. И это та область, которую Юнг считает архетипической, выходящей за рамки личной дифференциации, даже если ее представление в данном случае не опосредовано образами.

Активное Участие в Нейтральных Точках

Можно понимать различные типы реакции на ММДА как различные точки на градиенте осознанности и открытости. Повышение осознанности может трансформировать психосоматический тип переживания в чувственный; а последний, благодаря пониманию сопротивлений, может уступить место интегративному пиковому переживанию. Если мы впадем в другую крайность, то обнаружим реакции, в которых пациент все меньше и меньше может сообщить о себе. Даже физические ощущения кажутся размытыми в состоянии ограниченного осознания, скорее всего, защитного характера, которое может завершиться сонливостью или сном.

Кажется, что это состояние покоя представляет собой проявление на другом уровне того спокойствия или безмятежности, которые характерны для пикового опыта с ММДА. Одно из них — это спокойствие, неподвижность посреди внутреннего движения, другое — состояние спокойствия, когда мало что происходит, спокойная безучастность.

По мере приближения к бессознательному концу шкалы, где пассивность принимает форму сонливости, субъект даже не осознает своих фантастических образов. Когда его спрашивают, он может сообщить об отдельном эпизоде, который он визуализирует в данный момент, но не может вспомнить предыдущий. Или, возможно, он знает, что его сознание активно, но не может уловить содержание своих мыслей или воображения. К счастью, такое происходит лишь в 25% случаев.

В тех случаях, когда действие ММДА не является чрезвычайно продуктивным в плане позитивных или негативных чувств, может потребоваться очень активное участие терапевта, чтобы разобраться с соматическими ощущениями, образами или реальным поведением пациента.

Таким образом, чувства можно перевести в фокус сознания, обращая внимание на внешние символические или физические проявления разворачивая переживания и поведение, как это практикуется в гештальт-терапии.

Возьмем, к примеру, следующую иллюстрацию:

Доктор: Вы осознаете, что у вас туго сжатая челюсть?
(Пациентка утвердительно кивает и усиливает сокращение жевательных мышц).
Доктор: Усильте это.
(Пациентка начинает скрежетать зубами).
Доктор (через несколько минут). Усильте это.
(Скрежет зубов постепенно переходит в блокировку челюсти, а пациентка, сидя, поднимает голову, открывает глаза в яростном взгляде и глубоко дышит).
Пациентка: Я чувствую себя сильной. Уже не напряженной, а суровой, властной.
Доктор: «Не сдавайтесь».
Пациентка: (Она постепенно расслабляется и начинает глотать слюну).
Жевание превратилось в глотание. Теперь, когда я нашла в себе силы, мне не нужно сердито стучать в дверь, чтобы получить удовлетворение, а можно просто дать его себе.

Другой пациент чувствовал себя очень сонным и расслабленным, однако, он стремился вытянуть пальцы ног. Ему было предложено попытаться попеременно удовлетворять свое желание отдохнуть и желание потянуться, и вскоре он понял, как эти противоположные тенденции влияют на всю его нынешнюю жизнь. Он воспринимал напряжение в пальцах ног как стремление к возбуждению, выражение скуки и неудовлетворенности своей пассивностью, в то время как последнее он понимал как покорное уклонение от конфликта. С этим осознанием его потребность в возбуждении стала сильнее потребности в уклонении, и именно это побудило его заняться дополнительной психотерапией после терапии с ММДА.

Когда незначительны не только чувства, но и физические ощущения или желание общаться, это может быть подходящим поводом для работы со сновидением. Как уже упоминалось ранее, из-за возросшей способности к созданию образов при приеме ММДА, сновидения можно легко пережить заново, благодаря тому, что у пациента возрастает понимание символических или метафорических форм и это благоприятствует раскрытию их смыслов.

Образы и Сновидения

Когда в картине симптомов, вызываемых ММДА, преобладают образы, а не психосоматические проявления, именно содержание таких образов можно считать «королевской дорогой в бессознательное». Действительно, такие сигналы, подобно плодородным семенам, могут развиваться изнутри и раскрывать часть своего смысла, если только уделить им внимание. Основная задача терапевта обычно заключается в том, чтобы помочь пациенту направить свое внимание на разворачивающуюся последовательность сцен, чтобы он мог осознать и запомнить их детали. Следующий пример взят из сеанса сорокасемилетнего мужчины, который большую часть времени лежал с закрытыми глазами, чувствуя себя приятно расслабленным, и, вероятно, сохранил очень мало из того, что видел. Когда в какой-то момент его спросили, он описал сцену, одну из трех, которые он смог вспомнить после окончания сеанса. Вот как он описал это изображение на следующий день:

> *Одна из картинок, которая пришла мне на ум, была о верблюде, которого ведет худой, угловатый, похожий на Шерлока Холмса англичанин.*
>
> *Они путешествовали. Я не знаю, почему англичанин вел верблюда. На спине у него не было вьюка. Возможно, англичанин был слишком нетерпелив и чувствовал, что ему придется тащить верблюда, чтобы вообще добраться до места. Мое тело идет медленно, вынужденно, и большая часть работы, которую я делаю, кажется, должна выполняться по часам, с длительным отдыхом в промежутках.*

То, что пациент сказал девять дней спустя, рассказывая о сеансе, показывает, как после периода спонтанной проработки увеличилось количество и значимость ассоциаций между символом и его личностью:

> *То, о чем я говорил вначале, едва ли выражает то, что я позже почувствовал по отношению к этой картине. Англичанин, совершающий кругосветное путешествие, не едет верхом; он настолько глуп, что тянет за собой верблюда, потому что ему не терпится. Англичанин — это я. У него ярко вы-*

раженный орлиный нос с горбинкой. На самом деле я думаю об англичанах как о глупцах, которые продолжают играть в крикет, в то время как их мир рушится, и которые не играют ни с кем, кроме себя. Верблюд — это та часть меня, которая может перенести меня туда. Он олицетворяет всю мудрость Востока. Идея собственного Я, Царства Божьего внутри, мне знакома. В своей повседневной жизни я, кажется, не верю в это; я не чувствую этого внутри и не проецирую это вовне... Что касается моих мыслей о верблюде, я чувствую, что в этой жизни я не позволю себе оседлать его и взять меня с собой в путешествие. Я не веду себя так, как будто есть Я, которое нужно нести; свидетельства внутренней спонтанности очень слабы. Зависимость от других в управлении делами, однако, становится для меня все более и более невыносимой.

Для нас очевидна готовность пациента вчитываться с символизм его сна, что создает терапевтический контекст. И так как такое часто происходит спонтанно, это можно назвать когнитивным аспектом в описании опыта приема ММДА. Можно предположить, что именно эта близость между визуальным и концептуальным пониманием объясняет тенденцию некоторых людей препятствовать тому, чтобы аспекты их внутренней жизни выражались в сознательных образах.

При работе с образами во время самого сеанса целью (как и в случае с психосоматическими симптомами) должен быть контакт с *опытом*, который завуалирован в визуальных символах. Простого созерцания последних может быть недостаточно для достижения этой цели; с другой стороны, идентификация с персонажами или объектами фантазии может привести пациента к отмене проекции и признанию до сих пор неосознаваемой части себя. Так было, например, с женщиной, которая испытывала отвращение при виде смешного клоуна, но при попытке отождествиться с таким персонажем вдруг вскрикнула в панике, потому что почувствовала себя маленьким ребенком, которого подбрасывают в воздух. Тогда она поняла, что с ней играли, как с куклой; она действительно приняла эту роль и всю жизнь играла клоуна, чтобы понравиться другим. Но все это время в процессе этого «шоу» она страдала от отсрочки своих настоящих желаний и чувствовала одиночество, подразумеваемое в предположении, что она никому не нужна, кроме как в качестве объекта для развлечения.

Эта последовательность событий наглядно показывает, что облегчающее влияние ММДА на терапевтическую процедуру заключается не только в том, что пациентке была представлена значимая подсказка (образ клоуна) к ее конфликту («игра» в клоуна против желания быть любимой такой, какая она есть). Как только кнопка значимого символа была нажата, ее переживания качественно изменились: эмоции пациентки высвободились, и она переключилась с визуального типа реакции на реакцию, усиливающую чувства (ее подбрасывали в воздух, обращались с ней как с объектом). В результате внимания к неприятному ощущению, что к ней относятся как к объекту, наступило озарение: она *сама* обращалась *с собой* как с объектом, представляя себя в таком виде другим. И наконец, на первый план вышло новое чувство: она не *хотела* такого отношения к себе — она хотела любви. Примечательно, что в течение нескольких дней после сеанса она испытывала сильное желание поесть, которое резко прекратилось на более поздней встрече, во время которой она более полно приняла свое желание любви. Весь процесс можно рассматривать как подъем из бесчувственной реакции ММДА 3-го типа, хотя последний был достигнут уже после окончания сеанса.

Приведенная выше сжатая иллюстрация может дать слишком упрощенное представление о том, какую форму может принять вмешательство терапевта в процесс приведения пациента к десимволизации опыта, воплощенного в визуальных образах. Образ, возможно, придется вызывать в памяти снова и снова, следить за его трансформациями, обращать внимание на чувства пациента, наблюдая или идентифицируя его с объектами или людьми в кадре, интерпретировать в тот или иной момент и так далее. Следующий отрывок из расшифровки магнитофонной записи так и не привел к ожидаемому взрыву чувств, но он подробно иллюстрирует исследование образа и показывает, как много интерпретаций может быть создано с помощью неинтерпретирующего подхода:

Доктор: Давайте поработаем с этим образом. Могли бы вы *быть* этим местом, в которое вы входите?

Пациент: *Быть* этим местом?

Доктор: Да, говорить из опыта бытия этим местом.

Пациент: У меня здесь проблема, потому что я не знаю, что находится в центре, пока не открою его, поэтому, чтобы найти это место, я должен осознать, что находится внутри детей. Это нормально? С чего мне начать?

Доктор: С чего угодно.

Пациент: Хорошо. Я — это место, внутри находится ребенок, и я жду, когда кто-нибудь придет, откроет дверь и выведет его наружу. И каким-то образом я пытаюсь следить за этим. Я хочу знать, что находится внутри. Мне это интересно.

Доктор: Можете ли вы сказать, как вы себя чувствуете? Можете ли вы описать себя?

Пациент: У меня вряд ли получится сделать это хорошо, но есть часть меня, которая смотрит наружу. Снаружи меня есть свет, яркий свет, прекрасный внешний мир, а я — своего рода щит, который не позволяет этому внешнему проникнуть внутрь. Внутреннее пространство — аморфное, черное, бесполое, не имеет никакого смысла, но ощущение того, что я закрыт, как бы остановлен, в ожидании, когда кто-то подхватит этого ребенка и выведет его наружу, и в некотором смысле моя задача, кажется, состоит в том, чтобы оградить ребенка от внешнего мира, будто хранить его в холодильнике.

Доктор: Хранить его в холодильнике. Чувствуете ли вы эту часть себя, эту защитную функцию?

Пациент: Вы имеете в виду в моем обычном состоянии или прямо сейчас?

Доктор: Нет, в вашей жизни, в вашем повседневном «я». Считаете ли вы, что защищаете очень ценную часть себя?

Пациент: Очень интересно. Моя тенденция — о, я понимаю, я думаю — моя сознательная тенденция, как только я пойму, как получить это, будет заключаться в том, чтобы пойти и взять это и вытащить это очень быстро, наверное, быстрее, чем следовало бы.

Доктор: То же самое! «Наверное, быстрее, чем следовало бы»… страх перед…

Пациент: Я хочу, чтобы все получилось сразу. Форсирую.

Доктор: Итак, похоже, что у вас существует конфликт между тенденцией к чрезмерной защите и действительно удалению этого ядра жизни из жизни, к содержанию его в хранилище, и противоположной тенденцией и чрезмерным стремлением быстро вытащить его в жизнь.

Пациент: Теперь я думаю, что происходит то, что сознательно я делаю это слишком быстро, поэтому оно заблокировано в моем сознании, и я не могу добраться до него быстрее, чем должен. Поэтому бессознательно я вынужден впадать в другую крайность, чтобы держать его закрытым. Есть одна интересная вещь, которая может помочь. В медитации и других опытах, когда начинает происходить что-то интересное, я должен спонтанно схватить это и отложить. Так что я не позволяю себе этого. Я вытаскиваю себя из этого, как только возникает образ... У меня уже был такой опыт, так что он может просто указывать на это.

Доктор: Это, с одной стороны, защищает опыт, а с другой — выводит его наружу.

Пациент: Я пытаюсь вытащить его наружу, поэтому я его теряю. Да, ну, ничего себе!

Жена. (*Как зритель*): Я не знаю, это — ММДА или доктор Н.

Доктор: Это сон; все, что нужно — это начать с хорошего семени. Поэтому я думаю, что вы сможете добиться большего, если продолжите быть в этой комнате. Скажите все, что можете, о себе, как о комнате, не пренебрегая очевидным — все, что касается цвета, температуры, размеров, чего угодно.

Пациент: У меня сложилось впечатление, что она была выкрашена в белый цвет, почти как аппарат, который можно увидеть, как машину в больнице. Это явно было сделано человеком.

Доктор: Но скажите это от первого лица.

Пациент: Я выкрашен в бело-желтый цвет, вроде теплого белого, и я явно искусственный, с ручками, ручками и прочим, и значение, которое я получаю, состоит в том, что я — часть разума, а не эмоции.

Это очень похоже на мое сознание. Сознательно я обычно очень разумен; эмоции находятся внутри.

Доктор: Значит, вы — искусственная комната, созданная для защиты этого ребенка.

Пациент: Интересно, что я бы вовсе не назвал это искусственным. В каком-то смысле «искусственная» — это правда, но в моем понимании «искусственный» подразумевает «ненастоящий». Для меня машина так же реальна, как и человек. Она просто создана по-другому, поэтому меня немного беспокоит использование коннотации «искусственный». Она здесь, но это что-то другое. Но она как раз таки реальна.

Доктор: Да. Вы — контроль, созданный человеком...

Пациент: Скорее, речь идет о четко определенном, с четко очерченными границами и законами, которые не являются пределами. Либо это здесь, либо нет, как будто я могу получить это точно, и это то, что есть.

Доктор: Что еще вы можете увидеть в себе как в комнате? Не могли бы вы дать описание своих чувств, связанных с тем, что вы — комната?

Пациент: Моя главная цель, которую я вижу, — заботиться о том, что находится внутри, а именно об этом ребенке, и я не могу до него добраться, потому что чувствую, что вокруг меня все эти устройства и аппараты, чтобы поддерживать правильную среду внутри, например, температуру, атмосферу и так далее. Так что моя главная функция, как я ее вижу сейчас, — просто поддерживать оптимальную среду для ребенка.

Доктор: Вы что-то говорили о санитарной обработке?

Пациент: Да, так, как это было во сне... Теперь я почти инкубатор.

Доктор: Не могли бы вы немного больше сосредоточиться на этом — на том, каково это быть инкубатором.

Пациент: Каково это — быть инкубатором? Почему-то кажется, что этого недостаточно. Мне трудно идентифицировать себя с ним, потому что то, что я делал раньше, — это смотрел на него полуоткрытым взглядом. Теперь я пытаюсь быть им полностью, и одного действия — быть этим инкубатором — просто недостаточно. Я бы хотел делать другие вещи, как-то иначе, но я не могу, потому что я — инкубатор, а инкубатор не должен этого делать, и этот ребенок — самое важное, поэтому я не могу думать ни о чем другом.

Доктор: Имеет ли смысл в вашей жизни сказать: «Я — инкубатор для рождения ребенка, быть инкубатором недостаточно?»

Пациент: В своей жизни я никогда не осознавал себя инкубатором. Я пытался сделать так, чтобы инкубатор делал то, что должен делать ребенок, если это вообще возможно. Я пытаюсь вытащить ребенка отсюда. Ну, во сне я делаю это так: жду, пока кто-нибудь... нет... Ладно, во сне я иду к инкубатору и забираю ребенка. Теперь, как инкубатор, я пытаюсь делать то, что должен делать ребенок, а не ждать, пока кто-то придет и заберет его, и интересно, что нет чувства, что в какой-то момент ребенок проснется и откроет дверь. Это должно быть действие извне.

Доктор: Разве в том, чтобы быть инкубатором, нет ничего такого, что предполагает действие извне?

Пациент: Я — действие извне, вы говорите?

Доктор: Инкубатор — это действие извне, много действий, много манипуляций с механизмами, в этой комнате, этой дезинфицированной комнате, которая вся является действием извне, которое сходится на ребенке, как будто недостаточно веры в то, что ребенок выживет без столь длительной инкубации.

Пациент: Ну, это выглядит так: меня поставили делать что-то конкретное, то есть поддерживать на нормальном, постоянном уровне, и все такое. Я должен это делать, и если я этого не делаю, значит, я не справляюсь. И у меня нет никакой свободы воли как у инкубатора, поэтому я должен ждать, пока кто-то извне не попытается сделать что-то через меня, будь то открыть дверь или изменить какие-либо константы. Теперь, нужно ли это ребенку или нет, я не знаю, потому что на самом деле я ничего не знаю о ребенке.

Пленка идет долго и показывает тупик, который не удалось разрешить на сеансе: «ребенок» в пациенте хочет выбраться, родиться, но не кричит о помощи и не чувствует отчаяния от того, что он заперт. Однако только чувство может освободить его, потому что именно чувства пациента заперты и заменены мышлением и самоконтролем (инкубатор).

После того как эта ситуация была раскрыта, проблема была решена непосредственно в ходе встречи между пациентом и его женой. Правило заключалось в том, что они могли высказывать только свои чувства (т. е. воздерживаться от мнений, суждений, интерпретаций, мыслей). Это было не только полезно для пациента, но и стало полезным опытом общения для пары.

Если слабо выражены не только чувства и физические симптомы, но и образы и желание разговаривать, то в качестве отправной точки для терапии можно взять предыдущий сон пациента. Возросшая способность к созданию образов при приеме ММДА облегчает пациенту воссоздание сновидений и работу с ними как с непрерывным процессом, а усиление способности вчитываться в метафорические или символические формы благоприятствует раскрытию их смысла.

Следующий пример из сессии молодого ученого дополнит предыдущие примеры работы с образами, поскольку он показывает процесс «встречи» между различными субличностями пациента, представленными в многочисленных элементах сновидений. Это обычный ресурс гештальт-терапии, но эта процедура мало описана, но заслуживает подробной иллюстрации, будучи полезной с использованием ММДА (и ибогаина).

Сон, который был исследован на этом сеансе, состоял из одного образа, который пациент описал еще до того, как препарат начал действовать. В этой сцене, части сна, который он не мог вспомнить, была креветка, прикрепленная степлером к внутренней стороне пластикового пакета, наполненного водой.

Сначала его попросили посмотреть на картину сна как на картину своего существования, воспринимая себя как креветку. Он сказал: «Это мое существование. Я — креветка в пластиковом пакете. Я скреплен скобой. Я не могу двигаться. И у меня нет головы».

Для него это имело смысл, поскольку в его жизни было ощущение неподвижности. Когда ему предложили описать опыт пребывания в роли креветки, он понял, что он заперт не только в пакете, но и в панцире, который покрывает его тело. Он реагирует на это желанием быть свободным и иметь прямой контакт с окружающей средой и понимает, что это истинное, хотя и невыраженное стремление в нем.

Но затем, когда его просят снять панцирь, он понимает, что это тоже часть его самого, поскольку он хочет защитить себя.

По мере того, как он добивается воплощения элементов сновидения, оказывается, что все они вовлечены во взаимный антагонизм, но после того, как различные «голоса» разговаривают друг с другом, возникает чувство единства.

Таким образом, субъект в качестве креветки не чувствует себя заключенным в панцирь, а наделенным им для своих целей; панцирь больше не настаивает на защите креветки вне ее интересов, а хочет служить ее инструментом; креветка и вода наслаждаются друг другом и чувствуют себя защищенными в пакете.

Теперь пациент вспоминает новый элемент сна. Пластиковый пакет со всем, что в нем находится, свисает именно из руки его матери. Панцирь, пакет и мать предстают теперь как постепенно эксплицитные презентации функции самого себя, которая одновременно защищает и сдерживает его. Теперь я прошу его изобразить, как креветка разговаривает со своей матерью. Сначала он хочет сказать: «Выпусти меня, дай мне свободу», но его не слышно изнутри мешка. Он не может до нее достучаться, чувствует себя слишком далеким и изолированным — так же, как и в реальной жизни. Теперь он понимает, что не может близко общаться с матерью.

Затем я прошу его выйти из сновидения и представить, что перед ним сидит его мать, и рассказать ей о своих чувствах стеснения или заключения. Результатом этой встречи является длинный эпизод, который он ретроспективно подытожил следующим образом:

> *Я не мог, не мог. Я знал, что должен по-настоящему разозлиться на нее, ударить ее. Сейчас я вспоминаю, как впервые увидел ее. Я поставил ее на пол. Она была всего два фута ростом, и мне захотелось разбить ее дубинкой вдребезги. Я очень этого хотел,*

но опять не смог. Наконец, она просто развалилась на куски. Я на секунду понадеялся, что это означает, что она ушла навсегда, но вскоре обнаружил, что она все еще со мной. Думаю, она никогда не уйдет, пока я не отброшу ее, не разозлюсь, не заплачу и так далее. Когда этот день наступит, я верю, что буду полностью свободен от нее.

Ему не удалось выйти из тупика, но теперь он понимал, что его нереализованное чувство было не просто инерцией, а безмолвной борьбой между яростью и чувством вины.

Мы работали над картиной сна еще около четырех часов, в течение которых он смог понять образ скобы степлера. Она представляла собой язвительный, по-детски мстительный гнев, обращенный против самого себя. Однако после некоторого размышления над этим отношением «ребенок-я» его закрытая, цепкая, кусачая твердость ушла — теперь же он просто хотел, чтобы его завернули (сложили и убрали) и бросили на дно пакета. Другими словами, враждебность скобы степлера, которая изначально была направлена на собственническое и ожесточенное «кусание» креветки, стала ощущаться пациентом как неправильно направленное желание держаться, иметь контакт, не быть одному. И теперь он видел, что ребенок в нем, который хотел быть любимым, не нуждается в агрессивном подходе, а наоборот, он может достичь гораздо большего, просто наслаждаясь своим окружением.

Что касается пакета, то это он «главный», кто хочет сохранить статус-кво. У всех остальных есть другие вещи, которые он (или она) хочет сделать. Креветка хочет вернуться в море и жить свободно, с высоко поднятой головой; вода хочет испариться; и скрепка тоже хочет найти свое место. Только пакет хочет, чтобы все оставалось как есть — «он чувствует себя полным и теплым с водой, креветкой, ракушкой и панцирем внутри него». Конечным результатом сессии для этого молодого человека стало понимание его внутреннего мира в неизвестной и удивительной степени.

Свой отчет на следующий день он начал с утверждения: «Теперь я *действительно* знаю, как я себя вижу». И сейчас, спустя восемь месяцев, он все еще объясняет, что отличается от себя прежнего, «тем, что теперь я вижу себя, понимаю себя». Он ценит это понимание настолько, что решил изучать психологию.

При чтении иллюстраций случаев, представленных на предыдущих страницах, может показаться, что в целом они не сильно отличаются от коллекции рассказов, взятых из обычных психотерапевтических сессий, не связанных с использованием вещества. Большинство реакций на ММДА можно понять как *интенсификацию* чувств, симптомов и визуального воображения, а не как их качественное изменение. Ценность такой интенсификации в психотерапевтическом процессе заключается, пожалуй, в том, что подсказки к значимым вопросам привлекают внимание терапевта или пациента чаще, чем в обычных условиях, когда большая часть времени и усилий в терапевтическом процессе может уходить на то, чтобы прорвать завесу многословия и автоматизмов, которые являются частью привычной социальной роли.

С помощью ММДА можно более оперативно получить доступ к пониманию переживаний и к симптомам, возникающим в результате отрицания и искажения.

Другой аспект воздействия ММДА заключается в том, что мышление пациента приобретает более эмпирическое качество, чем в обыденном состоянии сознания. При этом не теряется рефлексивность. И этот аспект способствует большей эффективности терапевтического взаимодействия, а подчас и его качественному изменению. Вместо того чтобы быть чисто концептуальным и вербальным, мышление, возникающее в состоянии, вызванном ММДА, связано с визуальными образами, сенсорными данными и эмоциональными переживаниями. Абстрактное утверждение имеет тенденцию вызывать в сознании человека конкретные примеры его применения, а инсайт имеет тенденцию быть полным, чувственно-интеллектуальным процессом, а не только концептуализацией.

Ценность визуальных фантазий в психотерапии еще один пример такого эмпирического мышления, привязанного к образам и не отделенного от чувств. Хотя некоторые люди обладают природной способностью собирать зрительные образы, а другие могут приобрести ее в процессе обучения, облегчение, которое ММДА может оказать на активное воображение, должно быть указано в этом заключительном резюме его полезности в качестве дополнения к психотерапии.

И, наконец, ценность ММДА заключается в его способности вызывать пиковые переживания, которые могут возникать как спонтанно, так и в результате терапевтической работы, и длиться секунды или часы. В такие моменты безмятежности и любви человек может воспринимать свою реальность с другой точки зрения и с помощью этого учиться отпускать свои привычные установки. Подобные пиковые переживания влияют на осуществление Встречи пациента и психотерапевта, и могут стать шагом к обучению отношениям в Настоящем, свободным от переноса, привязанности к прошлым условиям и стереотипным механизмам.

Глава 4

Гармалин и Коллективное Бессознательное

Гармалин — основной алкалоид, содержащийся в семенах Peganum harmala (**Га́рмала обыкнове́нная**, или **могильник обыкновенный** (иногда в литературе просто **могильник**), растения родом из Центральной Азии и Сирии, в наше время дико произрастающего на средиземноморском побережье Африки, Европы и Ближнего Востока, в Иране, Афганистане и северо-восточном Тибете. Эти семена использовались веками и упоминаются в испанских и итальянских фармацевтических справочниках как «semen Harmalae sive rutae silvestris». Их продают на территории от Ирана до Индии, где медицинская традиция признала их препаратом, стимулирующим менструацию, улучшающим лактацию, а также рвотным, противоглистным и дезинфекционным средством. Кроме того, семена известны психоактивным действием.

Помимо **гармалы обыкновенной**, гармалин также обнаружен в лианах рода Банистериопсис, растущих в джунглях Южной Америки и содержащих основные ингредиенты напитка, известного под различными названиями, такими как «яге», «аяуаска» и «каапи», который использовался племенами, проживавшими в бассейне Амазонки и Ориноко. Этот напиток использовался в ритуалах инициации шаманов, в обрядах перехода во взрослое состояние, в некоторых культурах — для лечения определенных заболеваний и, в более широком смысле, — для достижения состояния ясновидения; отсюда прежнее название «телепатин» для его активного вещества.

Хотя в этой главе я буду рассматривать действие гармалина лишь с точки зрения психотерапии, я хотел бы упомянуть о том, что данный алкалоид представляет особый интерес по причине своего близкого сходства с веществами, которые могут быть получены из шишковидной железы млекопитающих. В частности, 10-метоксигармалин, который возможно получить искусственно в процессе инкубации серотонина в ткани шишковидной железы, напоминает гармалин по своим субъективным эффектам и обладает большей активностью по сравнению с ним. Следовательно, активность гармалина (отличающегося от 10-метоксигармалина только положением метокси-группы) может объясняться его сходством с метаболитом, участвующим в регулировании состояний сознания в норме.

Эффекты от воздействия гармалина, принимаемого перорально в дозировке 4—5 мг на килограмм веса (либо внутривенно в однократной дозе, составляющей 70—100 мг), — это физическая расслабленность, желание уйти вниманием от внешних факторов, закрыть глаза и приглушить любые звуки и шум, онемение конечностей и, прежде всего, очень яркие визуальные образы, которые могут представлять собой последовательность насыщенных смыслом фантастических (фантазийных) сцен. Кроме того, примерно у 50 процентов субъектов на том или ином этапе сессии присутствует тошнота или рвота. На основании перечисленных симптомов можно сделать вывод, что идеальной обстановкой для использования данного вещества будет удобная кушетка и тихая, темная комната.

Во время исследования субъективных эффектов от приема гармалина, проведенного в 1964 году с участием добровольцев, ничего не знавших о воздействии данного вещества, одним из наиболее удивительных открытий стало сходство их видений, которые, в свою очередь, отсылали к образам индейской культуры. Среди наиболее частых образов при анализе содержания тридцати сессий, проведенных в рамках исследования, были тигры и животные в целом, птицы и полет, темнокожие люди, смерть и культурные паттерны, отражающие идею центра, источника или мировой оси.

Повторяющиеся темы, подобные упомянутым выше, а также мифическое наполнение многих образов, о которых сообщали субъекты, оставляют мало сомнений в том, что гармалин, в характерной для него манере, пробуждает в сознании трансперсональные переживания (и соответствующие символы), которые имел в виду Юнг, говоря об архетипах.

Для любого приверженца юнгианской теории было бы вполне естественно рассматривать проявление архетипического опыта как то, что может фасилитировать интеграцию личности и приводить к психологическому исцелению. Однако изучение психотерапевтических результатов приема гармалина не было следствием намеренной попытки проверить гипотезу Юнга. Эти результаты в ходе вышеупомянутого исследования явились для всех полной неожиданностью, еще до того, как были зафиксированы повторяющиеся образы. Пятнадцати из тридцати добровольцев, участвовавших в исследовании, сессия с применением гармалина принесла терапевтическую пользу; у десяти было замечено значительное улучшение состояния или изменение симптомов, сравнимое только с результатами, которые могла бы принести интенсивная психотерапия. Восемь из этих десяти человек имели невротические заболевания, а у одного из них был невроз характера, о котором он лишь подозревал. Эти девять человек составляли 60 процентов субъектов с очевидными невротическими симптомами (N=15) из числа добровольцев.

Нехватка опыта экспериментирования с чистым гармалином объясняется тем фактом, что с момента описанного исследования я был занят, в основном, изучением сочетаний гармалина с другими веществами: гармалин-МДА, гармалин-ТМА[9], гармалин-мескалин, и другие. Поскольку в данной главе я намерен рассмотреть эффекты от приема гармалина и особенности его использования в чистом виде, я упомяну только о таких комбинациях веществ, которые могут помочь в тех случаях, когда человек, по психологическим или физиологическим причинам, плохо реагирует на чистое вещество.

Довольно трудно дать простое объяснение случаям улучшения состояния в результате приема гармалина. Подобное улучшение происходило спонтанно и необязательно было связано с инсайтами, касающимися личной жизни пациента и его конфликтов. Как и во всех случаях успешной глубокой терапии, оно способствовало большему принятию своих чувств и побуждений у пациентов и состоянию близости к своему истинному «Я». Тем не менее подобные утверждения не являются достаточно четкими и исчерпывающими. Только анализ отдельных клинических случаев может адекватно проиллюстрировать природу данного процесса.

---

[9] ТМА — триметоксиамфетамин

Одним из первых субъектов исследования эффектов от воздействия алкалоида был молодой человек, который потратил пять лет на довольно безуспешное психотерапевтическое лечение невроза тревожности. Его реакцией через пять или десять минут после того, как я ввел вещество ему в вену[10], был изумленный возглас: «Невероятно! Все, что я делаю, все, что я говорю, — это искажение! Я годами жил, не подозревая, *кем являюсь в действительности*. Наверное, я забыл это в детстве, и лишь сейчас я чувствую себя самим собой, *настоящим*!»

Это осознание было для него наиболее важным прозрением в тот день и одним из самых важных за всю его жизнь. Он пришел к этому не путем рассуждений или анализа жизненной ситуации; также это не явилось результатом терапевтического вмешательства с моей стороны. Далее приводится описание переживаний субъекта во время сессии.

Свои первые ощущения после инъекции он описывает как «внутренний гул и физическое напряжение, словно что-то вот-вот вырвется наружу через нос, или кровь взорвется в артериях; была также умиротворенность, подобная той, которую я чувствовал, когда впервые в жизни оказался под ярким солнцем, или подобная переживанию покоя и созерцания жизни в момент смерти. Это было отчаяние на телесном уровне, словно мои физические способности отказали мне — мой голос, двигательные функции, мысли».

На этой первоначальной стадии, которая, вероятно, длилась всего пять минут, страх покинул его, после чего на него нахлынула волна образов, которые он не мог подробно описывать, так как все попытки говорить мешали этому переживанию (а ему не хотелось каким-то образом препят-

---

[10] Гармалин можно вводить внутривенно, если целью являются быстрое начало действия препарата и относительно короткая продолжительность эффектов.

ствовать этому). Вскоре, когда перед его взором пронеслись образы, связанные с его детством, у него был инсайт: «Я вижу себя таким, какой я есть, и это не имеет отношения к тому, как я живу. Я веду себя противоположно своей сути, так как не принимаю себя».

Вот выдержка из его отчета, написанного на следующий день: «Я чувствовал, словно внутри меня живет еще один человек, или что я совсем другой человек; ничего подобного я прежде не испытывал. Я чувствовал свободу от своего повседневного «Я». Я начал видеть мир более отчетливо и недоумевал, как я мог жить в полном неведении относительно того, что находится в глубине моего естества. Я соединился со своей *истинной сутью*, словно я попал в другой мир, где нет ничего сокрытого и где я обрел душевное равновесие».

Спустя три месяца он написал:

«*У меня сохранился образ своего «Я»*, о котором я ничего не знал, которое не мог вообразить, наделенное качествами, казавшимися мне желанными и совершенными, умиротворенного «Я», глаза которого устремлены на мир, которое нисколько не беспокоится о себе. Это «Я» переживалось мною не как что-то новое, а как соединенное на глубоком уровне с моим прошлым и моей истинной сутью. В настоящий момент, когда я снова отделен от самого себя, когда я иду по улице или сажусь в автобус, я вижу, что я словно нахожусь в скорлупе, не замечаю самого важного, но при этом я не могу перестать чувствовать присутствие своей истинной внутренней сути».

До эксперимента я был знаком с этим пациентом только две недели. Его терапевт рассказал мне, что за последний месяц лечение, судя по всему, зашло в тупик. Он предложил ему стать добровольцем в нашем исследовательском проекте. Я знал этого человека не так хорошо, как других кандидатов, которых я интервьюировал и тестировал в течение нескольких дней перед сессиями. Уровень моей эмоциональной связи с этим пациентом был ниже среднего. Он казался отстраненным и, судя по всему, был скорее заинтригован необычными возможностями вещества, изменяющего сознание, нежели нацелен на терапевтический эффект. Результат был довольно умеренный, поскольку моментального улучшения не произошло. Как описывает пациент, его новообретенное переживание своего истинного «Я» не решило проблему разобщенности с самим собой, а стало лишь критерием для сравнения его реального состояния с идеалом. Главным результатом данного переживания было изменение, которое повлияло на психоаналитическое лечение пациента. Его переживание подлинности и усилившееся осознание «искажения», «лжи» или «нахождения в скорлупе», привело к установлению более продуктивных отношений с его терапевтом, показало им конкретную цель, которую следовало достигнуть, наполнившую смыслом аналитический процесс. Иными словами, стремление удовлетворить «дефицитарные потребности» (избавиться от симптомов) трансформировалось в стремление к самоактуализации. В психотерапии, как и в алхимии, «нужно иметь золото, чтобы сделать золото», и в данном случае сессия предоставила пациенту первоначальный «капитал», необходимый для последующей работы.

Эпизод, описанный на следующих страницах, занял не более тридцати минут фактического времени и завершился в тот момент, когда я начал расспрашивать пациента. Вскоре после того, как он сказал, что все в его жизни является ложью или искажением, я подумал, что ему было бы полезно взглянуть внимательнее на детали этого искажения, чтобы он смог запомнить что-то конкретное из своей сессии, посредством чего он сможет укрепить свое размытое чувство реальности. На мой вопрос о том, *что* из его жизни кажется ему искажением, он ответил: «Все. Все, что я говорю или делаю. Каждый жест, то, как я говорю, как я залезаю в автобус». Затем он внезапно почувствовал тошноту и беспокойство. По мере того, как я продолжал подталкивать его к тому, чтобы он подумал о конкретных случаях лжи, искажений, которые он обнаружил, он испытывал все больший дискомфорт, болезненно реагировал на мои слова и говорил, что из-за моих вопросов ему становится дурно. Вскоре его стошнило, и в течение следующих четырех — пяти часов его неоднократно рвало, а между этими эпизодами ему удавалось немного поспать. Он говорил, что в это время к нему приходили различные мысли и образы, но он почти ни о чем не мог рассказать — частично из-за своей инертности и нежелания вступать в контакт, частично из-за того, что он не помнил ничего из того, о чем не упомянул в тот момент, когда переживал это. Когда он все-таки начинал говорить — либо отвечая на мой вопрос, либо беря на себя инициативу, — его физический дискомфорт усиливался. Самый четкий из образов, которые ему удалось ухватить, весьма наглядно отражал «адскую» сторону гармалина. Он увидел свою семью на пикнике, сидящую вокруг костра, на котором жарился... его отец.

Эта сессия содержит фрагмент пикового переживания при приеме гармалина и одновременно с этим показывает неприятные эффекты от его действия. Первое достаточно характерно для данного вещества и представляет собой состояние, в котором беспокойство и деструктивные силы ассимилируются в необычный тип экстаза, отличительной чертой которого являются прилив энергии, силы и свободы («словно что-то вот-вот вырвется наружу через нос, или кровь взорвется в артериях») и в то же время умиротворенность («подобная той, которую я чувствовал, когда впервые в жизни оказался под ярким солнцем, или подобная переживанию покоя... в момент смерти»). Частыми символами этой силы являются, помимо солнца и умирания, огонь, тигры или львы, драконы — все эти образы типичны для психической сферы, которую исследует гармалин. При этом многие не могут даже помыслить о том, чтобы *быть* огнем или *быть* львом в реальной жизни, и это может объяснять тот факт, что символические визуальные образы или переживание чистого чувства (как в цитатах, приведенных в скобках чуть выше) — это максимум того, что обычный человек может себе позволить, не сталкиваясь с психологическими препятствиями. На мой взгляд, обнаружение этим пациентом своей «самости» и свободы для своего обыденного «Я» явилось шагом к практической реализации, но это все, что он мог себе позволить увидеть, чтобы не подвергнуть угрозе нынешнюю структуру своей личности.

Состояние физического дискомфорта, усталости, полусна (с размытыми сновидениями), присутствующее на протяжении большей части описанной выше сессии, представляет собой типичную «неблагоприятную побочную реакцию» на гармалин. Хотя мало что могло указывать на то, что это может быть чем-то, кроме токсического синдрома, тем не менее, время появления симптомов, особенности пациентов и обстановка, в которой возникают подобные реакции, оставляют мало сомнений в том, что это является чем-то вроде психосоматической реакции. В данном конкретном случае, который служит наглядным примером в ряду множества других, летаргическое состояние, по-видимому, было активным избеганием дискомфорта, сопровождающего альтернативное состояние внимания к текущему процессу (яркий поток образов, воспоминания, мысли и чувства) и общение. Почему это переживание вызвало подобный дискомфорт? — возможно, неправильный вопрос. Боль от столкновения с собой могла быть индивидуальной характеристикой, отражавшей текущее состояние этого человека. Если это так, то правильный вопрос, который следует задать в рассматриваемой ситуации, должен быть таким: как пиковое переживание первых минут вообще стало возможным? Я полагаю, что та же самая причина объясняет возможность пиковых переживаний у эмоционально неустойчивых личностей в целом: реализация становится возможной благодаря временному игнорированию конечных последствий; состояние бытия, воспринимаемое абстрактно (не концептуальная абстракция, а, скорее, чувственная), подобно аромату розы, которую человек не видит, или подобно переживаниям, навеваемым произведениями искусства, с которыми многие люди могут отождествить себя и которыми они могут наслаждаться, без необходимости физически выражать это в своей повседневной жизни.

Можно лишь догадываться, оставался бы пациент в своем первоначальном благодатном состоянии, не начни я наседать на него с расспросами. Очевидно, мои вопросы бросали его сознанию вызов, который он не мог принять, но не исключено, что ответы могли бы прийти спонтанно, если бы я не вмешивался в естественный ход сессии. Обычная тенденция большинства людей избегать контакта с другими, находясь под воздействием гармалина (в противоположность типичному ходу сессии с применением МДА), может вполне быть целесообразным уклонением, оградой, защищающей саженец, пока тот не пророс, что обсуждалось в общих чертах во вступительной главе. В этом случае уместной представляется метафора, которую Рамакришна использовал при объяснении медитации и отделенности: «Если молоко сначала превратить в масло, а затем положить его в сыворотку или в воду, оно уже не растворится».

Не знаю, добавил ли я воду раньше времени или нет, но я хочу подчеркнуть это обстоятельство, потому что оно указывает на извечную дилемму в контроле за течением гармалиновой сессии: баланс между стимуляцией и невмешательством.

Недостаточное вмешательство может привести к инерции пациента и сделать сессию непродуктивной. С другой стороны, излишнее вмешательство может нарушить органичное развитие, характерное для успешных гармалиновых сессий. Как следствие, при проведении этих сессий требуется гораздо больше восприимчивости, чем в других случаях.

Более успешные эпизоды приема гармалина характеризуются спонтанностью и не представляют особых проблем для терапевта. В отличие от случаев самоисследования на межличностном уровне, архетипическим переживаниям, вероятно, свойственно разворачиваться естественным путем, изнутри, и все, что может делать человеческое эго — это наблюдать за происходящим со стороны. Однако подобное беспрепятственное и спонтанное разворачивание визуальных образов и психологических проявлений происходит только в каждом втором случае, поэтому задача терапевта — вызывать их, если они не появляются сами по себе. Чтобы проиллюстрировать это, я процитирую выдержки из одной из наименее интересных сессий, которая дает представление о множестве других эпизодов, разворачивавшихся естественным образом, без всякого вмешательства. В данном случае субъектом является обычная тридцатилетняя женщина, страдающая от невроза тревожности. Приведенный ниже фрагмент достаточно хорошо отражает содержание всего монолога, в котором женщина сообщает о визуальных образах без всякой логической связи между ними.

Я вижу белую птицу.
Крест.
Лампа с фиолетовыми слезами — стекло.
Я чувствую звон в ушах.
Вижу два хрустальных шара, похожих на мерцающие лампы.

Вижу, как подбрасывают лопатами песок на пляже.

Вижу красную тряпку.

Вижу старого уродливого мужчину, выпускающего шары изо рта.

Вижу отражения света, теперь свет чередуется с тьмой. Блики проносятся мимо, они бирюзового цвета, зеленые в центре, остальная часть бирюзовая.

Черная слеза на вращающейся лампе.

Вижу сияющее солнце.

Вижу лицо чудовища из «Красавицы и Чудовища».

Большое черное пятно.

Карта. Сначала я вижу Америку, потом Европу — Италию.

Вижу витражные окна.

Вижу пятна света, мерцающий свет, много фонарей красного, желтого и зеленого цвета.

Персидский ковер с красным фоном и разными фигурами.

Каждый, кто знаком с миром гармалина, увидит здесь типичные темы: птица, как первоначальный образ; затем архетип креста с его религиозной коннотацией и символизмом пересечения, центра и исходящих из него осей; вращающаяся лампа, также символизирующая центрированность; сияющее солнце, подразумевающее источник и делающее акцент на свете; цвета, также отсылающее к идее света. Тем не менее, несмотря на свой потенциал или скрытый смысл, эти образы следовали один за другим на внутреннем экране, не раскрывая своей глубины, а наблюдатель просто созерцал картинки, не будучи эмоционально вовлеченным в эти образы, если не считать простого любопытства.

Именно в таких случаях терапевт может вмешаться и помочь пациенту осознать и высвободить переживания, скрывающиеся за визуальным символом, не прибегая к интерпретациям, а помогая заострить внимание на чем-либо. Когда мимолетные образы удостаиваются повышенного внимания, можно заметить, как они начинают разворачиваться в содержательные цепочки. Они начинают «говорить», когда есть «слушающий».

Следующий далее отрывок является записью фрагмента сессии, первая часть которой проходила примерно так же, как в случае, описанном выше. Приведенный отрывок относится к тому моменту, когда терапевт решил руководить ходом сессии, вследствие чего мимолетные, не связанные друг с другом образы начали складываться в ряд продолжительных и последовательных сцен. Записанный эпизод произошел спустя тридцать минут после начала сессии.

Пациентка: Я вижу женщину, одетую в белое, с банданой на голове. Она прислонилась к увитой плющом стене и смотрит на скульптуру, золотую скульптуру льва. Скульптура находится очень близко к ней, она стоит на высоком белом гранитном обелиске, таком же фаллическом, как Монумент Вашингтона.

Доктор: Что это за скульптура?

Пациентка: Что она говорит мне?

Доктор: Нет, что она собой представляет?

Пациентка: Монумент? Я стою у основания монумента и смотрю снизу вверх. Он превратился в ракету.

Доктор: Ракета. Вы ведь упомянули золотого льва?

Пациентка: Да, золотой лев. Возможно, он был на одном из фризов здания, расположенного неподалеку. Он выглядит как лев на европейском гербе. Это азиатский или сиамский лев. Это отражено в его чертах, особенно это понятно по его пасти. Он стоит на задних лапах, а передние лапы подняты, пасть открыта, он немного наклонился, словно готовится напасть.

Доктор: У вас есть какое-нибудь ощущение от цвета? От золотого цвета?

Пациентка: У него ярко-желтый оттенок.

Доктор: Вам нравится этот цвет?

Пациентка: Да.

Доктор: Как вы чувствуете это…? (Окончание фразы неразборчиво).

Пациентка: Я чувствую, что прикасаюсь ко льву. Но когда я дотрагиваюсь до него, он превращается в настоящего льва. Холодная металлическая поверхность становится теплой шерстью.

Доктор: Вы можете поговорить со львом?

Пациентка: Сейчас он превратился в реального льва, африканского. У него густая рыжая грива, очень жесткая и колючая. У него желтые глаза.

Доктор: Какие у вас ощущения от этого льва?

Пациентка: Я чувствую, что он мой друг. Он как собака, и мог бы стать моим питомцем. Но в своей привычной среде это свирепое, дикое животное.

Доктор: У вас хорошие ощущения от того, что вы можете дружить с животным в его естественной среде?

Пациентка: Да.

Доктор: Возможно, это смысл этого образа, удовольствие от общения с диким животным, от того, что дикие звери принимают вас.

Пациентка: Мне любопытно, что бы он сказал мне, если бы мог говорить. Лев разворачивается и идет в сторону джунглей.

Доктор: Вы можете пойти за ним?

Пациентка: Да. Он бежит рысью, и мне тоже нужно бежать, чтобы не отстать от него. Теперь он бежит прыжками. Он преследует автомобиль. (*На записи в этот момент слышен шум уличного транспорта*). Вижу дрессировщика, который тоже бежит позади автомобиля. Он прыгает на бампер и держится за заднее стекло. Машина отдаляется от льва, с человеком, сидящим на бампере. Лев бежит медленнее, останавливается и смотрит вслед машине. Потом он поворачивается ко мне и говорит: «Плохо, что она уехала», или что-то вроде этого.

Доктор: Что он хотел сделать?

Пациентка: Точно не знаю. Возможно, он хотел напасть на того человека. Или ему было просто любопытно. Но он голоден. Ему не важно, чье мясо он будет есть — животного или человека.

Доктор: Что лев делает сейчас?

Пациентка: Стоит и облизывается. Облизывает пасть языком.

Доктор: Чего бы хотели от льва?

Пациентка: Чего бы я хотела от льва?

Доктор: Что вы хотите увидеть в нем?

Пациентка: Тепло, это первое, что приходит в голову. Силу, наверное. Я вижу, как дети забираются ему на спину и скатываются с обеих сторон, залезают под него, потом снова забираются на него и скатываются сзади. Им очень весело. А он просто стоит, ему это нравится.

Доктор: Вы можете представить себя львом?

Пациентка: Нет.

Доктор: Представьте, что внутри вас есть лев. Вы бы хотели поиграть с детьми, так, как они играют со львом. У вас тоже есть дикое животное... (*Остальная часть неразборчива*).

Пациентка: Мне было бы проще, если бы я видела львицу, а не льва. Но почему-то я не думаю, что львица...

Доктор: Похожа на льва.

Пациентка: Думаю, что я представляю льва похожим на собаку, а львица — это исключительно мать детей.

Доктор: По какой-то причине это именно лев, а не львица.

Пациентка: Хорошо, давайте вернемся ко льву. (*Долгое молчание*). Мне очень трудно стать львом. Я думаю, что знаю, почему. Я не очень хочу заниматься тем, что он делает.

Доктор: Представьте, что лев говорит с вами.

Пациентка: Говорит со мной? А это мои дети? (*Долгое молчание*). Ничего не получается.

Доктор: Давайте я прокомментирую, может, это нам поможет. Я вижу некоторые темы в том, что вы описали. Есть тема благородства: эмблема льва, замок, политические фигуры. Не только благородство, но также власть. Также присутствует тема движения вокруг центра — галактики, барабан, карусель. Есть тема животного мира, импульсов — лошади на карусели, которые превратились в табун, дикая природа; затем ковбои с пистолетами... импульс, агрессия. Затем лев. И этот лев, мне кажется, содержит три темы: центральная роль, власть; жизненная сила и агрессия; благородство. Я думаю, в вашей жизни присутствуют эти чувства. Это частичное отражение того, как вы воспринимаете себя, ваше идеальное «Я». Вам должно быть очень легко представить себя львом.

Пациентка: Если бы он что-то делал. Но он просто стоит. Очень уставший, возможно, он целый день охотился и пришел отдохнуть в парк. Какие-то дети вдруг начали забираться ему на спину, а он слишком устал, чтобы что-то сделать.

Доктор: Попробуйте представить себя львом и скажите: «Я устал. Я охотился весь день...».

Пациентка: Я устала. Мне приятно, что дети царапают мне спину, но они становятся тяжелыми. Он не двигается с места, опасаясь, что кто-то из детей может упасть. При этом у него есть желание ускользнуть от них и скрыться, пока они не опомнятся.

Доктор: Не говорите от третьего лица. «Я бы хотела ускользнуть...».

Пациентка: Дети ушли.

Доктор: Что тебе хочется сделать, лев?

Пациентка: Он помочился. Темнеет. Он движется медленно и очень мягко. Он идет по дороге, навстречу ему несутся машины и грузовики с включенными фарами. (*На заднем фоне слышен шум уличного транспорта*). Он держится ближе к обочине, и они не видят его. Теперь это львица. Она смотрит на грузовики, и водители не замечают ее, но она думает, что если бы они не были внутри своих грузовиков, она могла бы хорошо пообедать ими. Хотя львы знают, что такое грузовики, ей интересно, знают ли водители грузовиков что-нибудь о львах. Она начинает охоту. Она идет по пыльной тропе, стараясь не поднимать пыль. Сбоку от тропы лежит бревно. Нищий в рваной кожаной куртке, прихрамывая, подходит к бревну, кладет руку на плечо мужчине, который сидел там до того, как он там появился, и заводит беседу. У нищего седые волосы и... я не знаю. Бревно превратилось в деревянную хижину. Львица видит маленькую змею, переползающую тропу прямо перед ней. Она не собирается есть ее. Ей не понравится ее вкус.

Теперь львица идет по великолепной дорожке, выложенной керамической плиткой. Это картина. В ее центре изображено восходящее солнце. Солнечный свет напитывает небо ярко-желтыми и оранжевыми искрящимися лучами. В центре стоят три женщины в белых древнегреческих платьях, с миртовыми венками на головах и с воздетыми к небу руками; они поют. *(Долгое молчание).*

Доктор: Вы слышите их песню?

Пациентка: Что слышу?

Доктор: Песню, которую поют женщины.

Пациентка: Мне кажется, что это одна нота, которая длится целую вечность. Я слышу прекрасное хоровое пение, хотя их всего трое.

Доктор: Как вам кажется, какое послание эта песня несет сквозь вечность?

Пациентка: Я слушаю ее. У нее знакомое звучание. Это похоже на гул высоковольтных проводов, вибрирующих из-за электрических импульсов. Высокий гудящий звук.

Доктор: Я бы предложил вам заострить внимание на этом звуке. Войдите в этот звук, станьте этим звуком. Он может нести важную информацию.

Пациентка: Я думаю, что одна из его задач — это телефонная связь. Я слышала какие-то голоса, которые могла разобрать.

Доктор: Вы слышите какие-то голоса?

Пациентка: Я слышала отчетливые голоса.

Доктор: В этом звуке?

Пациентка: Нет, звук оставался прежним. Он словно подключился к телефонному коммуникатору, так что иногда доносились телефонные разговоры.

Доктор: Этот гул постоянно слышен?

Пациентка: Это пульсирующий гул.

Доктор: (Фраза неразборчива).

Пациентка: Он слишком высокий. (*В записи на заднем фоне слышно хоровое пение*). (*Долгое молчание*). Я вижу, как раскрываются небеса. Облака расступаются и образуют широкое кольцо. С земли взлетают вверх женщины, у каждой поднята рука, как у человека, который протягивает руку, чтобы ему помогли подняться по лестнице. Они медленно летят по направлению к вершине купола. Две из них — пожилые женщины, но им так нравится переживание парения в воздухе, что они не думают о причинах происходящего, а просто кувыркаются, веселятся, хихикают, играют и получают удовольствие, вместо того чтобы вести себя благопристойно. Там есть и другие люди, которые машут им рукой на прощание. Я еще не услышала музыку. (*Долгое молчание*). Я слышу один голос, но не могу ухватить фразу целиком. Женщина, которая говорила по телефону, — это жена фермера с неприятным голосом.

Доктор: Гудение все еще слышно? Как от электропровода?

Пациентка: Или от большой скорости.

Доктор: Большой скорости чего?

Пациентка: Думаю, у меня ассоциации с реактивными самолетами.

Доктор: Наверное, это подразумевает энергию. Вы можете сказать еще что-нибудь об этой энергии? Какие у вас ощущения от нее? Помимо скорости, есть ли другие ассоциации?

Пациентка: Сила.

Доктор: Сдерживаемая сила?

Пациентка: Да, однозначно сдерживаемая.

Доктор: Внутри чего-то? Что-то вроде сущности? Внутренне присущее, непроявленное, потенциальное?

Пациентка: Я не могу сказать, что я и есть эта сила, потому что это ограниченная сила; у нее вспомогательные функции.

Доктор: Почему вы так думаете?

Пациентка: Из-за обстановки, в которой она появляется... телефонные столбы с натянутыми между ними проводами.

Доктор: Но сначала это была песня, которую пели три женщины.

Пациентка: Да, это так.

Доктор: Лев привел вас в прекрасное место. Пока вы слушали эту песню.

Пациентка: Это на самом деле гимн, то, что они поют.

Доктор: Какими словами вы могли бы передать чувство от этого гимна?

Пациентка: Слава Богу.

Возможно, я не избрал бы образ скульптуры льва в качестве отправной точки для исследования фантазий, если бы еще до проведения этой сессии я не знал о важной роли больших кошек в переживаниях, вызываемых гармалином, в традициях и преданиях южноамериканских шаманов и в мифологии в целом. Роль льва как проводника в сакральное измерение характерна не только для приведенного выше эпизода. Подобную роль играет ягуар в видениях индейцев, а также тигры и змеи в видениях других субъектов. Даже ассоциация между львом и солнцем, которая прослеживается в сцене, где лев идет по картине с изображением солнца, а также отражена в золотом цвете льва, — это повторение мотива из южноамериканской мифологии, в которой ягуар считается воплощением солнечной энергии.

Чередование сцен и их обсуждение можно рассматривать как постепенно разворачивающееся переживание силы: сначала она заключена в безжизненной скульптуре, затем исходит от этого образа в виде цвета и выражается в готовности льва к нападению, далее предстает перед наблюдателем в виде живого животного, затем — *голодного* животного, и, наконец, воспринимается субъектом ушами, а не глазами, в форме вибрирующих электрических импульсов.

Тем не менее и в этом случае присутствует некая недосказанность. Как бы ни был этот эпизод богат смыслами и отсылками к мифологии, субъект остается отстраненным наблюдателем, не вовлеченным в события этой последовательности фантастических сцен никакими чувствами, помимо эстетических. Внутреннее содержание образа льва постепенно раскрылось, подобно семени, вырастающему в дерево, но все это не выходит за пределы визуальных символов. Это напоминает произведение искусства, которое открыто для нас, но, в зависимости от состояния нашего ума, может либо потрясти нас до глубины души, либо оставить равнодушными.

Можно заметить, что вмешательство с моей стороны зачастую имело целью привлечь внимание пациентки к ее чувствам, выражением которых были визуальные образы. Однако ответы на мои вопросы приходили посредством символов. Например, когда я спросил ее, какое у нее отношение к цвету льва, ей стало казаться, что она касается теплой шерсти живого существа. Когда я спросил, каково ей находиться в компании этого животного, она попыталась осознать свои чувства и увидела, как лев начал двигаться (направился к джунглям). После моего вопроса о том, что ей нужно от льва, она увидела, как дети забираются к нему на спину. Ее переживания проецировались на экран ее фантазий, а она оставалась отстраненной и, в какой-то степени, равнодушной, будучи наблюдателем; ей было трудно вовлечься в происходящее в качестве персонажа. Одним из возможных способов почувствовать и проявить свою непризнанную львиную природу было бы представить себя в шкуре этого животного. Однако ей явно не хотелось этого делать, и она отказалась представлять себя львом или говорить от первого лица, так, словно это *она* совершала все эти действия, а не *он*. Тенденция пациентки проецировать свои переживания в сферу символических образов была характерной чертой ее фантазий, что также служит примером типичного защитного механизма во время сессий с применением гармалина — изобилие форм искусства, которые превратили ее фантазии в *репрезентацию репрезентаций*. Предположительный обелиск — это всего лишь гранит, но как только она обратила на него внимание, он превратился в ракету; лев был скульптурой, архитектурным элементом, выполненным в геральдическом стиле; солнце было изображено на мозаике. Противоположностью этого было бы взаимодействие с живыми существами, при котором эстетическая дистанция уступает место временному отказу от восприятия самого себя как человека, лежащего на кушетке и созерцающего иллюзию.

Ниже приведен пример подобного переживания, которое, как я часто замечал, приводило к положительным терапевтическим результатам.

Мы стояли лицом к лицу, змей грозно раскрыл свою пасть, собираясь поглотить меня, а я, из любопытства, пыталась войти в него, избежав укуса. Решение проблемы пришло в один миг: я должна была забраться в него очень быстро, так быстро, чтобы змей не успел вонзить с меня свои зубы. Мысль и действия были одновременными. Один прыжок —

и я оказалась внутри змея. Разумеется, это был темный туннель с эластичными стенами, и я ничего не видела. (Судя по всему, змей сомкнул пасть). Меня охватил ужас при мысли о том, что я не смогу выбраться. Но затем я вспомнила, что это лишь сон и что я могу в любое время пройти сквозь стены — открыть глаза и оказаться в своей постели. Затем я подумала, что раз я уже здесь, можно выяснить, что находится внутри змея. Я была абсолютно уверена, что там должно было что-то быть. Страх все еще не отпускал меня, и я решила действовать как можно быстрее. Я прошла немного вперед по направлению к хвосту и внезапно увидела свет. В задней части туннеля находился грот. Внутри этого подземного грота было озеро. Вода струилась из фонтана и была очень чистой и свежей. Я почувствовала, что мне непременно нужно войти в воду. Я была очень уставшей, и вода должна была взбодрить меня и, главным образом, очистить. Также мне казалось, что внутри змея очень жарко, так что прохладная вода подарила мне невероятные ощущения. Я вошла в это маленькое озеро, на мне была белая одежда; я видела себя со стороны. Я одновременно была в воде и находилась на берегу, наблюдая за тем, как я купаюсь. Я, смотревшая со стороны, не имела телесной оболочки, в то время как купающаяся я начала замерзать после первоначальных приятных ощущений. Я вышла из воды; и оба моих «Я» слились в одно. Я вернулась по туннелю к пасти змея. Я боялась, что не смогу выбраться наружу, но дождалась, когда змей откроет пасть, и с невероятной скоростью — дабы избежать укуса — выпрыгнула и оказалась в своей постели.

Это всего лишь одна из многих сцен в сессии, оказавшейся чрезвычайно продуктивной в терапевтическом отношении. Она содержит общую для двух описанных случаев черту. В каждом эпизоде пациентка была главной героиней истории, и когда что-то происходило, это тем или иным образом затрагивало ее. Она не просто представляла, как входит в змея, она отождествляла себя с мысленным образом самой себя и переживала все ощущения до такой степени, что забыла, что находится в своей спальне и видит фантазии. В своем видении она испытывала любопытство, страх, наслаждение, и в конце чувствовала, что именно *она* принимала решения, преодолевала препятствия и приобрела определенный опыт. Если мы рассматриваем образы как символы бессознательных чувств и побуждений, тогда мы можем воспринимать переживания, подобные тем, что описаны выше, как взаимодействие человека со своим бессознательным, и находить в этом основание для признания их терапевтической ценности. Кроме того, эти сессии указывают на то, что каждый раз, когда происходит столкновение с бессознательным «другим», это приводит к интегративному опыту, находящему выражение в визуальных символах, возникающих в это время (например, свет и очищающая вода после ситуации, несущей в себе угрозу уничтожения).

Несколько факторов влияют на порождение этого типа переживаний. Некоторые индивидуумы, судя по всему, по своей природе более склонны к этому, чем другие, и нам еще предстоит пролить свет на то, как влияют на это индивидуальные особенности. На мой взгляд, психическое здоровье — это один из подобных факторов, но, разумеется, не единственный. У меня также сложилось впечатление, что мезоморфы-соматотоники склонны к более ярким и насыщенным переживаниям, нежели эктоморфы-церебротоники.

Однако, вне зависимости от индивидуальных различий, определенная подготовка может создать необходимые условия для плодотворной гармалиновой сессии. Эта подготовка включает в себя умение наблюдать за психическими состояниями, которое применяется в любых формах психотерапии, и в особенности активное воображение. Данная пациентка обладала этими навыками, поскольку данной сессии предшествовали психоаналитическая терапия и несколько сеансов управляемых фантазий.

Хотя многие гармалиновые переживания разворачиваются спонтанно, эта спонтанность происходит чаще всего при благоприятных условиях. Об этом свидетельствуют неприятные и непродуктивные сессии двух субъектов, происходившие во время записи электроэнцефалограммы, в отличие от продуктивных и приятных сессий, которые были у них в стандартной обстановке. Чувство доверия и симпатии по отношению к терапевту также, по-видимому, играет важную роль, поскольку у пациентов, которые меньше общались с терапевтом во время подготовительных собеседований, в целом наблюдались менее яркие и содержательные переживания.

С моей точки зрения, одна из наиболее важных функций терапевта в сессии с применением гармалина — это слушать пациента. Люди, вызвавшиеся быть добровольцами в экспериментах с гармалином, получили указание сообщать о своих переживаниях, так что даже когда они молчали, они пытались мысленно фиксировать свои реакции, дабы впоследствии предоставить отчет. Я провел несколько бессистемных экспериментов, связанных с установкой на осознанное наблюдение, переставая задавать вопросы субъектам на том или ином этапе сессии, выходя из комнаты и прося их провести следующие полчаса так, как им хочется, не думая о необходимости предоставлять отчет об этом эпизоде. Позже, после первых тридцати сессий, я начал давать субъектам гармалин без стандартных инструкций, подчеркивающих важность наблюдения и повышенной внимательности и того факта, что им нужно будет сообщить о своих переживаниях. У меня сложилось впечатление, что в таких условиях человек вспоминал гораздо меньше, либо в его уме действительно происходило меньше событий — за исключением тех случаев, когда люди были предоставлены сами себе после того, как достигали состояния, выглядевшего как пиковое переживание.

С другой стороны, если высокопродуктивный уровень еще не достигнут, повышенная внимательность может привести к нему гораздо быстрее, чем пассивность и сдача. Эту внимательность можно поддерживать посредством коммуникации. В первую очередь я прошу субъектов не забывать сообщать о своих физических ощущениях, поскольку это усиливает их концентрацию, в противоположность естественной тенденции апатично переживать все происходящее и забывать о гармалиновых «сновидениях», подобно тому, как это происходит с ночными снами. Судя по всему, польза гармалина в том, что он приводит к интеграции сознательной и бессознательной сфер путем фасилитации символических онейро-процессов в бодрствующем состоянии. Если концентрация ослабевает, бессознательная жизнь протекает бессознательным образом, как в обычном сне или во время привычного бодрствования.

В некоторых случаях поток образов и чувств настолько содержателен и спонтанен, что «сопровождение» можно свести к минимуму, либо его вообще не требуется. В других ситуациях наглядно видно, как указания терапевта могут подвести человека к продуктивным переживаниям. В приведенном ниже примере управляемые фантазии направили креативность субъекта в определенное русло и привели к ряду визуальных сцен. Данный метод показал себя как весьма продуктивный в нескольких случаях, предоставив пространство, в рамках которого чувства человека могли транслироваться, подвергаться воздействию и дальнейшей интерпретации. В целом я придерживался базовой схемы Дезуаля, включающей восхождение, полет и спуск в океан, поскольку она отражает некоторые основные установки (старания и поиск, свобода, спуск в неизвестность) и, подобно стандартным картинкам в проективных тестах, позволяет психотерапевту отметить индивидуальные особенности человека, сопоставляя их с тем, как эта же тема развивается другими пациентами.

Ниже приведен полный отчет об отдельном эпизоде. Пациент — тридцатичетырехлетний мужчина с проблемами в браке и кратковременными состояниями тревожности.

> *Доктор Н. говорит, чтобы я представил гору, и это мне легко удается... но я не вижу ее. Гора не присутствует явно, как предыдущие образы, у меня есть лишь «идея» горы, находящейся передо мной. И не передо мной, а во мне.*
>
> *Я опишу гору. Это усеченный конус, очень высокий, серо-голубого цвета. Странно, но если бы я мог видеть ее, она отличалась бы от всех гор, которые мне известны.*
>
> *Меня просят подняться на эту гору, и я вижу (с этого момента я буду говорить так, как если бы я действительно «видел» все это, но мой предыдущий комментарий остается в силе) очень высокую лестницу, по которой взбирается бесчисленное множество людей — один за другим, словно муравьи.*
>
> *Я начинаю карабкаться вверх, но я делаю это необычным образом; я поднимаюсь сбоку, так что боковая опорная балка находится у меня между ног. Я поочередно ставлю ноги на ступень-*

ки — одну спереди, а другую сзади. Я чувствую, как мои бедра трутся о балку, это напоминает мне о езде на велосипеде. Помимо своей воли я оказываюсь на велосипеде. Нет уже ни гор, ни лестницы, ни людей. Я еду на велосипеде по оживленной улице. Я чувствую, как смешиваюсь с людьми и транспортом, несущимся на огромной скорости. Повсюду царит беспорядок. Появляется поезд, едущий с большой скоростью, он направляется к туннелю. Проносясь по туннелю, он срывает внутреннее бетонное покрытие. Теперь этот поезд весь в бетоне и похож на гигантского жука, который продолжает мчаться, проходя насквозь все, что встречается у него на пути, двигаясь под мостами, а не по ним. Я бы сказал, что безумный машинист хочет проникнуть в каждое отверстие, которое видит.

Но нам нужно вернуться к горе. Сейчас время течет в нормальном темпе, предыдущая сцена сумасшедшей гонки закончилась. Теперь других людей нет, и я забираюсь на вершину горы. Лестница той же высоты, что и гора, так что, когда я поднимаюсь на последнюю ступеньку, я касаюсь края вершины горы. Этот край выглядит хрупким и ненадежным, так что мне не остается ничего другого, как войти в нее всем телом, словно рептилия. Я говорю «войти», потому что гора полая внутри.

Я размышляю о том, как лучше всего спуститься, и внезапно появляются странные существа, ползущие по стенам. Они похожи на гигантских крыс с выпученными глазами и паучьими ногами. Они смотрят на меня и продолжают подниматься наверх и затем ползут вдоль края.

Я опустился на живот, словно червяк, и ползу. Я преодолел изрядное расстояние. Я не могу удержаться и не взглянуть наверх, на то место, через которое я попал сюда. Оно похоже на сияющее пятно, но когда я смотрю оттуда вниз, я вижу самого себя! Спуск продолжается, передо мной предстает Дантова картина. В самом низу находится огненное море, окруженное белым песчаным пляжем, который окаймляет огонь словно кольцо. Поверхность подо мной сухая и жесткая. Я не знаю, как я очутился на пляже и почему стою на ногах.

Я созерцаю эту картину. Это огненное море великолепно. Странная смесь из воды и огня, в которой вода не гасит огонь, а огонь не выпаривает воду. Огненные волны, накатывающие на берег и ласкающие его, превращаются в кристально чистую воду.

Я медленно подхожу поближе. Я вижу пену. Я дотрагиваюсь до нее и вхожу в воду. Она прохладная, приятно освежающая.

Мне говорят, чтобы я приблизился к огню. Я боюсь обжечься, хотя внутренний голос подсказывает мне, что этого не произойдет. Я размышляю о причине моего нахождения в этой горе. Почему я здесь? Для чего? Мне хочется вернуться. Доктор Н. настаивает: «Попробуй войти в огонь. Даже если ты умрешь, это будет всего лишь иллюзия, но это может оказаться полезным».

Я продолжаю приближаться, и вода доходит мне до икр. Теперь я соприкасаюсь с огнем. Перед тем, как разбиться о берег, волна задевает мою ногу, но она не обжигает меня, а, наоборот, приятно щекочет. Вскоре я уже плыву посреди языков пламени. Я плаваю по-лягушачьи.

Я ожидал этого — доктор Н. просит меня нырнуть в это огненное море и проверить, что находится внизу. Я делаю это и чувствую, как энергично плыву вниз головой. Я больше не чувствую огонь, только воду. Мне не нужно дышать, и я мог бы плыть сколь угодно долго. Я попытался достигнуть дна, но безуспешно. Думаю о том, чтобы вернуться. Причина та же — недостаток мотивации. Но я уже вовлечен во все это, и сейчас не время беспокоиться. Мне нужно добраться до самого дна.

Вода становится чище, и я могу смутно различить дно огненного моря. Оно покрыто белым песком. Я дотрагиваюсь до него руками. Я ощущаю шероховатую поверхность. Сейчас я стою на песке и иду вперед, помогая себе руками, как при плавании. Я вижу слева от себя гигантские жемчужины (диаметром примерно в шестьдесят сантиметров), которые кажутся мокрыми, запотевшими. Нет никаких растений. Морское дно выглядит стерильным.

Справа от себя я замечаю трех обнаженных женщин. Две из них белые, а одна темнокожая. Они отличаются только цветом кожи, а тела их одинаковы, словно это одна и та же женщина. У всех троих невероятно красивая грудь. Я сразу чувствую влечение и хотел бы заняться любовью с ней (или с ними?).

Я снова поражаюсь отсутствию влажности на морском дне, вопреки тому, что кругом вода. Нет ничего, что ощущалось бы как влага, та влага, которая придает теплоту вещам, усиливает их запах и, в моем представлении, является проявлением жизни. Хотя жемчужины выглядят мокрыми, я не удовлетворен этим. Я хочу увидеть растения, зеленый цвет, уловить запах земли, песка, или мокрой травы, но не нахожу этого.

Справа от себя я вижу молодую пару. Он облокачивается на гигантский кусок дыни, которая поддерживает его спину, или на которой он полулежит. Она прильнула к его груди. Их уста слились в крепком поцелуе. Он одновременно ласкает руками ее грудь и гениталии. На их лицах написано блаженство. Она наслаждается движениями его рук, а он наслаждается тем, что она испытывает удовольствие.

Я сразу представляю, как занимаюсь любовью на огромном куске дыни. Без сомнения, я нашел ту влагу, которую искал. Это влага дыни, рта, гигантской вагины. Почему бы мне не войти внутрь? После того, как я поплавал в огне, я думаю, что теперь могу сделать многое.

Я проникаю в темное углубление и дотрагиваюсь руками до мягких, влажных стен. Я бы сказал, что это замкнутое пространство окутывает меня лаской, как одеялом. Я голый и ощущаю все своим телом.

В конце я вижу спиральную лестницу, ведущую через маточные трубы к яичникам. Я начинаю подниматься и чувствую невероятное воодушевление из-за того, что вот-вот увижу место, где зарождается жизнь! Я прибыл на место и нахожусь в просторном зале, где доминирует белый цвет. За столом находится молодая женщина в очках и белом халате. Она кажется очень серьезной. Мне она не нравится. Она кажется холодной.

Я спрашиваю у нее, чем она здесь занимается, для чего она здесь. К своему удивлению я слышу, что она и ее коллега в соседнем зале отвечают за то, произойдет ли зачатие. Я понимаю, что на моем лице изумленное выражение, но она не замечает этого. В ответ на мою просьбу она объясняет: люди верят в то, что зачатие является результатом полового акта. Но половой акт, по ее словам, является лишь актом любви, а зачатие полностью подконтрольно ей.

Я спрашиваю о том, каковы критерии или политика в приятии решений, и она говорит, что все зачатия регистрируются в большой книге, которая является чем-то вроде книги жизни.

Я подхожу ближе, чтобы увидеть ее. Она очень старая, похожая на древнюю Библию, в необычном переплете. В книге указаны даты рождения, с девятимесячным периодом ожидания. Она не завершена, но последняя запись относится к 1892 году. Остальные страницы не заполнены. Вот последнее предложение: «И придет день, когда человек, при помощи науки и технологий, станет своим собственным творцом».

Это место мне не нравится, и я решаю уйти. Я пытаюсь спуститься тем же путем, каким поднимался, по спиральной лестнице, но качусь по узкой трубе и, наконец, падаю в гигантскую матку. Я отскакиваю от ее стенок, которые с виду похожи на резиновые.

Когда мои глаза привыкают к темноте, я вижу большие эрозии на стенках, не до конца зажившие повреждения, оставленные акушерской кюреткой. Я чувствую, что вижу журнал, где учтены все нерожденные дети.

Как я заметил, особенностью этой фантазии — как и большинства других, — является то, что многие события в ней не произошли бы, если бы не было конкретных указаний от терапевта, подталкивающих к определенным действиям. Кроме того, наиболее важные эпизоды разворачивались после столкновения с некоторым сопротивлением. Там, где сновидец, будучи предоставлен сам себе, прервал бы сцену, устремился бы в направлении наиболее приятного аспекта своего воображения или отвлекся бы, терапевт может уговорить совершить некое действие: войти в горящее море, нырнуть, вопреки изначальному отсутствию интереса, встретить чудовищ, постучать в дверь, — и все это подразумевает более тесное взаимодействие между его повседневным «я» и другим собой, между своим обычным центром сознания и символическим выражением бессознательных процессов. В случае, описанном выше, сновидение привело к более проявленному выражению потребности в том, что он символически обозначает как «влагу»: чувственность, секс, приземленность, женщина, любовь. Пиковое состояние достигается в отражающей эту тему фантазии о том, как он проникает в матку, после чего происходит резкая перемена от «влаги» к разочаровывающей «сухости».

Я бы выдвинул гипотезу, что фантазии об исполнении желаний отражают тот факт, что человек принимает собственные импульсы, в то время как фантазии, связанные с опасностью, — это проявление самоотвержения, принявшего форму вытеснения из сознания. Другими словами, удовольствие, которым обычно сопровождаются фантазии, возникает не столько из-за воображения исполнения желания, как может показаться, сколько из-за принятия себя, *принятия этого желания и исполнения его как результата принятия.*

В данном случае заключительные эпизоды в грезах пациента адекватно отображают его хроническое состояние бытия и чувств и могут по праву рассматриваться как возврат к исходным условиям после переживания внутренней свободы и легкости. Тем не менее это хроническое состояние было для пациента бессознательным, и это проявлялось в том, что он бессознательно испытывал неудовлетворение (т. е. в виде симптомов), при этом на сознательном уровне у него выработались пассивность, и некая идеализация стремления *отсрочить* удовлетворение своих спонтанных импульсов. Только после описанного выше эпизода из сессии с применением гармалина, в котором он вел себя спонтанно и чувствовал себя самим собой, он смог ощутить контраст между подобной открытостью и стерильностью его уютной и чистой, но при этом искусственной и полной самоотрицания рутины его обычной жизни. По этой причине он ассоциировал шрамы, оставшиеся после абортов, сухость и характер поверхности матки в последней части своей фантазии с идеей о том, что у его матери были аборты, и с мыслью, что она задумывалась об аборте, когда была беременна им. Даже эта мысль, проистекающая из услышанной в детстве ремарки, могла сама по себе быть символом переживания нелюбви матери по отношению к себе, которую он отрицал, но теперь больше не мог игнорировать.

Медсестры, контролирующие зачатие, в сновидении пациента служат напоминанием о том, как мать относилась к нему в детстве, когда она постоянно ограждала его от воображаемых болезней и опасностей и приучала к строгой диете и распорядку. Ее гиперопека также проявилась в том, что, когда она узнала о предстоящем участии ее тридцатипятилетнего сына в вышеописанной терапевтической сессии, она прислала мне (совершенно не знакомому ей человеку) подробные сведения о болезнях, перенесенных им с момента рождения, которые ничем не отличались от среднестатистических данных.

Пациент нашел себе жену, обладающую многими качествами его матери: интеллект, склонность к морализированию, ответственность, вежливость и сексуальная закрепощенность. Он восхищался ею и чувствовал вину за то, что не может любить ее больше. Тем не менее, у них не было глубокого общения и близости, которые он познал в дальнейшем с другой женщиной. В течение четырех лет он не мог выбрать между семьей и своей новой возлюбленной и со временем все отчетливее понимал, что это подразумевает выбор между различными системами ценностей. Когда наступил критический момент, он вызвался добровольцем в эксперименте с применением гармалина, в надежде на то, что это поможет ему лучше разобраться в себе и поможет принять решение.

После сессии пациент осознал, что брак означал для него «сухость», за которую он держался скорее из чувства долга, нежели из-за любви. Его собственные потребности стали для него более важными, а требования к себе уменьшились. И действительно, через пять дней после этой сессии он продемонстрировал импульсивное поведение, которое прежде ему было несвойственно. Он напился в компании друзей и повел себя агрессивно, а затем забыл об этом происшествии.

Это можно было бы истолковать таким образом, что эта необычная реакция на необычное для этого пациента состояние (алкогольная интоксикация) представляла собой неосознанную попытку продолжить гармалиновую сессию. Во время этой сессии были предложены «декорации» для его психологического состояния, но ему еще предстояло столкнуться с насилием со стороны его подавленного «я» при встрече с холодными и стерильными медсестрами, которые символизировали враждебную жизни силу, скрытую в его душе. После этого приступа агрессии подобные эпизоды больше с пациентом не происходили, и он чувствовал себя самим собой в гораздо большей степени, чем до сессии. К настоящему моменту он живет со своей второй женой уже четыре года и ведет тот образ жизни, который, как ему представляется, наиболее ему свойственен.

Некоторые переживания людей, испытавших на себе эффект от воздействия гармалина во время единственной сессии (как показано в обоих упомянутых эпизодах и комментариях к ним), представляют собой погружение ума в сферу мифов, трансперсональных символов и архетипов, демонстрируя схожесть с тем, что лежит в основе инициации во многих культурах. К примеру, в большинстве случаев ритуал возмужания подразумевает контакт молодых людей (при помощи наркотических средств или без них) с символами, мифами или предметами искусства, составляющими духовное наследие их коллективного культурного опыта. Восприятие мира, выраженное в этих символах, считается важным аспектом зрелости и жизненного уклада общины, и по этой причине оно веками почтительно передается от поколения к поколению и является целью инициации и прочих ритуалов и празднеств, во время которых люди обновляют свою связь с данным измерением бытия, что не имеет отношения к практической жизни, но критически важно для понимания смысла жизни. Напитки южноамериканских индейцев, содержащие алкалоид гармалы, используются не только в ритуалах возмужания, но также в инициации шаманов, этих первобытных психиатров, чья осведомленность в психологических феноменах обнаруживается, к примеру, в том, что они всегда почитались хорошими толкователями снов.

За исключением подразумеваемого терапевтического эффекта начальной стадии процесса (которую можно понимать как установление связи между обыденным сознанием и царством архетипов), описанные до настоящего момента сессии могут оставить впечатление некой незавершенности.

Процесс запущен, но что потом? Человек пережил новый для себя опыт и вынес из него усиленное чувство самости, намек на связь с глубинными аспектами своей психики, более четкое осознание благородного и древнего животного внутри себя и ощущение спонтанности, которое ранее было ему неведомо. Все это является ценным приобретением и может быть достаточным для того, чтобы изменить переживания, ослабить симптомы, пробудить интерес к чему-то новому или подтолкнуть человека к принятию решения, как в описанном выше случае. И все же большинство сессий, которые я видел, создали у меня впечатление, что я наблюдал лишь первый акт драмы. Не все символы расшифрованы, не все конфликты решены, события в визуальных сценах порой прерваны в самый важный момент. В случае с пациентом из второго примера окончание фантазии заставляет предположить, что субъект потерпел неудачу, а путешествие его души осталось незавершенным, и мы можем представить, что его алкогольная интоксикация и неожиданная вспышка гнева была актом выплескивания невыраженного разочарования.

Все это указывает на желательность подходящего контекста для ассимиляции гармалинового переживания, что подразумевает время для размышлений в течение нескольких дней после сессии, определенную степень свободы от ограничений, накладываемых окружающими условиями и, главным образом, непрерывность терапевтического процесса. Также вполне естественно возникает вопрос о том, как ряд последовательных гармалиновых сессий влияет на развитие определенных тем, инсайтов и чувств, обнаруженных во время первого опыта. Я лишь в редких случаях давал пациентам гармалин более одного раза, но следующий пример из моей практики, когда было проведено четыре сессии с пациентом, может проиллюстрировать как природу подобной эволюции, так и влияние сессий на клинические проявления с течением времени.

В данном случает речь идет о двадцатипятилетней женщине, которая проходила психоаналитическую терапию в течение полутора лет, весьма успешную с точки зрения ее личности, но неэффективную с точки зрения устранения симптомов, которые были главной причиной ее обращения к терапевту. Они включали в себя повышенную тревожность, страх смерти или потери сознания, а также физические симптомы, такие как приступы асфиксии и парестезия. Эти симптомы возникали, главным образом, на серых городских улицах, и проявлялись реже на изогнутых, неправильной формы улицах или на тротуарах, где растут деревья. Также она испытывала тревожность в кинотеатрах и обычно закрывала глаза, когда в фильме показывали неприятную для нее сцену. Этой фобии предшествовал период, когда она становилась рассеянной на улице и проходила мимо того места, куда направлялась, или проезжала свою остановку на автобусе. Во время психоаналитической терапии ближайшими ассоциациями с ситуацией, представлявшей для нее опасность, были опасные эпизоды, связанные с войной, когда она (вместе с родителями) попадала под воздушный обстрел на открытом пространстве или оказывалась в местах, подвергшихся бомбардировке. Однако симптомы появились спустя много лет, во время смертельной болезни ее отца. Как эти два события были связаны между собой, было неясно. Она была очень привязана к отцу, и также сталкивалась с его агрессивным поведением. В детстве отец часто брал ее с собой на берег, и теперь, когда она выросла, вид пляжа избавлял ее от тревожности и депрессии.

У этой пациентки первая сессия с применением гармалина превратилась в серию последовательных фантастических сцен, архетипичных по своему содержанию. Образ тигра доминировал в ее видениях и был первым из всего, что она увидела. «Плавающие пятна, напоминающие глаза тигра» были первым симптомом воздействия вещества. Затем появилось множество тигриных морд. Далее были пантеры и разного рода кошки, черные и желтые, и, наконец, появился *тот самый* тигр. Это был крупный сибирский тигр, и она знала (так как могла читать его мысли), что ей нужно следовать за ним. Она сделала так несколько раз, но ни одна из этих сцен не привела к чему-то законченному. Тем не менее, «тоска по тигру» не покидала ее. После эпизода (описанного ниже), в котором она встретила своего отца, она на интуитивном уровне поняла, что еще не готова идти за тигром, что подтвердилось в дальнейшем. Далее следует описание последнего эпизода словами пациентки. Цитата начинается с того момента, как она, следуя за тигром, доходит до края плато и смотрит оттуда в бездну, представляющую собой ад. Она круглая и наполнена жидким огнем или расплавленным золотом. Там плавают люди.

Тигр хочет, чтобы я шла туда. Я не знаю, как мне спуститься. Я хватаюсь за хвост тигра, и он прыгает. Благодаря его мускулатуре, прыжок получается грациозным и плавным. Тигр плывет по жидкому огню, а я сижу у него на спине. Внезапно я вижу, как мой тигр съедает женщину. Но нет — Это не тигр. Это животное с головой крокодила и туловищем более толстого и крупного животного с четырьмя лапами (хотя их не было видно). Теперь появляются ящерицы и лягушки всех видов. Пруд постепенно превращается в зеленоватое болото со стоячей водой, хотя и кишащее жизнью: примитивные формы жизни, такие как водоросли, анемоны, микроорганизмы, и так далее. Это доисторический пруд. Виден берег, не песчаный, а покрытый растительностью. На некотором рас-

стоянии можно увидеть динозавров. Я верхом на тигре выбираюсь на берег. За нами следует змея. Она поравнялась с нами. Я отхожу в сторону и позволяю тигру разобраться с ней. Но змея сильна, и мой тигр в опасности. Я решаю вмешаться в битву. Змея замечает мое намерение, отпускает тигра и готовится напасть на нас. Я держу ее за голову и надавливаю на нее с двух сторон, чтобы раздвинуть ей пасть. У нее внутри что-то металлическое, напоминающее удила. Я надавливаю на их концы, и змея умирает или распадается; она рассыпается на части, словно механизм. Я продолжаю свой путь с тигром. Я иду рядом с ним, обнимая его за шею. Мы взбираемся на высокую гору. Там мы идем по зигзагообразной тропе среди высоких кустов. Мы пришли. Перед нами кратер. Мы ждем какое-то время, и внезапно начинается сильное извержение. Тигр говорит мне, что я должна броситься в кратер. Мне жаль расставаться со своим попутчиком, но я знаю, что должна отправиться в это последнее путешествие. Я бросаюсь в огонь, выходящий из кратера. Я возношусь к небу вместе я языками пламени и лечу дальше.

Как я упоминал ранее, в течение данной сессии путешествие, подобное описанному в предыдущих абзацах, начиналось несколько раз, но оно не могло завершиться, пока пациентка не встретила своего отца, и как только это произошло, она сразу поняла, что готова следовать за тигром. Для этого потребовалась определенная настойчивость со стороны терапевта, который направлял фантазии пациентки до тех пор, пока она не нашла отца. Это был первый образ, связанный с ее реальной жизнью, посреди множества безымянных персонажей ее видений.

> *Я видела множество лиц, одно за другим; это были лица пожилых седых мужчин. Но никто из них не напоминал моего отца. В итоге я решила воссоздать лицо отца по памяти, одну черту за другой. Сначала я представила его волосы и лоб, потом нос, рот и, наконец, глаза и овал лица. Но у него все еще не было ушей. Несмотря на все попытки, я не могла добавить их. В конечном счете, я решила, что это неважно.*

Затем отец ожил и улыбнулся, и она смогла увидеть его тело. Они обнялись и поцеловались в губы. Встреча произошла в туннеле, который был местом, где живые общаются с мертвыми. Она сообщила отцу, что влюблена, и представила ему своего жениха, испытывая легкий страх. Он одобрил ее выбор и казался более дружелюбным, чем в реальной жизни. Когда он в итоге переместился в темный конец туннеля, она расплакалась.

Дважды во время этой сессии я предлагал пациентке исследовать свою фобию улиц, вообразив подобные сцены во время своих фантазий. Далее следует эпизод (предшествующий приведенному выше), который описан словами пациентки. Она говорит о своей первой попытке пересечь главную авеню в Сантьяго на знакомом и опасном перекрестке:

> *Я стою на проспекте Аламеда, на углу улицы Виктории Суберказо. Сегодня туман и вокруг все серое. Я смотрю на холм, и он кажется зеленым, но я не могу четко различить цвета. Я подхожу к деревцу, растущему на углу. Я как будто ищу у него защиты. Я думаю, что могу опереться на него, если почувствую себя нехорошо, и тогда не упаду прямо*

на улице. Я готовлюсь пересечь проспект. Я смотрю на машины. Движение на улице оживленное, машины едут все быстрее и быстрее. Внезапно этот бесконечный поток машин превращается в поезд, несущийся на большой скорости. В его окнах видны лица мужчин, женщин и детей, и все они смотрят в мою сторону. Потом эта картина рассеивается, и движение становится обычным. Я жду зеленый свет, затем перехожу дорогу, чувствуя страх. Из-за страха я будто не касаюсь земли, а парю по воздуху. Ко мне приближается мужчина. Он низкого роста, в коричневом пальто и шляпе, смуглый и с усами. Типичное чилийское лицо, какое можно часто увидеть на улице. Он говорит: «Добрый вечер». Я здороваюсь в ответ. Я смутно ощущаю, что это тот мужчина, который напал на меня в лифте, хотя и не помню лица нападавшего. Я иду дальше в сторону Португальского проспекта, но мне приходится прикладывать усилия, поскольку меня тянет воспарить. Я стараюсь держаться поближе к стене университета, чтобы опереться на нее, если вдруг упаду. Я смотрю на пальмы и вижу в небе процессию епископов — они идут гуськом, в своих церемониальных одеждах, в митрах и бело-золотых мантиях, все на одно лицо и похожи на Неру.*

На этом месте первое видение заканчивается. Вторая попытка произошла ближе к концу сессии, после сцены ада. Когда девушка пытается пересечь проспект Аламеда в том же самом месте, внезапно с неба падает крокодил.

Это серый крокодил с зеленым узором на спине. Я думаю, он из пластика, потому что настоящие крокодилы так не выглядят. Я дохожу до середины перехода. Движение становится очень интенсивным, бесконечный поток машин несется в обоих направлениях с большой скоростью. Я паникую, видя себя бегущей по улице рядом с машинами с такой же скоростью. Я думаю: «Сумасшедшая женщина»! Лишь затем я понимаю, что эта сумасшедшая женщина — я сама. Это неправильно, и я заставляю себя переместиться туда, где находилась перед тем, как побежала. Загорается зеленый свет, движение останавливается, и я перехожу, намеренно сохраняя спокойствие, на другую сторону проспекта Аламеда. Я подхожу к университету. Мимо проходят люди — некрасивые люди, толстые, безвкусно одетые женщины, — и я чувствую, что должна смотреть на их лица, насколько безобразными бы они ни были. Я думаю, что эти лица связаны с теми, которые были в предыдущем видении. Эти лица здесь для того, чтобы я смотрела на них, без страха и, возможно, без жалости. Все они уродливые и неприятные. Я всегда стремилась к красоте, свету и гармонии. Но я поняла, что красота и уродство являются различными аспектами одного целого: я не могу оценить или даже увидеть часть, не взглянув на целое. То есть красота без уродства теряет свое качество, свой особый колорит, делающий ее уникальной и явной, прекрасной. Я снова взглянула на лица людей, переходящих улицу. Там был мужчина со шрамом на лице, словно кто-то выгрыз ему щеку или он получил химический ожог. Я чувствовала, что мне нужно смотреть на эти лица точно так же, как нужно было смотреть на лица в предыдущем видении.

Я процитировал обе последовательности сцен, так как их сходство указывает на некое постоянство, в то время как отдельно взятая фантазия может казаться хаотичным или произвольным набором образов. В обоих случаях женщина испытывает знакомый страх и ищет поддержку (дерево или стена). При этом ее столкновение со страхом оба раза приводит к неожиданным воплощениям этого страха — обычный человек напоминает ей о совершенном на нее когда-то нападении, а с неба падает крокодил. Крокодил также появляется в ее воображении в более позднем эпизоде (процитированном здесь), что подчеркивает важность этого образа, несмотря на его появление в качестве неживого, пластикового объекта. Это появление подобно превращению животных в игрушки или в персонажей мультфильмов — типичный процесс, посредством которого ум защищает себя от эмоциональных переживаний, вызываемых некоторыми образами. Интересно, что расцветка крокодила имеет отношение к ее фобии: серый цвет связан со стремлением избегать улиц (подобно серому цвету неба, с которого он падает в данной фантазии), а зеленый цвет деревьев помогает ей переносить их.

Подобно крокодилу и «нападавшему», сумасшедшее движение транспорта в обоих эпизодах выражает идею насилия, которого пациентка подсознательно боялась на улице в тех случаях, когда испытывала чувство тревоги и сопутствующие физические симптомы. В своих фантазиях она столкнулась с лицами, которых обычно избегала (благодаря данной сессии она перестала отводить взгляд от экрана во время просмотра фильмов). Подобные лица, как выяснилось позже, вызывали у нее ассоциации с воспоминаниями о войне, и одно из них — о человеке с изуродованной щекой — воскресило подавленное воспоминание о раненом солдате, бегущем по улице, которое произвело на нее глубокое впечатление в детстве.

В целом результат этой сессии был положительным для пациентки во многих аспектах, но ее фобия не прошла. При этом произошел сдвиг в содержании ее страха. Прежде это был страх того, что она может потерять сознание или упасть на улице, а теперь он принял форму страха перед нападением. Колеса троллейбусов и шум от проезжающих грузовиков теперь, по-видимому, несли в себе угрозу, и впервые в ее фантазии появилась сцена, в которой на нее напал человек с ножом. Во время последующих психоаналитических сессий ассоциации, связанные с симптомом, стали богаче и включали в себя воспоминания об упомянутом мужчине, напавшем на нее, когда ей было четырнадцать лет. Хотя она помнила этот случай, она никогда не упоминала о нем или не считала его важным.

Через два месяца после вышеупомянутой сессии и изменений в симптомах пациентке во второй раз был введен гармалин, после чего она написала отчет, который я процитирую подробно, поскольку он представляет интерес во многих отношениях.

Мне очень трудно заново прожить этот эпизод. Я ничего не помню. У меня сохранились лишь разрозненные образы: девочка — то есть я — рядом с церковью на пыльном тротуаре, я на первом причастии, принимаю Тело Христово из невидимой руки возле великолепного алтаря.

Я чувствую, что схожу с ума. Что-то внутри меня. Неописуемое. Это не тревога. Не депрессия. Что-то напоминающее то и другое. Раздражение, дезориентация. Я мертва. Мне нужно вернуться к жизни. Секс. Я не могу принять его. Это плохо. Он мне нравится. Я плохая. Я четко осознаю, что Бог и секс несовместимы. Мне нужен Бог, но я сексуальна. Это ужасно. Я предполагаю, что должен быть способ это совместить, но только вне меня, не внутри. Я сталкиваюсь с реальностью в себе, которую не могу принять. Я верю, это приводит к тем чувствам, которые у меня есть.

Вчера я знала, почему я не могу выйти из дома на улицу. Сейчас нет. Это понимание ускользает. Сейчас я только помню об этом. Я смогла перейти проспект Аламеда; я смогла сделать это в том же месте, где потерпела неудачу на предыдущей сессии. Это было после того, как доктор вышел. Я легко перешла его, танцуя. Музыка была внутри меня. На мне было красное платье, облегающее, сверкающее, с блестящим золотым узором. Это платье было моей собственной кожей. Я пересекла проспект, танцуя, прошла мимо машин, ни о чем не волнуясь. Мне нравилось шагать, я наслаждалась танцем, тем, что я на улице. Я получала удовольствие от каждого движения, от того, что я могу идти в такт внутренней музыке. Когда я переходила через дорогу, посреди улицы произошла авария. Несколько машин столкнулись лоб в лоб, и это нагромождение напоминало огромный букет. Я продолжала идти, не обращая на это внимания. Я знала, что в этой аварии, вероятно, погибли люди, но мне было все равно. Их время пришло, и все так, как должно быть. Я знала, что тоже однажды умру, но и это меня не волновало, ведь таков порядок вещей. Я носила скелет внутри себя со времени моего зачатия. Это то, чем я была: переплетение танца и смерти. Я была своей смертью и живущим скелетом, я радостно танцевала, переходя улицу.

Я знала, почему я не могла перейти улицу, почему не могла ходить по улицам, но я это забыла.

Это было связано с тем, что я плохая, со смертью и с желанием умереть из-за того, что я плохая.

Я хочу умереть. Или хотела умереть. Я искала этот миг — неуловимое мгновение, промежуток времени, столь малый, что его невозможно осознать, момент смерти, этот короткий мостик между жизнью и смертью, где перестают существовать противоположности, противоречия и разобщенность. Это был единственный способ объединить все частички меня в одно целое. Это единственный способ обрести гармонию, хотя бы на мгновенье. Момент, когда человек не жив и не мертв: этот момент я ЗНАЮ. Я не знаю, из чего состоит знание. Это не только знание, а одновременное знание и понимание... Сущность жизни — единственное, что важно, и постигнуть ее можно лишь в миг смерти. Более того, в этот момент исчезают противоположности; Бог и секс соединяются; они сливаются в одно. Все становится единым: добро и зло, красота и уродство.

Дело в том, что я должна умереть. Я, сама того не зная, искала смерти. Без радости, но в сознании. Но что-то внутри сдерживало меня. Улицы — это смерть. Так легко умереть. Не то чтобы я сама сознательно бросалась под колеса машины или выходила на проезжую часть с подобным намерением. Это как будто мой защитный механизм внезапно перестанет работать. Я этого не осознавала. Это произошло со мной несколько раз, перед тем, как развилась фобия. Я шла по улице и вдруг понимала, что не заметила, как миновала несколько кварталов. Также время от времени я вдруг «просыпалась» посреди улицы, окруженная несущимся транспортом. Как минимум, один раз я очнулась из-за ругательств водителя, которому пришлось резко притормозить, чтобы не переехать меня.

Но во мне также была часть, которая не хотела умирать. Она знала, что происходит. Эта часть была моим скелетом, она не хотела выходить на улицу, не хотела рисковать. Но это была плохая часть. Может быть, секс? Но была ли эта часть на самом деле плохой? Кажется, одной из причин того, что я искала смерти, было желание убить все плохое, что во мне было. Плохое — это секс, но секс — это единственная сила, которая способна заново объединить все мои части, привести к единству, прикрепить плоть к скелету. Танец — это тоже секс. Кажется, в нем нет ничего плохого: это то, что позволяет мне жить. Но в нем нет самого важного фактора, незаменимого катализатора — Бога. Где место Бога во всем этом? Где Он был все это время?

С Богом произошло то же самое, что и со скелетом. Он изначально был во мне, рос во мне, двигался вместе со мной. Затем скелет исчез, и появился внешний, металлический скелет с крыльями, как у бабочки, украшенной драгоценными камнями. Мне нужно было найти опору, и я высохла внутри. Я оказалась заключенной в бабочку. Ее крылья напоминали крылья летучей мыши, а ее суставы издавали неприятный и негармоничный металлический треск. То же самое с Богом. Он вышел из меня. Он стал далеким богом, убитым садизмом служанки, которая подробно рассказала мне о том, как Его распяли и как надели терновый венок на Его голову. Я плакала, пока она говорила, а ее это только раззадоривало, и она начала описывать во всех красках, как Ему пронзили бок и как разодрали кожу вокруг рта младенца Христа. (Я не знаю, объяснялось ли это моим замешательством или тем, как мне рассказали эту историю, но я почему-то думала, что Иисуса распяли, когда Он был младенцем). Возможно, то, что Он представлялся мне маленьким мальчиком, помогало мне больше сострадать Ему. Затем была школа. И Бог теперь сидел на облаке, в далеком небе, и у Него была борода. Глаз в треугольнике. Глаз, преследовавший Каина. Нам рассказывали о бородатом Боге на облаках, что на самом деле Он совсем не такой, но больше нам ничего о Нем не говорили. Но многое говорили об этом глазе, заключенном в треугольник. Это было Божье око, самая важная, живая, активная часть, которая всегда присутствует, всегда видит нас, наблюдает за нами, часть, которая говорит нам о том, какие мы грешные, повторяя это каждую секунду. И Бог, со Своим оком, нес угрозу.

Затем Бог моей матери. В Нем было много от Аллаха, а также классовое сознание. Что бы ни происходило — на все Божья воля. Что бы человек ни делал, он не может повлиять на то, как предусмотрел Бог. Поэтому нет смысла волноваться, раздражаться или к чему-то стремиться. Невозможно что-то изменить, что-то сделать. Все предопределено Богом, и всем правит судьба. Любой бунт — напрасная трата времени. Кроме того, Иисус не Бог. Это было чем-то, что могло удовлетворить воображение людей. Но «образованный» человек не должен верить в божественную природу Иисуса. Христос был не для аристократов, которые рождались ми-

стиками, верили в Бога и чувствовали Его с самого рождения. Христос был способом объяснить Бога некультурным и невежественным людям, которые не могли бы вести себя по-человечески без религиозных предписаний, не могли бы контролировать себя и постоянно устраивали бы революции. Тем не менее, моя мать, не верившая в Христа, верила в полдюжины девственниц и длинный список святых.

Далее были религиозные процессии в южной Италии. У нас на родине тоже были процессии, но наши были красивыми, со множеством цветов, сопровождаемые фейерверками. Это были грандиозные празднования, когда все веселились, а в домах готовили вкусные блюда, в том числе особую выпечку, которую ели только в определенные праздники. В южной Италии все было не так. Никто не веселился. Участники процессии страдали, как и их зрители. Они были одеты в балахоны с капюшонами. Старые мужчины в черных балахонах вразнобой пели печальные песни. Люди теснились в толпе, наблюдая за ними, и плакали. Некоторые женщины становились на колени прямо на тротуаре, другие истерично кричали, и было немало тех, кто падал в обморок. Это был мстительный Бог, который требовал кровь за кровь, пролитую Им. Он принимал людские вопли и театральные страдания. Происходящее очаровывало меня и вместе с тем вызывало отвращение. Бог, мой Бог, был не в них. Он был вне меня. Он больше не был любящим Богом, а стал Богом-мясником, требовавшим жертв, и я не хотела становиться одной из них.

Затем был Бог «Швейцарские часы». Мне нужно было учиться, есть яблоки, посещать мессы. Дет-

ская месса в восемь пятнадцать утра. Не днем, потому что это означало лень. Никто не спрашивал меня, хочу ли я ходить на мессу. После моего первого причастия мне нужно было причащаться каждое воскресенье. Меня спрашивали: «Ты идешь в церковь?», и это было больше похоже на приказ, чем на вопрос, подобно тому, как меня спрашивали: «Ты почистила зубы?» (В то время я это ненавидела).

Затем — отдаленность.

Неясный дискомфорт. Сомнения. Постоянная поглощенность чем-то. Но Бог был очень далеко. Бог, утраченный. Желание вернуться. Причастие, совершаемое время от времени. Затем снова сомнения, равнодушие и поиск. Наконец, Бог был похоронен. Меня это не интересует. Я не понимаю, почему должно интересовать. И затем начались симптомы. Я не могу войти в церковь. В церкви есть глаз. Действительно, этот глаз повсюду, он наблюдает и обвиняет детей, которые плохо себя ведут.

Все это было написано на следующий день после гармалинового переживания, и, как видно из текста, эта попытка оказалась продуктивной. Это не единственный случай, когда письменное описание содержания сессии с применением вещества почти так же значимо, как и сама сессия. Подавленное заставляет пациента «забывать» ассоциации и чувства, а порой и образы, если он не проговаривает их. В данном случае можно понять, почему такое может происходить, поскольку во время сессии вскрылось невыносимое чувство вины. Именно по этой причине в самом начале письменного отчета пациентка чувствует, что сходит с ума или умерла. Однако это чувство изменилось после того, как она осознала присутствие вины, Божьего глаза, который преследовал ее всю ее жизнь, а теперь похоронен в ее сознании. Тем не менее это, по ее словам, отрывочный отчет. Ей понадобилось около месяца, чтобы попытаться описать это переживание более обстоятельно. Кое-что из этого отчета приводится в нижеследующем отрывке, который представляет собой ценный документ для психологии религии.

После первого приема гармалина я очень четко ощутила потребность в Боге, чтобы оправдать смерть. Бессмысленная смерть, неоправданная смерть тех, кто умер в войнах, тех, чья жизнь прервалась внезапно. Я уверена, что сейчас я понимаю все лучше. Мне нужно было оправдать смерть в целом, а не только смерть тех, кто погиб в войне. Я думаю, что ища оправдание смерти, в действительности я хотела оправдать абсурд ограниченной, конечной жизни, которая подразумевает смерть.

Я постараюсь вспомнить свои мысли после второго приема гармалина. Единственная смерть, которую можно было оправдать — это смерть Христа. Каждый из нас ответственен за то, что Его смерть стала оправданной, а не просто очередной бессмысленной смертью. То есть жертва Божьего сына не оправданна сама по себе. Каждый из нас мог бы еще раз убить Христа или воскресить Его. Отсюда таинство Причастия. Это был сознательный, добровольный акт, показывающий готовность человека оправдать смерть Христа — оправдать через глубочайшее уважение и любовь ко всему живому, ибо в каждом живом существе содержится божественная природа. Это была возможность приобщиться к вселенской гармонии. Также это был способ воскресить Христа, живущего в глубине каждого из нас. Но у моего стремления к Причастию был и более человечный аспект. Это было стремление объединиться с другими людьми, братьями и сестрами, которые проявляли эту же любовь Христа ко всем живым существам. Это был способ почувствовать себя менее одинокой, возможность принадлежать к определенной группе, не теряя своей индивидуальности.

Как видно из этих строк, главным вопросом, волновавшим пациентку после второго приема вещества, было принятие неизбежности *собственной смерти*. Во время самой сессии только один раз она приняла это, когда представила себя чувственной женщиной в красном платье, танцующей на опасной улице. Ей «все равно», что там есть мертвые, и она соглашается с собственной смертью, говоря о том, что «все так, как должно быть». Она не противится смерти и точно так же не противится жизни — она, определенно, сексуальна и наслаждается каждым движением своего танца. Не противясь жизни и смерти, позволяя им быть, за рамками добра и зла, она переступает пределы жизни и смерти. Позволяя им быть, она становится их воплощением, а ее танец воплощает музыку, звучащую внутри нее. Однако, за исключением этого момента, все остальное время она является полем битвы Эроса и Танатоса. Ее желание смерти удовлетворяет требованиям Бога, видящего в сексе зло, этого мстительного, кровожадного Бога процессий на юге Италии, которого она похоронила в своем сознании и которого избегала в церквях. Тем не менее, она нуждается в Нем и вынуждена страдать из-за Его осуждения: «Мне нужен Бог, но я сексуальна». После сессии она не только почувствовала вину, но стала фригидной и порой во время соития испытывала такую же тревогу, какую раньше чувствовала на улице.

Сновидения пациентки в последующие за сессией месяцы стали яркими и содержательными. В них присутствовали символы или их эквиваленты, впервые увиденные ею во время приема гармалина. В одном из снов повторялись образы танца, и разделения на две личности, которые присутствовали во время ее двух сессий и которые отражали ее чувство вины, связанное с сексом: «Я одновременно являюсь двумя людьми. Одна, обнаженная негритянка, танцует, а вторая смотрит на нее в ужасе».

Сон, приведенный ниже, указывает на связь между сексуальным импульсом и темой тигра: «Я была возле бассейна, загорала на солнце. Появился мой друг Альфредо. Затем я увидела себя, накрытую тигриной шкурой. На мне бикини. Он убрал шкуру. Я сказала: «Нет, Альфредо, накрой меня». «Почему?» «Потому что так я кажусь более обнаженной».

За этот период свободные ассоциации пациентки заметно изменились. Тема секса стала более активно проявляться в ее мыслях и снах, но, кроме того, сексуальность проникла и в ее воспоминания, и впервые она осознала сексуальный аспект в своих отношениях с отцом. Сцена из ее первой сессии с применением гармалина, когда она поцеловала своего отца в губы, была намеком на этот сексуальный аспект, который, словно магнит, притянул неисследованные воспоминания. «Я любила мать, и даже очень, — сказала она однажды, — но отец был *моим*. Он часто говорил мне, что когда я стану старше, мы поедем в Париж вдвоем. Он сдержал обещание. У меня такое чувство, что мы были парой. У нас был свой собственный мир, в котором мы были вместе». Однако привязанность к отцу и безусловное принятие, которые слышались в ее словах, когда она говорила о нем, резко контрастировали с теми фактами, которые она помнила и которые выставляли ее отца как склонного к насилию, своенравного человека, и позволяли предположить, что он был источником ее подсознательного (теперь полуосознанного) образа преследователя. Враждебность, которую она не испытывала и не проявляла осознанно, обнаруживалась в ее снах того периода, как видно из следующей сцены:

«Мне снился отец. Это было в подвале, полном трупов. Это были изувеченные, изуродованные трупы убитых на войне. Это имело какое-то отношение к Варшаве. Восстание в гетто. Я шла прямо по ним, наступая на них. Я испытывала удовольствие от того, что эти тела так истерзаны. Я подняла отрезанную голову, зная, что она принадлежит моему отцу. Я думала, что это хорошо, что он мертв».

Вскоре после того, как пациентка увидела этот сон (через четыре месяца после ее второй гармалиновой сессии), была проведена еще одна сессия[11], и в этот раз впервые ее чувство вины превратилось в возмущение, досаду и грусть, вызванные мыслями об отце. Далее следует один из наиболее экспрессивных отрывков из моих заметок:

Доктор: Что заставляет вас плакать?
Пациентка: Я не знаю. Все. Я могла бы плакать целыми днями. Я не испорченная. Я была очень одинока. Я бы хотела иметь младшего брата или сестру. Мне никогда не разрешали ни с кем играть. Мама обычно брала меня в гости к бабушке, чтобы я поиграла с двоюродными братьями и сестрами, но всегда тайком и ненадолго, потому что отец побил бы меня и устроил бы ей скандал, если бы узнал об этом. Но ее он бить не осмеливался. Он знал, что она подобная дикому жи-

---
[11] В этот раз к дозе гармалина, составлявшей 500 мг, было добавлено 100 мг мескалина.

вотному и может убить его. Я не виню ее совсем. Я так любила бабушку! Но этот старый изверг не разрешал мне навещать ее. Мне приходилось лгать, и это было плохо. И позже он удивлялся тому, что я не переношу других детей. Все они были для меня странными созданиями; они знали игры, о существовании которых я не подозревала. Возможно, я даже не осознавала, что есть какие-то детские игры! Я ненавижу этого старика! Из-за него она так сильно страдала! Как добра была ко мне мать! Она родилась не для того, чтобы сидеть в клетке, а этот старик постоянно раздражался и ругался! Из-за каких-то пустяков. Почему мне нельзя было ходить к бабушке? Дело не в том, что они ему не нравились. Я думаю, он ревновал. Он хотел, чтобы я принадлежала только ему.

Доктор: И ты дала ему эту исключительность?

Пациентка: Позже — да. Но я не думаю, что дала. У меня не было выбора. Война была в самом разгаре, и я вынуждена была жить с ними. И это был он, кто меня повсюду водил. Мама больше не делала этого. Возможно, она хотела избежать ссор. Они всегда случались из-за меня. Отец не разрешал мне пить воду. Однажды он узнал, что я выпила немного и разозлился на нее. Это была моя вина, но мне нужно было пить воду! Он так сильно кричал, что мне хотелось убежать из дома. В нем было много жизненной силы, много энергии, и все это тратилось на какие-то идиотские выходки. Он не занимался тем, что любил больше всего — математикой. Он был так абсурден. Он причинил мне столько вреда, хотя не был злым человеком, и это самое печальное.

Понадобилось бы гораздо больше времени, чтобы получить полную картину внутренней жизни пациентки и ее эволюции, но все описанное здесь указывает на поступательное развертывание инсайтов, полученных во время последовательных сессий, и на природу данного процесса, который, в конечном счете, привел к исцелению. Действие гармалина в данном случае было бы уместно описать как «проявляющее разум» — подобно проявителю фотопленки, он последовательно подводил пациентку к осознанию своего страха уничтожения, желания смерти, лежавшего в основе этого страха, и причин ненависти к себе. Одной из этих причин была сексуальная вина, проистекающая из ее фантазий, связанных с инцестом, но и это, в свою очередь, оказалось побочным продуктом ее деструктивных отношений с отцом, ее потребности завоевывать его любовь любыми способами, и ее бессознательной уступки его ревности и собственничеству. На более глубоком уровне скрывалась ее собственная враждебность, о которой она не подозревала, проецируемая на атакующих крокодилоподобных существ и подкрепляющая ее ощущение собственной порочности.

Через месяц после последней сессии я уехал из страны, однако пациентка продолжила заниматься собственным психоанализом, что привело ее к еще большей ясности. Спустя год я получил письмо, отрывки из которого я цитирую ниже:

Четыре дня назад я вышла из дома и гуляла по улицам. Зачем? Я не знаю. Что случилось? Был прекрасный день, и было бы глупо оставаться дома. Я хотела погулять, и я это сделала. Вот и все. Просто, чудесно и абсурдно; после всех поисков, страданий, теорий и ассоциаций. Прекрасный день, и ничего более. Я взяла с собой дочь. Это очень помогло. Когда я везу коляску, я чувствую себя в большей безопасности. Кроме того, меня больше волнует она, чем ка-

кие-то призраки. Я счастлива и в то же время боюсь. Я чувствую, что приобрела что-то очень ценное и хрупкое, что может испортиться или испариться в любой момент. Это подобно новому инструменту, с которым ты еще не умеешь обращаться. Я выходила ежедневно, каждый раз отходя на все большее расстояние. Но мир уже кажется мне очень маленьким. Кроме того, дело не в том, что достаточно просто идти, идти и идти. Мне нужно конкретное место, куда я хочу попасть. И сейчас, когда я пишу это, я не знаю, что это могло бы быть за место.

Я реализовала все свои проекты. (Вы помните? Преподавание, зарабатывание денег на свою учебу). Мой брак все еще является чудесным примером взаимного непонимания. В настоящий момент Джон смотрит на меня так, как обычно смотрят на бомбу замедленного действия. Когда я сказала ему, что я гуляю одна, он сдержанно поздравил меня и затем предупредил. чтобы я была очень осторожной, поскольку у меня могут появиться другие симптомы. По правде говоря, у меня какое-то время был еще один симптом — сильная головная боль в одной половине головы. Но здесь все понятно: она возникает лишь тогда, когда я пытаюсь подавить гнев. Я предпочитаю головную боль своим фобиям. Я не осмеливаюсь открыто выражать свое недовольство, так как чувствую, что у меня слишком агрессивный характер.

Несмотря на то, что мой симптом исчез, я по-прежнему ощущаю потребность в терапии. Я не только опасаюсь рецидива, но также боюсь быть нормальной (если это слово вообще можно к кому-то применить). Сейчас я знаю: я могу осу-

ществить то, чего хочу, поскольку исчезли препятствия, которые я сама поместила на своем пути. Но я не знаю, чего я хочу, и боюсь узнать. Я подозреваю, что это что-то плохое. Как интересно! (Я замечаю, что пишу самой себе). Я думала, что я действительно хотела сделать что-то плохое, но как только возникла эта мысль, «плохое» превратилось во что-то забавное, детское.

Это превращается в психоаналитическую сессию. Не самую приятную, к тому же. Я бы хотела рассказать вам о других вещах: о том, как я счастлива, несмотря на свои сомнения и страхи, как хорошо я себя чувствую, несмотря на возникающие иногда депрессии, головные боли и глупые проблемы, каким близким вы мне казались, когда я впервые вышла на улицу — я чуть было не позвонила вам, чтобы рассказать об этом.

К настоящему времени прошло еще четыре года, и стало очевидно, что облегчение симптомов не было неустойчивым, временным состоянием. Ее проблемы в период написания данного письма были теми же, что и во время гармалиновых сессий: трудности с выражением гнева и сомнения в том, что ее спонтанность является чем-то позитивным. Но все это лишь тени подавленной враждебности и чувства вины, которые присутствовали на ранних стадиях ее лечения. В дальнейшем ее состояние продолжало улучшаться, особенно когда она осознала, что ее неспособность проявлять гнев связана с ее идеализированным представлением о себе как о «хорошем», любящем человеке, и что она была порабощена этим образом себя, вместо того чтобы осмелиться быть собой, какими бы ни были временные ограничения. Процесс исцеления не может считаться завершенным, но сейчас она гораздо ближе к природе того тигра, который выступал в роли ее проводника во время первой гармалиновой сессии — спонтанной и могучей, грациозной и постигшей тайны жизни. Ее эволюция показывает, какое время и усилия требуются для того, чтобы проявление архетипа в фантазии воплотилось в реальности, чтобы воображаемые гармония и красота, переживаемые в качестве проекции в фантазиях, нашли свое выражение в опыте повседневной жизни. Между этими двумя полюсами происходит некоторая обработка информации, в результате которой абстрактный инсайт, полученный в символической сфере, распознается в конкретных действиях, так что становится возможным переложить «небеса» гармалиновой сессии на земной язык.

Обзор проведенных мною сессий, который я привел в данной главе, должен, как мне кажется, дать ясное представление об особой области переживаний, которую гармалин помогает раскрыть. В этой связи уместно говорить об архетипах, однако это не отражает полный спектр реакций на данное вещество. Некоторые из них, как видно из отчетов, могут быть индивидуальными. Однако есть то, что связывает эти «индивидуальные» переживания — воспоминания, фантазии или инсайты — с переживаниями, относящимися к категории «мифического»: инстинктами. Наиболее частые темы, появляющиеся в содержании гармалиновых сессий, — тигры и негры — являются яркими, выразительными образами, связанными с инстинктивным, первичным и естественным уровнем нашего существования, включающим как агрессивность, так и сексуальность. В мифических фантазиях инстинктивные силы упорядочены и движутся в согласии с космическим замыслом. В результате все складывается в прекрасную картину, в которой каждый элемент находится на своем месте в едином целом, которое лишь обогащается конфликтами и разрушением.

В немифических видениях агрессия и секс носят неоднозначный или деструктивный характер, и это, что вполне объяснимо, происходит с большей вероятностью, когда человек привносит самого себя и свою личную жизнь в сценарий этих видений. Только человек, свободный от страха и вины, может увидеть в своей жизни и обстоятельствах ту же яркость мифа или сказки, в которых каждый объект обладает скрытым смыслом и хорош по-своему, подобно жемчужине. Поэтому абстрактный миф о далеком герое подобен схеме или карте; он служит проводником для определенного восприятия происходящих событий. Излишне говорить о том, что ни один из пациентов, упомянутых в данной главе, не достиг подобной цели в полной мере.

Завершая эту главу, я бы хотел указать на тот факт, что каким бы полезным ни был чистый гармалин для психотерапевтических целей, терапевт, применяющий это вещество, не должен забывать о том, что некоторые люди невосприимчивы к его психологическому воздействию. Как уже упоминалось ранее, у некоторых наблюдаются лишь физиологические реакции на вещество, такие как чувство дискомфорта, сонливость и тошнота, которые, вероятно, являются результатом конверсивной реакции.

На ранних этапах нашей работы с гармалином у нас создалось впечатление, что эти «нежелательные реакции» (отсутствие психологического воздействия и наличие физических недомоганий), скорее всего, проявлялись у пациентов, чувствующих себя относительно неуютно на животном уровне существования, который выявляется при воздействии данного вещества. Если бы слабая реакция или неприятные ощущения действительно были следствием отчаянной, и при этом неосознанной попытки воспрепятствовать тому, что стимулирует гармалин, было бы очевидно, что этот эффект можно устранить с помощью другого вещества.

Поначалу я рассматривал такой вариант как мескалин, принимая во внимание как состояние принятия себя, к которому он может привести, так и тот факт, что примеси в аяуаске, напитке коренных народов бассейна Амазонки, согласно исследованиям, содержат ДМТ[12]. Небольшие дозы мескалина, как выяснилось, действительно увеличивают продуктивность и уменьшают неприятные ощущения, с которыми сталкиваются некоторые субъекты. Однако мескалин обладает собственными эффектами, которые могут быть нежелательны в данном случае. Что касается МДА, то он проявил себя как идеальное дополнение. Его свойство усилителя чувств фасилитирует процесс переноса визуальных образов в область непосредственных переживаний; его психоактивные особенности, свойственные амфетаминам, помогают устранить дремоту, вызываемую чистым гармалином, а его стимулирование стремления к трансперсональному контакту и коммуникации противоположны тенденции к уходу в себя, по причине которой некоторые субъекты впадают в полусонное состояние, содержание которого они не могут восстановить.

Однако эффекты от применения данной комбинации веществ — это нечто большее, чем просто сумма их индивидуальных свойств, проявляющихся по отдельности. Прежде всего, продолжительность переживания после приема сочетания гармалина с МДА намного увеличивается и составляет около двенадцати часов. В качественном отношении могут быть различия, в которые я не буду вдаваться из-за их незначительной клинической важности. Однако существует конкретный тип реакции, который, будучи не столь

---

[12] F. A. Hochstein and A. M. Paradies, «Alkaloids of Banisteria Caapi and Prestonia amazonicum,» Journal of the American Chemical Society 79: 5735 (1957). DMT: N, N-dimethyltryptamine.

частым, заслуживает тем не менее особого внимания, представляя собой одновременно предостережение и ободрение. Это состояние замешательства и большого воодушевления, в котором человек может общаться с персонажами фантазий и безостановочно и буйно двигаться, рискуя удариться о стену или мебель и набить синяки. Возможно, агрессия, которая обычно проявляется в гармалиновых переживаниях в символическом обличии животных или в фантазиях иного рода, в данном случае высвобождается физическим образом, будучи при этом частью фантазий человека, находящегося в бредовом состоянии. Я наблюдал подобное дважды (за тридцать сессий), и за этой реакцией в обоих случаях следовала амнезия. Хотя на тот момент эти сессии могли внушить некоторые опасения, они оказались чрезвычайно продуктивными для пациентов, по причинам, о которых можно лишь догадываться.

В одном из случаев пациенткой была робкая и зажатая молодая женщина, которая в самом начале сессии начала кричать на свою отсутствующую мать, выплескивая наружу все то, что она испытывала к ней и что никогда не могла высказать. Вскоре ее речь стала путаной, и взаимодействие с ней стало практически невозможным. Она продолжала проигрывать отрывки разговоров, за которыми было все труднее следить из-за ее невнятного бормотания. И все же было очевидно, что эта прямая и энергичная личность, которой она стала в тот момент, была противоположностью ее робкой и подавленной повседневной сущности. Когда она вышла из этого состояния, у нее были видны синяки из-за того, что она каталась по полу, но ее голос и манера двигаться изменились, появилось больше твердости, которой ей недоставало в жизни и которую она проявила состоянии интоксикации. Эта перемена была устойчивой и начала влиять на ее чувства и решения. Эта пациентка ранее пережила моменты невероятной свободы, находясь под воздействием ЛСД в нетерапевтической обстановке, но эта свобода никак не отразилась на ее жизни. Однако в данном случае, хотя она даже не помнила, что делала или говорила, ее кратковременная утрата контроля оказалась катарсисом, изменившим ее жизнь.

Второй случай был сходным по своей сути. Это была фригидная женщина с умеренным компульсивным поведением, которая металась из стороны в сторону и говорила часами, ничего не помня о своих переживаниях впоследствии, но после сессии она чувствовала себя обновленной и способной к чувственным наслаждениям, прежде ей неведомым.

Я упомянул об этих двух эпизодах, чтобы подчеркнуть, что после первоначального волнения я почувствовал доверие к происходящему. Это доверие может принести пользу другим пациентам в подобных обстоятельствах. Мы, психиатры, склонны придавать большой вес вербальному выражению и часто недооцениваем двигательную активность, подобную той, что проявили эти пациентки, считая это *всего лишь* психомоторным возбуждением. Хотя проявления в чистом виде, подобные вышеупомянутым, редки, я полагаю, что о них важно знать, поскольку они проливают немало света на невербальную сторону любого переживания, вызванного веществами, а, возможно, и любой терапевтической сессии.

Глава 5

Ибогаин: Фантазии и Реальность

Ибогаин — это один из двенадцати алкалоидов, получаемых из корня растения под названием *Tabernanthe iboga*, распространенного в Западной Африке. На основании расплывчатых сведений о его использовании жителями Конго, ибогаин считали в первую очередь стимулятором, и в этом качестве он упомянут в книге Роберта де Роппа «Наркотики и разум». Как стимулятор экстракт иboги начал применяться во французской медицине несколько десятилетий назад.[13]

В июле 1966 года на конференции по психоделическим веществам, которую Роши Ричард Бейкер проводил в Сан-Франциско для Калифорнийского университета, я представил доклад, посвященный моим начальным исследованиям этого алкалоида, использующегося как вспомогательное средство при психотерапии. В нем я описал галлюциногенные эффекты при приеме больших доз ибогаина. С тех пор он используется в подобном контексте все

---

[13] Обнаружение Гершоном того факта, что ибогаин является ингибитором МАО (моноаминоксидазы), объясняет его традиционное использование и указывает на то, что он был первым антидепрессантом подобного рода в официальной медицине, задолго до появления ипрониазида, Тофранила и т.д.

большим числом психиатров, главным образом — в Южной Америке.

При написании данной главы я изучил записи сорока терапевтических сессий с тридцатью пациентами, на которых я использовал либо ибогаин, либо экстракт иборги, а также записи десяти сессий с другой группой пациентов, на которых я применил экстракт иборги в сочетании с тем или иным амфетамином. В общих рассуждениях я основываюсь на более обширном опыте, не подкрепленном записями, которые я бы мог использовать для статистики. Этот опыт включает мое непосредственное взаимодействие с другими пациентами, а также информацию, полученную на научно-практических конференциях от моих коллег из Чилийского университета. Общее количество сеансов с применением данного вещества, которые я наблюдал непосредственно или о которых знаю от других людей, достигает примерно ста.

Что касается физических эффектов, ни ибогаин, ни алкалоиды гармалы не приводят к расширению зрачков или к повышению артериального давления, как это бывает при приеме галлюциногенов, подобных ЛСД, или производных амфетамина (МДА и ММДА). Ибогаин также похож на гармалин в том, что вызывает нарушение координации движения и приступы тошноты чаще, чем любое другое воздействующее на разум вещество, за исключением алкоголя.

В связи с высокой вероятностью подобных симптомов рекомендуется вводить вещество, когда у пациента пустой желудок, и не использовать больше 4 мг на килограмм веса на первой сессии. На мой взгляд, оптимальная дозировка может колебаться от 3 до 5 мг на килограмм, в зависимости от индивидуальной чувствительности к веществу[14]. Для пре-

---

[14] При пероральном употреблении таких доз в желатиновых капсулах симптомы появляются примерно через сорок пять — шестьдесят минут после приема. Они

дотвращения рвоты можно использовать драмамин либо на первой сессии, либо в дальнейшем, если обнаружится, что вещество вызывает у пациента тошноту.

Важным элементом терапевтической обстановки может быть удобная кушетка или кровать, поскольку большинство пациентов предпочитают лежать в течение первых нескольких часов или даже на протяжении всей сессии; они чувствуют тошноту, когда встают или двигаются. Однако есть и те, кому хочется быть в движении или даже танцевать в тот или иной момент сессии (35 процентов, согласно моим данным), и это может оказаться очень важным аспектом их переживаний, как мы увидим позже. По этой причине хорошо, чтобы пространство позволяло человеку свободно двигаться.

Что касается субъективного опыта, можно обнаружить сходство в *содержании* переживаний, вызванных ибогаином, и тех, что возникают при приеме гармалина, хотя, при внимательном рассмотрении отличительные особенности каждого вещества становятся более заметными. В целом можно сказать, что и в том и другом случае в видениях заметную роль играют архетипические образы и животные, а действия, в этих сюжетах, часто связаны с разрушением и сексуальностью. Несмотря на отмечаемое сходство между ибогаином и гармалином, характерные особенности, присущие первому из них, позволяют ему занимать особое место в психотерапии. Ибогаин вызывает визуально-символические переживания в гораздо меньшей степени, чем

могут растянуться на восемь — двадцать часов, при этом некоторые пациенты сообщали об индивидуальных побочных эффектах двадцать четыре часа спустя (20 процентов), тридцать шесть часов спустя (15 процентов) или больше (5 процентов). Тем не менее, даже в таких случаях пациент обычно возвращается в нормальное состояние примерно через шесть — восемь часов после начала действия вещества. В большинстве случаев я завершал терапевтическую сессию за семь часов или меньше, оставляя пациента в подходящей компании.

гармалин. Я не сталкивался с другим веществом, при приеме которого наблюдались бы столь частые вспышки гнева. Агрессия — довольно частая тема в гармалиновых переживаниях, но там она отображается только в визуальных символах. ТМА, который, согласно исследованиям, может привести к проявлениям враждебности, по моему опыту, вызывает бредовое состояние, в котором эта враждебность принимает форму параноидальных мыслей, а не фактического чувства. Что касается ибогаина, гнев направляется (или *переносится*, в психоаналитическом смысле) не на текущую ситуацию, а на людей или ситуации из прошлого пациента, которые когда-то его вызвали. Это согласуется с общей тенденцией пациентов, находящихся под воздействием ибогаина, предаваться воспоминаниям и фантазиям, связанным с детством.

Ярко выраженное присутствие животных, первобытных людей, сексуальных тем и агрессии в переживаниях, вызванных ибогаином и гармалином, позволяет отнести их к веществам, пробуждающим инстинктивный аспект психики. Подобный акцент на животной природе человека контрастирует с возвышенными и неземными «психоделиками», приводящими к встрече с богом или дьяволом, а также с такими веществами, как МДА и ММДА, которые сконцентрированы на самом человеке и побуждают его сосредоточиться на своей личности и на отношениях с другими людьми.

Помимо качественных отличий, у ибогаиновых переживаний есть отличия в содержании: меньше чистых архетипических тем, больше образов, связанных с детством, а также конкретные темы, характерные для психического состояния, вызванного данным алкалоидом, в особенности фантазии о фонтанах, туннелях и болотных существах. Читатель сможет увидеть эту особенность в представленных ниже случаях из терапевтической практики.

Первый клинический случай, который я рассмотрю, представляет собой описание сессии в ее полном объеме. Разнообразие эпизодов является своего рода сжатой панорамой всевозможных видов воздействия вещества, и позволяет размышлять о том, как можно применить их в психотерапии.

Субъектом в данном примере был врач, повышающий квалификацию в области психиатрии, чей интерес к терапевтическому вмешательству возник в связи с ощущением отсутствия контакта с другими людьми, а также с недостаточной, с его точки зрения, вовлеченностью в любовные отношения, в работу и любую деятельность в целом. «Я ощущаю механистичность своей жизни; то, что я делаю, кажется мне бесполезным, — сказал он. — Я бы хотел более глубокого контакта с другими людьми».

В период подготовки к сессии с применением ибогаина пациент поучаствовал в четырех гештальт-сессиях и согласился написать свою автобиографию. Через сорок пять минут после приема вещества он сказал, что чувствует расслабленность и хочет прилечь. Он лег на спину, скрестил руки и ноги, закрыл глаза и начал слушать музыкальную пластинку, которую принес с собой. Никогда прежде он не слышал, чтобы каждая нота звучала с такой четкостью и силой.

Открыв глаза, он был изумлен красотой и богатством деталей всего, что находилось в комнате и ранее оставалось незамеченным. Пока он рассматривал фотографии в книге «Род человеческий», лежавшей рядом с его кушеткой, к нему приходили озарения, связанные с запечатленными сценами и с его собственным восприятием мира. После этого ему снова захотелось полежать, и когда он закрыл глаза, он увидел в своем воображении отца, который довольно улыбался и строил гримасы, словно играл с ним в игру. Он отметил, что этот образ, должно быть, отражает то, как он воспринимал своего отца, когда был ребенком. Внезапно лицо отца исказилось гримасой ярости. Пациент увидел обнаженную женщину с округлыми бедрами, скрывающую лицо руками, а затем своего отца, тоже обнаженного, который повалил ее на землю и пытался войти в нее. Он ощутил сдерживаемый гнев в этой женщине, в которой узнал свою мать.

Я решил сделать эту последовательность сцен отправной точкой терапевтической процедуры и попросил субъекта заставить этих персонажей поговорить друг с другом. Этот способ позволяет выявить скрытый смысл, стоящий за этими образами, сделать его очевидным и осознаваемым. «Что они говорят?» «У вдруг» «Что он чувствует?» Он не смог представить это. «Возможно, замешательство», — предположил он. Это был подходящий момент для того, чтобы сделать следующий шаг в этом направлении, то есть развернуть смыслы, наполняющие эту фантазию, проявить их через чувства и действия. «Станьте своим отцом, — велел ему я. — Используйте свои актерские способности, чтобы перевоплотиться в него, и послушайте, что она сказала вам». Он сразу же смог изобразить своего отца и почувствовал не замешательство, а глубокую печаль, страдание и гнев по причине отвержения. На следующий день он сделал следующую запись: «Я воспринимаю свою мать как холодную женщину, не испытывающую любви, испуганную, и я больше не считаю отца бесчувственным человеком, причиняющим ей страдания своими любовными похождениями; теперь он видится мне тем, кто безуспешно пытается открыть врата ее любви. И все же я чувствую сострадание по отношению к матери».

За этим последовала фантазия, в которой его облизывал лев, после чего львица откусила ему гениталии, превратив его в безжизненную куклу. В этот момент он встал с кушетки, прошелся по комнате, вышел в сад, где ему все «казалось первозданным». Он вернулся в комнату, поставил пластинку «Весна священная» Стравинского и при первых же звуках почувствовал желание двигаться; особенно ему хотелось совершать движения руками.

Вот как позже он описывал этот эпизод: «Я постепенно отдался ритму, и вскоре обнаружил, что танцую, словно одержимый. Я чувствовал свое тело, свою экспрессию, и, прежде всего, чувствовал себя *самим собой*. В какой-то момент я увидел свое отражение в зеркале и заметил простое движение рук, которое не гармонировало с музыкой. Я сразу же отверг его. Когда одна сторона пластинки закончилась, я перевернул ее и продолжил танцевать. Я не чувствовал усталости. Движения дарили мне огромное наслаждение».

Когда танец закончился, я предложил пациенту поработать над его фантазией, которую я не буду описывать, хотя она была важна, так как помогла ему усилить чувство собственной значимости. После этой фантазии он рассматривал семейные фотографии, которые принес с собой и которые помогли ему лучше понять свое отношение к матери и отцу. Через четыре часа после появления первых симптомов он почувствовал, что действие ибогаина значительно ослабло. Он пообщался со своими друзьями, которые его навестили. «Некоторые лица казались мне очень красивыми и выразительными, — сообщил он впоследствии. — Другие выглядели далекими, испуганными, и в них не было красоты, потому что ее скрывал страх». Эта восприимчивость к маскам, которые носят люди, по его собственному выражению, сохранилась у него и на следующий день.

После сессии субъект почувствовал, что этот опыт был весьма ценным для него по разным причинам. Через месяц он выделил некоторые аспекты своей жизни, в которых заметил улучшение. Об одном из них он пишет так:

Острота восприятия, осознание истинности, подлинности — понимание того, что в мире есть ложные и несовершенные вещи, односторонние подходы, выхолощенные переживания, половинчатые дела. Сейчас я чувствую необходимость выйти за эти рамки. И я признаю, что агрессия является способом выхода и дальнейшего движения.

Здесь необходимо отметить, что несмотря на желание пациента пережить подобный опыт, его можно было описать как довольного собой, добродушного, пассивного висцеротоника. Сейчас же он позиционировал себя как целеустремленную, активную и решительную личность.

Еще одним положительным эффектом сессии было, по его словам, более четкое понимание отношений внутри семьи. Теперь он чувствовал, что видит своих родителей такими, какие они есть; он также осознал, насколько «кастрирующими» были его отношения с матерью.

Третьим позитивным моментом было, по его словам, осознание своего тела как инструмента самовыражения, которое стало для него очевидным во время танца. «Мне было важно узнать, — говорил он, — что есть движения, которые мне не принадлежат, а являются заимствованными, которые используются ради неких целей, но не проистекают из глубины моего естества». Это осознание разницы между тем, что проистекает из «глубины естества», и тем, что не присуще ему, по сути, было сродни пониманию различия между чем-то настоящим и ненастоящим в других сферах, и это породило жажду большей глубины в повседневной жизни, действиях и отношениях. Это также было связано с еще одной областью, в которой он отметил прогресс — продолжительной восприимчивости к «маскам», «осознание изменчивости лиц и того страха, который скрывается за масками».

Наконец, субъект осознал нехватку непосредственных религиозных переживаний и тот факт, что многие его проблемы, связанные с религией, были надуманными.

Здесь следует отметить, что субъект был ревностным католиком, привлекающим других в лоно церкви; он учился в католической школе и был членом нескольких религиозных организаций. Тем, кто хорошо его знал, как и мне, его религиозность казалась обывательской, и некоторые проблемы, которые он окрестил «религиозными», имели отношение к принятию или отвержению догматической религиозной власти. Примечательно, что понимание различия между постулатами религии и непосредственным религиозным опытом не пришло к нему благодаря обсуждению его жизни и проблем, а возникло спонтанно, при просматривании книги «Род человеческий», когда он увидел на одной фотографии искренне молящегося буддийского монаха, а на другой — человека, стоящего на коленях в знак преклонения перед религиозной властью.

Во время сессии, которую я кратко описал, было множество разнообразных ситуаций, которые стали источником инсайтов и принесли терапевтическую пользу: расслабление, танцы, рассматривание предметов и людей, рассматривание фотографий, инсценировка фантазий, анализ сновидения, управляемые фантазии. Эти виды деятельности могут способствовать самораскрытию и самопознанию либо применяться для более сложных терапевтических процедур. В случае с упомянутым человеком мы можем рассуждать о *самораскрытии*, *самовыражении* и *самопознании* в результате его соприкосновения с внешним миром. Его главным переживанием во время танца было обнаружение *собственного стиля* и собственных движений; рассматривание внешних объектов или людей позволило ему увидеть истинную суть вещей собственным зрением, которое он до сих пор в полной мере не применял. Его фантазии, однако, обладали эмпирическим качеством другого рода. Сексуальная сцена, в которой его мать отвергает его отца, образ кастрирующей его львицы, а также еще одна череда сцен, которую я опустил в интересах краткости, говорят, скорее, о его психических расстройствах, нежели о психическом здоровье, о фрагментированной личности, а не о «самости». Хотя жизнь может быть лучшим психотерапевтом, в те моменты, когда она течет в своем естественном, непотревоженном ритме, это не срабатывает в то время, когда субличности человека конфликтуют между собой. Именно в таких ситуациях психотерапевт находит недостающий элемент. Его цель, как у эскимосского шамана, состоит в том, чтобы отыскать заблудшую душу. По этой причине большая часть данной главы будет связана с темной стороной переживаний, вызванных приемом ибогаина.

Однако прежде чем перейти к этой области переживаний, мы рассмотрим наиболее типичный вид пикового переживания при приеме ибогаина, который отсутствовал в приведенном выше случае. В рассмотренном примере — возможно, это объясняется тем фактом, что пациент был экстравертом — именно соприкосновение с внешним миром имело множество характеристик пикового переживания, в то время как для других людей подобным качеством обладают символические образы, исполненные великой красоты или высшего смысла, или завуалированно отсылающие к сфере мифов. Это область архетипических переживаний, если рассматривать этот термин в наиболее широком смысле, в которой ударение делается на визуальном средстве репрезентации. Однако я полагаю, в особенности исходя из своего опыта работы с ибогаином, что **сущностью архетипа является не визуальный символ, а переживание, которое транслируется через символ**, и это переживание может быть либо проявлено через двигательную активность (танец, ритуалы), либо стать проекцией в процессе восприятия внешнего мира. Это нашло отражение в том, как наш пациент воспринимал вещи, как будто они «только что были созданы», в его контакте с истинной сутью других людей, спрятанной за масками, и в том, как во время рассматривания фотографий он был склонен усматривать в каждом жесте либо символ и воплощение возвышенных намерений, либо, напротив, явную бессмысленность. Вне зависимости от того, с какой долей истинности мы можем рассуждать об архетипическом воображении, оно случилось, мимолетно или длительно для более чем половины людей, принимавших ибогаин. Далее приведены выдержки из ретроспективного отчета, сделанного одним из таких пациентов:

Я вижу СИНЕВУ, все синее, синее. Я на полу, мое тело выпрямлено. Я могу с легкостью крутиться вокруг своей оси в сидячем положении. Все вокруг синее... синее... Все прекрасно. Я вытягиваю руку, словно обвожу себя кругом. Я сижу на полу и рисую вокруг себя белый круг в сине-бирюзовой атмосфере, в которой я плыву. Затем я рисую рукой белый круг меньшего размера, глядя вверх. Я полностью окружен синей атмосферой, и я вижу вокруг себя белый круг и круг поменьше сверху... тоже белый. Эта атмосфера очень плотная. Я пытаюсь посмотреть сквозь верхний круг... перископ? Что там? Луч ясного света постепенно возникает в этой плотной синей атмосфере. Он превращается во вспышку света. Я смотрю, смотрю сквозь мой белый круг, смотрю, и в этот туннель проникает еще больше света, больше белого света, все больше и больше, с ослепляющей, наполняющей силой, все больше. Боль-

ше и больше. Я смотрю сквозь этот луч белого света и знаю, что Он там, Он и... и свет, этот туннель, этот огромный белый луч в синем, синем, СИНЕМ! (Это уже не такой синий, какой был вначале). Это ясный, чистый голубой цвет, прозрачный, вечный, бесконечный, безмятежный, поднимающийся вверх, он являет собой ВСЁ! Бело-голубое пространство без ограничений физики, огромное и беспредельное. Вселенная без законов. Это был Бог. Это был Бог. Бог. Бог.

Это было неожиданно. Я заплакал. Я плачу и сейчас, и каждый раз, когда вспоминаю это. Я погружаюсь в воспоминания и плачу.

Снова ничто. Я чувствую полноту, будто расслабился после невыносимой боли. Я опять на полу и слышу быструю ритмичную музыку, доносящуюся из радио. Мое тело откликается на нее, но не мой ум или дух. Я чувствую себя щенком. Я окружен другими щенками и играю с ними. Я слышу, как они мило тявкают. Потом я думаю, что стал котом... нет! Я пони! Я скачу галопом. А теперь я кто-то вроде тигра... похож на... я пантера! Черная пантера! Я защищаюсь, отступаю назад. Я громко и тяжело дышу, как дышит пантера, кошачье дыхание! Я двигаюсь, как пантера, мои глаза — глаза пантеры, я вижу свои усики. Я рычу, я кусаюсь. Я веду себя, как пантера, которая защищается и атакует.

Теперь я слышу барабаны. Я танцую. Мои суставы — это шестерни, стержни, гайки. Я могу быть шарниром, болтом, я могу быть чем угодно, практически всем. И снова теряюсь в этом хаосе пустоты и переживаний, связанных с абстрактными идеями, с их смутными и переменчивыми формами, формами, в которых присутствует интуитивное переживание истинности всего и Порядок, который однажды будет явлен.

Ближе к концу сессии, четыре часа спустя:

Снова пустота. Усталость. Я стою на полу, на коленях, руками опираюсь на дорожку, опустив голову. Я чувствую, как снова подступает волна, начинает кружиться голова. Я упираюсь в пол... я на крышке.... огромное колесо, которое является крышкой, и я должен открыть ее! Я стараюсь изо всех сил повернуть ее, хватаясь за спицы колеса. Крышка поворачивается, начинает вращаться. Внезапно я оказываюсь под ней, на большом колесе со спицами и просветами между ними. В центре находится ось, которая соединяет его с крышкой и уходит вглубь, под колесо, на котором я стою. Как я сюда упал? Не могу объяснить. Я не понимаю, когда я упал... Нужно выбраться отсюда... Я должен выбраться! Подняться наверх невозможно. Так что только вниз. Сквозь спицы я вижу темную бездну. Вероятно, я провалюсь в этот пустой туннель... Неважно... Я должен выбраться отсюда, подальше от этого колеса, подвешенного в туннеле, не имеющем стен. Возможно, мне нужно использовать механизм оси... Я знаю, что колесо может подниматься и опускаться. Я в отчаянии ищу нужную мне часть механизма. Я слышу голос доктора, говорящий: «Стань этой осью». Удивительно. Я начинаю ощущать себя осью. Стальной, твердой, я вращаюсь, вращаюсь, вращаюсь с шумом. Я являюсь осью уже много, много часов... Пока я — это ось, времени не существует. Я вращаюсь, издавая шум. Я вращаюсь, вращаюсь, вращаюсь... Я чувствую, как поднимаю свою правую ось, которая поворачивается. Я медленно поднимаюсь, вытягиваясь так сильно, как только могу, — оставаясь осью. Моя рука движется вперед. Я держу кинжал и собираюсь убить! Я собираюсь убить! Я делаю шаг вперед, чтобы убить. Я собираюсь убить... эээ... мумию! Это ужасно! Это мумифицированный труп женщины, высохшей, с коричневой кожей, напоминающей искусственную, и у нее повязка на глазах! Ее улыбка одновременно жуткая и приятная, словно ей снятся приятные сны или она с иронией наблюдает за происходящим. Я дважды пронзаю ее кинжалом. Я чувствую, как разрывается кожа. Я чувствую себя грязным, нелепым...

Этих отрывков достаточно, чтобы увидеть несколько мотивов, которые характеризуют ибогаиновые образы: свет (в особенности, белого и синего цвета), животные (главным образом, семейство кошачьих), вращающееся движение и круглые формы, а также туннель. В данном контексте туннель связан с тьмой, движением вниз и замкнутым пространством и представляет собой совокупный образ, который является прямой противоположностью лучу белого света, приходящему сверху, и тому чувству свободы, которое подразумевается в начальных сценах. Чуть позже в данной главе я подробнее объясню, насколько важную роль может играть образ туннеля в сессиях с применением ибогаина, и если бы у меня было больше опыта в то время, я бы подождал завершения спуска, о котором пациент уже начал фантазировать, и, возможно, предложил бы ему прыгнуть во тьму. Однако исход данного конкретного эпизода — внезапная вспышка агрессии в конце иллюстрирует эту характерную черту ибогаиновых переживаний, а также, как мне кажется, частичный терапевтический прорыв. Подобную враждебность можно воспринимать как противоположность ужасу замкнутого пространства упомянутому в отчете, который, как я часто замечал, предшествует проявлениям враждебности и в других случаях. Это может проявляться либо в виде образов, отражающих скованность, несвободу, сильную апатию, либо как физическое ощущение заточения в собственном теле. Я склонен считать, что подобные переживания отражают направленный на себя или заблокированный агрессивный потенциал личности; когда он направлен на естественную внешнюю мишень, это приводит к ощущению облегчения, свободы и силы. Однако в данном случае вина, которую чувствовал пациент после того, как заколол кинжалом мумию, далека от чувства облегчения и указывает на то, что он снова ушел в себя, не чувствуя свободу при встрече с женским аспектом своего внутреннего мира.

Можно задаться вопросом, какое отношение имеет такое неличностное переживание к терапевтической практике, а также, к личностным чувствам пациента и его проявлениям в мире. В этом примере пациент не имеет сомнений:

> *В своей повседневной жизни я продолжал обнаруживать подобные важные детали. Все, что я говорил, выходило за рамки обыденного, отражало простую, подлинную реальность и было очень важным, поскольку это было очень искренне. Я не реагировал на вещи привычным образом, а скорее... эмоционально? Нет, скорее, я был восприимчивым. Я говорил не расплывчато, а по существу, и принимал мудрые решения.*

Этот первый результат сессии можно интерпретировать как перенос архетипического способа восприятия в повседневную жизнь — не в смысле присутствия галлюцинаций, а в том смысле, что обычные слова и действия наполняются неким высшим, универсальным смыслом. Даже пять месяцев спустя он считал, что его восприятие жизненных ситуаций, эстетических вопросов и повседневных дел стало более «целостным», чем прежде.

Еще одним следствием данной сессии стало его изменившееся внутреннее состояние. Он описывал это как «духовную безмятежность». Раньше он преимущественно был склонен к поспешным действиям и постоянно беспокоился о том, как расходовать время и усилия; теперь же он говорил об «умиротворении, проистекающем из уверенности в том, что весь мир, в котором я участник и наблюдатель, эмпирически присутствует внутри *меня* и не является чем-то далеким или загадочным».

В отношениях с другими людьми результатом стало усиление эмпатии вследствие углубления пациента в самого себя. Через четыре месяца после сессии он сказал: «Я увидел, что состою из множества разных частей, и каждой из них присуще некое внутреннее единство. Я осознал, что все остальные люди такие же. В те дни мои контакты с людьми характеризовались невероятной глубиной и силой. Я видел самого себя в каждой реакции других людей на то, что их волновало. Я не отождествлял себя с ними в целом, но я понимал их изнутри».

Я не замечал прежде, что архетипическое переживание приводило к последствиям, которые наблюдались в данном случае. Как ибогаин, так и гармалин могут вызвать мифические, сновидческие сцены, созерцаемые без сильной эмоциональной вовлеченности, и результат подобных сессий обычно не отличается от того, что можно было бы ожидать после просмотра фильма схожего содержания. Однако переживание, описанное выше, отличалось от пассивного просмотра фильма участием субъекта в каждой из сцен. Он воспринимал свет, он превращался в животных и в механизмы, а когда он представлял, как он стоит на круглой крышке и пытается открыть ее, он по-настоящему уперся руками в пол. Он не просто переживал себя деятелем в этой фантазии, а глубоко и эмоционально реагировал на все происходящее и вовлекался в процесс сознательно двигая телом.

Воздействие произведения искусства зависит не только от нашего чувственного восприятия, оно требует некоторой эмпатии. Похожим образом чтение романа бессмысленно, если мы не будем отождествлять себя с его персонажами, ставить себя на их место или подсознательно видеть в них части нашего собственного внутреннего театра. То же самое можно сказать и о сюжетах наших фантазий. Предстанут ли они перед человеком неинтересными и бессмысленными порождениями его ума, или же интересными иероглифами или высшими откровениями, вероятно, зависит от уровня его контакта со своим бессознательным, а также от ведения сессии. Однако, на мой взгляд, это также может регулироваться фармакологически, и позже я буду обсуждать связь ибогаина с усилителями чувств.

Комментируя сессию, пациент признался, что этот опыт удивил его, поскольку не соответствовал его романтическим ожиданиям. Вместо переживания единства с «космическим порядком или расой», «простого и первобытного, стихийного и теллурического», или, если говорить коротко, мистического аспекта, он обнаружил «свой собственный мир, личный, искренний, простой, возможно, совпадающий в какой-то мере с моими *повседневными переживаниями*, которые не так многочисленны, как мне хотелось бы, но которые являются *моими собственными*. Да. Это была смесь разочарования и чуда. Чудо! Синяя птица живет у вас дома».

В целом, я считаю этот отчет достойным внимания, поскольку он показывает, насколько важным может быть *переживание, которое не содержит практически никакого личного содержания*. Может показаться, что это утверждение противоречит словам пациента о том, что он обнаружил богатство собственного внутреннего мира. Можно перефразировать и сказать, что единственным личным элементом в переживаниях субъекта было переживание *самого себя* вместилищем всех чувств, источником всех образов и действий.

Однако эти чувства, образы и действия не относятся к его предыдущей сознательной жизни. Любому, кто наблюдал бы за его движениями, они показались бы скорее ритуальными, нежели имеющими практический смысл. Подобным образом, его чувства были связаны с областью религии и эстетики, а образы были скорее мифологическими, чем относящимися к личной жизни. Наряду с тем, что эти переживания сами по себе обладали для пациента подлинной ценностью, их следствием стало обогащение его повседневной реальности эстетическими, религиозными и мифологическими смыслами, а также усилившееся вдохновение, которое принесло с собой чувство истинного удовлетворения.

Лишь ближе к концу сессии, в последней описанной сцене, мы видим конфликт и чувствуем персональную реальность, скрывающуюся за занавесом символической сцены убийства. Тот факт, что это был последний эпизод в сессии, позволяет предположить, что за ним мог последовать более личный и психопатологический материал, но он был подавлен, так что мы об этом не узнаем. Тем не менее, из других случаев мне известно, что пиковое переживание не обязательно подразумевает выход за пределы хронических личных конфликтов. Оно может указывать на то, что эти конфликты не вызваны реальной или воображаемой ситуацией, находящийся в фокусе внимания субъекта.

Я полагаю, что в этой связи было бы полезно рассуждать о пиковом переживании в терминах его завершенности, а не только его сущности. Подобно упомянутым мною архетипическим визуальным переживаниям, которые являются незавершенными вследствие невовлеченности субъекта в символическое действие, есть и другие переживания, в которых могут преобладать двигательные элементы, с сопутствующим смысловым наполнением, или — для других веществ это более характерно, чем для ибогаина, — в которых чувства отделены от действия или осознания. В данном случае незавершенность сессии, на мой взгляд, связана со сферой отношений. В отличие от пациента-экстраверта из предыдущего примера, который переживал моменты счастья, контактируя с другими людьми (включая фотографии других людей) и предметами, пациент-интроверт в данной сессии лучше всего проявлял себя через фантазии и движения, а не через восприятие внешнего мира или контакт с чем-либо. Даже в его фантазиях преобладают элементы, предметы и животные, но не люди. Если другие люди все же появляются (эти сцены здесь не приводятся), это расплывчатые, незнакомые, полумифические личности, которые практически никак не связаны с пациентом в канве его фантазий, за исключением разве что последней сцены с закалыванием мумии кинжалом. Помимо гнева и последующего ощущения себя «грязным» в этой сцене, в данной сессии отсутствуют какие-либо чувства, связанные с межличностными отношениями, тогда как в завершенном пиковом переживании я бы ожидал проявления чувства любви, красоты и святости.

Во время этой сессии я еще не был достаточно хорошо знаком с ибогаином, чтобы взять на себя инициативу и поставить пациента лицом к лицу с проблемой взаимоотношений, поднимая (предположительно) неудобные темы и выявляя возможную психопатологию. В дальнейшем я часто прибегал к этому приему в своей практике. На мой взгляд, исследование конфликта способно привести к более устойчивым изменениям и при этом ни в коей мере не умаляет роли пикового переживания.

Случай, приведенный ниже, показывает, как субъективное переживание удовольствия может быть нарушено смещением внимания в сторону конфликта, вызывающего у пациента болезненные эмоции, и как затем это первоначальное состояние удовольствия становится еще более ярко выраженным после того, как проблема успешно проработана.

Этот пример взят из отчета о сессии с участием двадцатитрехлетней женщины, обладавшей, судя по всему, мягким, сдержанным и зависимым характером, которая посещала консультации, отчасти откликаясь на просьбу мужа, отчасти — надеясь достигнуть большей свободы в выражении собственных чувств и мыслей. Она считала причиной своего несчастливого замужества трудности в общении с людьми, а на основании бесед с ее мужем я пришел к выводу, что ее совместная жизнь с ним была для нее сплошным разочарованием. Она не говорила об этом во время двух консультаций, предшествовавших сессии с использованием ибоги, — не по причине своей неискренности, а из-за того, что она не в полной мере осознавала свои чувства.

Примерно на третий час после начала сессии пациентка испытала приятные ощущения от погружения в мир фантазий:

> *Шел снег. Это был необычный снегопад. Снежинки были очень крупные, так что можно было разглядеть, из каких элементов они состоят. Это были красивые волокна с неровными краями, покрытые бесчисленными мелкими бриллиантами. Снежинки кружились в танце. Посреди этого снежного праздника я увидела себя в образе красивой молодой женщины, обнаженной, с очень бледной кожей и длин-*

ными светлыми волосами. Я танцевала вместе со снежинками, и у нас было нечто вроде состязания в проворстве. Я бегала за ними и смеялась, пытаясь их поймать, и когда мне это удавалось, я прижимала их к лицу. Все было залито золотым светом. Царило ощущение свободы, красоты и радости. Меня окутало ощущение глубокого покоя.

Этого отрывка достаточно, чтобы увидеть пример пикового переживания, проживаемого в символической сфере визуальных фантазий. Доминирующее содержание чувств и импульсов (как это часто бывает в пиковых переживаниях при приеме ибогаина) передано при помощи образов танца и света. Пациентка четко осознавала, что танцующей женщиной была она сама, она наслаждалась переживанием полноты жизни, красоты и свободы. Затем у нее возникло побуждение потанцевать по-настоящему, а не просто созерцать картинки в своем воображении, но у нее ничего не вышло. Она почувствовала слабость и тошноту, после чего снова прилегла.

На основании своего опыта использования данного вещества я пришел к выводу, что его эффект тесно связан с действиями и, в особенности, с телесными движениями. Многие образы подтверждают это наблюдение (танцы, стук барабанов), однако в переживаниях, которые показались мне наиболее полноценными и завершенными, активно участвовало тело. (Следует отметить, что корень ибоги употребляется танцорами в Габоне).

Исключительно визуальное по своей природе переживание, описанное выше, плюс внезапное недомогание пациентки, вызванное попыткой физически воплотить танец, увиденный ею в своем воображении, позволяют сделать вывод о существовании так называемого «инкапсулированного» пикового переживания, которое не может проявиться более чем в одной сфере опыта, и которое можно поддерживать только за счет избегания определенных чувств, проблем или аспектов сознательного опыта. Я не хочу тем самым сказать, что подобное переживание не имеет ценности; напротив, посредством подобного избегания можно вызывать пиковые переживания в медитативных техниках, где целью является неподвижность тела и безмятежность ума. Когда же подобные высшие чувства или озарения уже достигнуты, дальнейшая задача — спустить их с небес на землю, перевести на язык повседневного опыта, и важным шагом в этом процессе, на мой взгляд, является осознание своего тела и движений. Несколько раз во время ибогаиновой терапии я видел переход к высшему уровню интеграции, который сопровождался «вспоминанием» своего тела и его ощущений после периода полной погруженности в фантазии, или внезапным раскрытием двигательных каналов. Данный случай не стал исключением. Я подозревал, что незавершенность переживаний пациентки объяснялась тем, что она сдерживает свои чувства по отношению к мужу, и предложил ей поработать над фантазией, которая была у нее в предыдущий день. Далее следует отчет пациентки об этом эпизоде:

Пока я танцевала с красивым и сильным мужчиной, я увидела, как мой муж превратился в слабого, толстого мужчину с обвисшими красными щеками, смеющегося по-женски. Я вышла за рамки первоначальной фантазии и описала, как я, увидев эту перемену в нем, отвернулась и вышла со своим партнером в соседнюю комнату. Мы танцевали, а позже он отвез меня домой. Мы попрощались у двери. Войдя в гостиную, я увидела там своего мужа, который по-прежнему выглядел ужасно. Сначала я заперлась в своей комнате, но доктор попросил меня пообщаться с ним, и я сказала ему, что считаю его уродливым и слабым.

Внезапно я обнаружила, что колочу подушку, которая играла роль Питера. Моя рука летала туда-сюда! С каким же удовольствием я его била! А еще я кричала на него, ругала и говорила, что если он не изменится, то лучше мне его вообще больше никогда не видеть.

Какое невероятное облегчение я испытала, вдоволь накричавшись! Я чувствовала себя очень легкой. Я радовалась, поняв, что у меня есть право защищать себя, ведь я тоже чего-то стою. Мне не нужно ни на кого опираться, как я делала раньше. Как ужасно было пресмыкаться перед другими. (Я изобразила это при помощи рук). Я перестала быть бесполезной, у меня появилась огромная сила, и жизнь больше не казалась мне насмешкой. Это дар. (Я поблагодарила доктора за то, что он говорил мне это раньше. Он протянул мне зеркало). Я увидела, что я очень красивая, и что, по сути, я еще дитя. [Ранее во время сессии она воспринимала себя как старую и некрасивую.] Я была цветком, который только что раскрылся миру, с сияющим взглядом и свежей кожей. Презрительная ухмылка исчезла. Мое тело было подвижным и полным жизни. Впервые за все время я любила себя.

Можно заметить, что слова, которыми она описывает себя, во многом совпадают с теми, которые использовались ею раньше: красивая, молодая, свежая, полная жизни. Однако видеть эти качества непосредственно в своем теле или в зеркале — это нечто большее, чем просто предполагать, что они присущи ей. Все это в результате проявилось в ее теле, отразилось в поступках, а это означает, что у нее хватило смелости вырваться за рамки шаблона безропотной личности, которому ее тело подчинялось всю жизнь.

Эта перемена стала очевидной для ее мужа и близких знакомых, и даже спустя год один из друзей описывал эту женщину ее же словами: «После терапии она стала цветком, открытым для мира». В браке она проявляла терпение, пока в этом была необходимость, до того, как ее муж также прошел терапию год спустя. Но, теперь это уже было не самоотрицающее и компульсивное терпение, при отсутствии общения, а терпение, основанное на принятии самой себя, на любви и взаимопонимании.

Три сессии, приведенные мною в качестве примера, имеют общий элемент, который можно понимать как необычное и спонтанное выражение «себя», принимающее форму действий, танца, чувств, ощущений или суждений. Говоря это, я придерживаюсь описаний, принадлежащих самим пациентам, и того, как они используют слово «себя», а не каких-то абстрактных предположений, касающихся этого термина (или источника подобных переживаний). Субъект в первом примере подчеркивал, что он смотрит на фотографии и на других людей *своими собственными глазами*, а также осознал, что он не видит *истинного себя* в повседневном, механическом восприятии вещей или в том, как он использует тело. Второй пациент также смог осознать свой собственный мир и уверенность в том, что «весь мир, в котором я участник и наблюдатель, эмпирически присутствует внутри меня и не является чем-то далеким или загадочным». Наконец, женщина в третьем примере, увидев себя как красивую девушку, танцующую среди снежинок, также почувствовала, что это образ ее истинной сути; она удивилась полноте жизни, присутствующей в ней, и в итоге смогла полюбить себя — это было не самолюбование, то есть жизнь на потеху внутренним зрителям, а способность принимать себя с теплотой и ценить.

Иногда индивид переживает спонтанное раскрытия самости (центра тяжести психического бытия), чувствует себя целостным, и его побуждения не противоречат друг другу. Но, во множестве сессий добиться самовыражения пациента можно лишь с помощью уговоров, а порой это самовыражение практически невозможно до тех пор, пока не произойдет примирение конфликтующих аспектов личности.

Есть два приема, которые кажутся мне подходящими для того, чтобы дать пациенту простор для самовыражения (они также могут служить отправной точкой для более сложных процедур): рассматривание фотографий, потенциально наполненных важным смыслом, и воскрешение в памяти снов и работа с воображением. В обеих ситуациях потенциальный эффект ибогаина отличается от воздействия других веществ.

Под воздействием галлюциногенов, подобных ЛСД, фотографии либо кажутся искаженными, что может указывать на проекции индивида, либо, в пиковых переживаниях, вызывают особое отношение к изображенному на них человеку в текущем состоянии ума (пример: «Я впервые смог увидеть сущность своей матери, и любить ее вопреки ее тяжелому характеру. Я увидел, что подобно тому, как она не властна над своим телом, точно так же она ничего не может поделать со своей натурой, из-за которой мне пришлось немало пострадать. Но в тот момент я видел, на самом деле, видел не *ее*»).

Что касается ММДА, интерес к внешним объектам практически отсутствует в состояниях, когда доминируют физические ощущения, образы или чувства и когда исключительной важностью обладает переживание «Сейчас». Однако в пиковых переживаниях, вызванных ММДА, приветствуются любые стимулы, которые являются аспектами Сейчас, и в этом случае рассматривание фотографий также является одним из способов установить отношения с другими в соответствии с текущим состоянием ума. Отличие от ЛСД заключается в реалистичном восприятии других людей при приеме ММДА, что проявляется как в меньшем количестве элементов проекций (искажений), так и в меньшем игнорировании конкретных обстоятельств их жизни.

Что касается ибогаина, в этом отношении он ближе к ММДА, которому свойственны усиление инсайтов и эмоционального отклика, а также время от времени появление ключей к проживанию некоторых событий из детства. Я нахожу прямое воздействие на сессиях с ибогаином более уместным, что позволяет управлять образами во время процесса, за исключением тех случаев, когда освобожденное от масок «Я» пациента видит истинную суть людей, за их масками.

Потенциальные возможности ибогаина в работе с образами и сновидениями можно увидеть в приведенном ниже примере. Данный способ будет описан в деталях, как и использование фотографий.

Я начну рассказ с того момента, когда я предложил пациенту (тридцатишестилетнему художнику) поработать над сновидением, о котором он сообщил мне на предыдущей неделе. В этом сне он сидел за столом в доме своих родителей, а они в это время находились в дальнем углу комнаты. Он почувствовал, что у него что-то застряло в зубах, и он начал вытаскивать изо рта белые нити, которые постепенно превратились в зеленоватых существ. В этот момент он проснулся в ужасе.

Во время сессии он заново переживает свой сон, и обнаруживается, что после того, как он вытащил изо рта волокнистые и студенистые нити и живых существ, больше ничего не происходит. Однако он чувствует, что должно выйти что-то еще. Он получает указания стать этими нитями и пережить сон с точки зрения нитей, и вскоре начинает ощущать себя белым червем, покрытым темными волосками. Этот червь затем превращается в другую нить, наполовину белую, наполовину зеленую, из которой начинают расти ноги и которая превращается в маленького зеленого грызуна.

В этот момент он снова начинает воспринимать образы со стороны, как во сне, и чувствует, что не может отождествить себя с ними. Грызун превращается в утку с длинным клювом, а затем в цаплю. «Стань этой цаплей, — тут же говорю я, — почувствуй то, что чувствует *она*».

«Я вхожу в птицу, — сообщает он. — Я вижу крылья по обе стороны от головы, которая становится моей; я лечу над широким, спокойным морем. Небо ясно-голубое, безоблачное, солнце подсвечивает линию горизонта белым светом».

Эта фантастическая сцена продолжается, и он проходит сквозь солнце и обнаруживает на другой стороне огромную белую сферу. В этот момент я предлагаю ему вернуться к первоначальному сну.

Он снова начинает вытаскивать нити изо рта. Когда он вытягивает зеленые нити, с них начинает брызгать беловатая жидкость, отгоняя мелких животных. Он удивлен, что их так мало и что они такие безобидные, и полагает, что часть из них, должно быть, осталась внутри.

В этот момент я вижу, как субъект раскрывает рот все шире и шире, постепенно выпрямляет спину и протягивает руки, словно хочет обнять что-то, находящееся спереди. Вот как он сам впоследствии описал данный эпизод: «Брызжущая жидкость намочила мою руку, которой я пытался доставать маленьких существ изо рта, и я начинаю понемногу вытягивать руку, стараясь избежать влаги. Жидкость становится все белее и льется с большей силой. Я вытягиваю руку еще больше и раскрываю рот все шире и шире. Молочная струя извергается с большой силой. Я погружаю в нее руки, чтобы омыть их». (Учитывая то, что он сказал про омытие рук во время данного переживания, я ассоциирую процесс с очищением Авгиевых конюшен Гераклом водой из рек Алфея и Пенея).

«Давай омоем Якоба», — предложил я. В этот момент Якоб представил обнаженное тело, при этом голову он не видел. Он направил поток молочной жидкости к телу, и он прошел сквозь него, промывая полую грудную клетку и живот. Когда он направил поток к голове, он с удивлением обнаружил, что это голова его матери. (Вкратце его лицо оказалось маской, и, сняв ее, он обнаружил под ней настоящее лицо своей матери). Пока он омывал голову, его мать открыла глаза и начала подниматься. Она оторвалась от земли и взлетала все выше и выше, к сияющему вверху пространству. «Это казалось мне странным, — писал пациент позже, — поскольку я не верил в существование небес, на которые можно подняться». На данном этапе переживания он заметил диагональный разрыв между той областью, где находилась его мать, и земной поверхностью, на которой стоял он. Это была прозрачная коричневато-желтая плоскость, которая, как ему казалось, была пронизана стихийной витальностью, и которая постепенно превратилась в сферу. На этой сфере появился трон, и на нем восседал хозяин земли. Это была властная фигура. Субъект приблизился и стал этой фигурой. Нам это показалось логическим завершением, и действительно, фантазия на этом закончилась. Трудно подобрать чувство, описывающее в полной мере содержание данной фантазии. Субъект позже сообщил, что он был удивлен тем фактом, что не чувствовал при этом ни радости, ни печали.

Как мы вскоре увидим, субъект пережил эту фантазию еще раз примерно четыре часа спустя, но на этот раз исход был иным. Успех второй попытки, по-видимому, был подготовлен инсайтами и чувствами, возникшими у пациента при рассматривании семейных фотографий.

Рассмотрев фотографию, на которой его родители были запечатлены в молодости, он взглянул на снимок, сделанный спустя несколько лет их совместной жизни, и был поражен. «Какая невероятная перемена! — писал он позже, описывая эту часть сессии. — Мама превратилась в страдающее, измученное существо. Взгляд у обоих устремлен внутрь, их лица печальны. Отец напряжен, его губы крепко сжаты. Нос говорит о склонности к насилию. Упрямый и раздражительный. Как это отличается от ясности его взгляда на фотографии 1910 года!»

После того, как он описал выражение лица каждого из родителей, я предложил, чтобы он попросил их поговорить друг с другом. Ему было нелегко это сделать, так как ему казалось, как он понял позже, что его матери не нравится, что он рассуждает о ней с незнакомцем. И все же «Мать», наконец, заговорила:

«Я знаю, что это брак по расчету, но почему ты так жесток ко мне? Почему ты кричишь и оскорбляешь меня?»

«Я должен себя так вести, потому что я очень слаб», — сказал Отец. Теперь пациент понял, как далеки его родители друг от друга и как они непреклонны. «Когда я принимал ЛСД, я видел их не так, — отметил он. — Они практически не выглядят как люди и кажутся статуями».

«Возможно, вы действительно воспринимаете их как памятники», — сказал я.

«Как только я это услышал, — писал он позже, — меня словно осенило. Я достиг дна. Я увидел, что я все еще строю памятники или надгробия своим родителям».

Мы вернулись к диалогу.

Мать сказала: «Почему ты так плохо ко мне относишься? Разве ты не можешь проявить хоть немного любви?»

Отец ответил: «Я не могу любить, потому что ты изолировала меня от своего мира, от своих друзей».

Теперь у субъекта возник другой инсайт. Он понял, что это он сам разговаривает со своей любимой женщиной. После моей просьбы представить, что она стоит рядом и искренне поговорить с ней, он сказал: «Ты шлюха и незнакомка. Я не хочу любить тебя, потому что ты предлагаешь себя всем подряд».

Я подсказал ему поговорить с ней самой, а не о ней, и он понял, что неспособен это сделать. «Она съест меня заживо», — сказал он и вообразил, что ему снится множество маленьких животных, потому что реальные животные не попали в поле его зрения. Это были огромные монстры, которые пожирали детей, особенно одиноких.

«Судя по всему, — отметил он, — любая женщина, непохожая на вашу мать (которая есть «небесное существо»), является чудовищем, к которому лучше не приближаться, поскольку оно с легкостью проглотит «мальчика». Не знаю, как мне удалось не стать импотентом или гомосексуалом».

По всей видимости, эти инсайты оказались важными для пациента, когда он снова проживал свою фантазию. Было ощущение, что в прошлый раз имела место некая незавершенность переживания.

Далее приводится его собственное описание новой фантазии:

Все происходило, как в предыдущий раз: нити, зеленоватые существа, крыса, птица, я мою тело Якоба, умываю в молочном потоке лицо своей матери, лежащей с закрытыми глазами. Я осознаю, что это сексуальный акт. Я продолжаю умывать ее лицо и нахожусь рядом, пока она не начинает возноситься к небесам. Теперь я устремляюсь к человеку, находящемуся в тени, к властной и грозной фигуре, восседающей на троне. Я лечу к нему и хочу узнать, как он со мной поступит. Я понимаю, что этот человек не является мной. Приближаясь к этому тенистому участку вверху, я вижу, как этот человек раздувает щеки и строит гримасы, словно хочет напугать меня, двигает руками, как горилла. И затем я вдруг понимаю, что это искаженный образ моего старого беззубого Отца. Когда я приближаюсь к нему, я внезапно замечаю, что на его лице нет плоти, я вижу лишь кости.

Я подлетаю ближе и ближе и, наконец, достигаю громадного монумента. Я залетаю в одну из глазниц (это действительно было искусственное бетонное сооружение) и вылетаю с другой стороны. Оглядываясь назад, я вижу, что этот огромный монумент представляет собой всего лишь фасад, разрушенный внутри. Теперь руины исчезают, и остается только трон. Я понимаю, что это место, оставленное Отцом, и я сажусь на него. Я не хозяин мира, но я занял место своего отца. Я понимаю, что быть отцом означает владеть миром. На меня накатывает мощная волна смеха и слез. Я долго смеюсь и плачу. Всякое беспокойство оставило меня. Я чувствовал истинное блаженство. Позже я спрашивал себя: какое место может оставить мне отец? Было ли в нем то, что восхищало меня? Я вспомнил, что он был специалистом по пошиву меховых шуб. Он был настоящим мастером в своем деле, и я всегда уважал его за это. Я почувствовал облегчение и подумал, что могу достигнуть такого же совершенства как скульптор, а с другой стороны, сама эта скульптура была наследием, оставленным мне моим отцом.

Теперь я мог открыть глаза и встать с кровати. У меня есть собственное место. Меня никто не сможет исключить откуда-либо. Я могу побороть свои страхи. Я могу преодолеть их.

У меня есть свое место.

Необязательно уходить или приходить, забывать или закрывать гетто. У меня есть свое место внутри, без кого бы то ни было или с кем угодно.

Мне не нужно ничего просить, потому что у меня есть свое место. Мне не нужно уходить или приходить, убегать, избегать, потому что у меня есть свое место.

Все является частью МЕНЯ. Я ЕСТЬ. Я не то чтобы должен заниматься скульптурой. Я буду делать свою работу, все, что захочу, когда захочу и, поскольку это часть меня, я не связан с этим симбиотически. Ни X, ни Y не притянет меня к себе, ведь я там, где я действительно есть.

Нет необходимости бежать от чего-либо, от приятного или неприятного, от ненавистного или ужасного, от чего бы то ни было, поскольку всегда есть возможность выйти за пределы, к чему-то безусловному — то есть внутрь.

Мне нравится чувствовать, как во мне постоянно звучит: у меня есть свое место, у меня есть свое место, у меня есть свое место.

Терапевтическая польза данной сессии очевидна из слов самого пациента. Я могу лишь добавить, что это состояние ума сохранялось у него и в дальнейшем.

В этой сессии можно отметить несколько элементов, упомянутых ранее в этой главе и характерных для переживаний при приеме ибогаина. В данном случае показано, какое место они занимают в терапевтическом процессе: животные (поглощающие чудовища или отец, напоминающий гориллу), символизирующие инстинктивные силы; образы из сферы сексуального («омовение» матери); полет к свету (птица, появившаяся в белом солнечном луче, и вознесение матери к сияющему пространству); обида, чувство одиночества и изоляции («ты изолировала меня от своего мира»; «ты шлюха и незнакомка»), и, в особенности, эдипова ситуация, в которой заложены сексуальные и агрессивные побуждения.

Если мы сравним первую фантазию пациента, приведшую к ощущению незавершенности, со второй чередой сцен, закончившейся слезами, вызванными «прибытием», мы увидим, что первое является, скорее, проектом, а второе — построенным зданием, первое — это двухмерное событие, а второе — трехмерное. Первое затрагивает тему отношений между субъектом и его матерью, а также проигрывание роли отца, но в этом не чувствуется его собственной жизни; вызов еще не принят. В отличие от этих отстраненных образов, во второй фантазии образы заряжены инстинктивной энергией, за которую пациент должен взять ответственность, заставляя сюжет разворачиваться волевым решением. Это его собственные действия. В частности, среди основных различий между двумя сценами есть признание сексуального аспекта в омовении материнского лица молочной жидкостью, а также угроза, исходящая со стороны отца по мере приближения к нему субъекта (который действует *вопреки* опасности).

На мой взгляд, можно с уверенностью предположить, что различие между первой и второй попыткой было обусловлено обсуждением фотографий, поскольку в этот момент чувства, доминировавшие в фантазии, достигли области осознания пациента, и он смог по-настоящему *пережить* их. Здесь впервые появился намек на предполагаемую жестокость отца, что нашло выражение в позиции матери (жертва) и позиции отца (враждебность, обусловленная чувством отверженности).

Теперь, когда было активировано его собственное чувство отверженности, наряду с признанием своей потребности в материнской любви, озвученной его отцом, а также в высвобожденной в какой-то мере агрессивности, пациент был готов к символическому действию, которое обозначало и подтверждало принятие своих инстинктов. Этим действием он буквально положил конец механизму репрессии, который выработался в нем с детства перед лицом «монументальных» родителей. Теперь он не разделен на «отца» и «мать», на фрагменты своей личности, которые отрицают друг друга, а принимает *собственное* желание быть мужчиной и видит себя в роли отца во внешнем мире, имеющего жену и сына.

В ретроспективе можно увидеть, что в своем прежнем состоянии самоотрицания он отождествлял себя с пассивным материнским образом, *будучи* этой матерью, которая «изолирует» мужчину (отца и сына), вместо того чтобы проживать собственную жизнь изнутри наружу. Изложение позиции «отца» и «матери» было отправной точкой для процесса объединения со своими собственными чувствами, вне зависимости от реальной ситуации, касающейся родителей. По этой причине мы можем сказать, что указанный процесс обладал свойствами аналитической фазы, во время которой стал возможен синтез внутри фантазии.

Я уже отмечал, что терапия с применением ибогаина больше всего подходит для исследования прошлого, в отличие от ММДА, который лучше всего использовать для понимания настоящего. Это верно до такой степени, что можно было бы предположить следующее: в отличии от тезиса «Я и Ты, Здесь и Сейчас» — этого сжатого описания гештальт-терапии, которое так хорошо подходит к терапии с использованием ММДА, — ибогаиновую терапию, главным образом, отражает тезис «Он и Она, Там и Тогда».

Причину понять несложно, ведь эффект ММДА преимущественно связан с чувствами, тогда как реакция на ибогаин характеризуется **акцентом на символах**, и только посредством символов — концептуальных или визуальных — мы можем взаимодействовать с реальностью, которая не присутствует в настоящем.

Есть существенное различие между областью прошлого опыта, к которому облегчает доступ МДА, и той областью, которая выявляется под воздействием ибогаина. В то время как первое связано с воспоминанием *событий* и, возможно, с реакциями или чувствами, возникшими в ответ на эти события, в случае ибогаина человек сталкивается с миром образов. Образы родителей, пробужденные ибогаином, вероятно, соответствуют детскому восприятию родителей, которое до сих пор скрывается в бессознательной сфере взрослого человека, однако они необязательно совпадают с реальными родителями. Терапевтический процесс с применением ибогаина можно рассматривать как понимание подлинной сути таких образов и освобождение, как результат этого. С другой стороны, в случае МДА, воспоминание о подлинных событиях прошлого часто пробуждает конфликт, который может дать силу освободиться от искажений в воспоминаниях, которые возникли в силу отрицании реальности, которую ребенок в то время не мог принять.

Эта способность «видеть вещи такими, какие они есть», не искаженными нашими представлениями или предрассудками, отражает восприятие реальности, свойственное пиковому переживанию при приеме ЛСД, однако это относится обычно к настоящему, а после дремлющий дракон фантазий возвращается к своей роли стража тропы. Пациент из предыдущего примера за восемь месяцев до сессии с ибогаином употреблял ЛСД, и некоторые его размышления о различии между этими двумя веществами могут представлять определенный интерес, так как они проливают немало света на природу процесса, описанного в приведенном выше отчете. Относительно ЛСД он говорит следующее:

Я был уверен, что впервые вижу мир таким, каким он есть, каким он был и будет, вне зависимости от меня. Все вещи предстали со всей ясностью, в малейших деталях, будучи гармоничной и понятной частью целого. Я воспринял это как рай и осознал, что запутался в извилистости своего не-бытия. Я впервые увидел своих родителей такими, какие они есть, за рамками их собственного мифотворчества. Я увидел, что они печальны, сокрушены и страдают от разобщенности. Сеанс ЛСД был опытом визионера, глядящего на мир широко раскрытыми глазами, изумляющегося так, словно видит его впервые, что становится возможным, когда человек избавляется от фильтра страха.

Я ощутил сильное побуждение вернуть себе этот мир, так как интуитивно почувствовал, что в нем источник моего счастья. Я понимал, что могу достигнуть этого, только работая над собой со всей честностью, не боясь и не играя в прятки. Что касается ибогаина, он, напротив, побудил меня углубиться в себя, с закрытыми глазами. На моем внутреннем трехмерном экране нескончаемой вереницей проносились мысленные образы, и мне пришлось лицом к лицу столкнуться со своими внутренними чудовищами, прожить свои страхи до конца, без помех, которые часто случаются в сновидениях, и проложить путь сквозь надуманные, иллюзорные

> *угрозы, которые я сам создал внутри себя.*
>
> *В отличие от ЛСД, ибогаин позволил мне увидеть родителей — центральных персонажей моей фантасмагории — в том виде, в каком их держало в плену мое воображение: грандиозные монументы, занимавшие все видимое пространство. Ибогаин, предоставивший мне возможность лицезреть эти легендарные гигантские фигуры, также привел меня в ту сферу, где я смог вступить в открытую конфронтацию с ними. Я сражался и осознал, что путь к свободе лежит через руины внутренних страхов.*

Одна из мыслей, которую можно увидеть в этой цитате, заключается в том, что с точки зрения пациента, опыт с ЛСД поставил перед ним задачу и дал ему стимул бороться до конца и достигнуть своих целей посредством ибогаинового переживания. ЛСД позволяет взглянуть на мир из открытого окна в то время как ибогаин побуждает разрушить старое здание и освободить место для нового. Он больше похож на «рабочее вещество» в том смысле, что он фасилитирует аналитический процесс в бессознательной сфере, выявляя преграды.

На мой взгляд, пациент сделал важное замечание насчет осознаваемого им различия между объективностью «вещей, как они есть» и субъективно окрашенным опытом. В естественном состоянии мы неспособны воспринимать «вещи, как они есть», будучи обусловлены своим осознаваемым восприятием, но эти понятия указывают на противопоставление двух способов восприятия: в первом случае ум освобождается от предвзятых мнений и постигает реальность «такой, какая она есть», а во втором внешний мир становится зеркалом личных предчувствий, ожиданий и желаний. К чему из этого мы захотим относиться как к «реальности» —

к тому, что существует само по себе, независимо от нашего бытия, или к конструктам нашего ума — зависит от наших предпочтений. «Объективный мир» может казаться более существенным, чем мир «иллюзорных» мысленных образов, но это не наш мир. А наши иллюзии, пока они находят пристанище внутри нас, — это то, *кто мы есть*. И хотя это не-существование, но это условие появления чистого восприятия внутри.

Можно предположить, что решающим шагом в развертывании переживаний пациента было его скрытое решение «полететь» к грозной фигуре отца, поскольку именно это привело к обнаружению его собственного «внутреннего» отца, своего мужского аспекта. Угроза, которая присутствует в этой фантазии, свидетельствует о барьере, встроенном в психическую деятельность субъекта; он мог бы достигнуть психологической интеграции гораздо раньше, если бы не его нежелание раскрыться для определенных идей или чувств. Когда барьер слишком велик, внешние указания не могут заменить собственного побуждения человека совершить символический прыжок в пространство, несущее угрозу. Образы могут постепенно раствориться (как в следующем примере), а их эмоциональное наполнение может исчезнуть. Однако внешний толчок может, по крайней мере, указать на тупик или привести к покорению небольшого участка «твердой земли» в океане бессознательного. Этот толчок может заключаться в конкретном направлении, в ободрении, в привлечении внимания к чему-либо в неприятной для субъекта ситуации, когда он может почувствовать желание отвернуться. В какой-то степени этот толчок обеспечивает само присутствие терапевта, которое придает пациенту достаточно уверенности, чтобы отпустить контроль и войти в контакт с сферами внутреннего мира. Иногда активный интерес со стороны терапевта к тому, что происходит с пациентом, восполняет отсутствие интереса у последнего в важный момент и может вызволить его из порочного круга самоуничижения и психологической неподвижности. В то время как в вышеупомянутом случае пациент почувствовал готовность встретить воображаемую угрозу лицом к лицу и последовал мудрости своего бессознательного, не дожидаясь внешних инструкций, в ситуации, описанной ниже, потребовались настойчивые указания, чтобы пациентка взглянула в глаза воображаемой угрозе и взаимодействовала с ней в течение длительных промежутков времени, возрастающих от раза к разу.

Сессия, в которой участвовала тридцатидевятилетняя женщина, началась со вспышки гнева, направленного на ее сестру, которая, с ее точки зрения, не доверяла ей, не любила и не понимала ее. Затем она обрушила похожую ярость на других членов своей семьи и, наконец, на своего мужа (присутствовавшего в ее воображении), которого она громко укоряла. В конце концов, она воскликнула: «Я свободна! Я чувствую такое облегчение!» После этого началась фаза «белого света», за которой последовала сцена паники, вызванной встречей с группой негров, бьющих в барабаны. Будучи сверх-дисциплинированной и «сверх-цивилизованной» личностью, она увидела себя с распущенными длинными волосами и в набедренной повязке, также бьющей в барабан. Затем сцена была прервана и «сцена света» вернулась:

> *Луч света, падающий сверху, озаряет меня. Он проникает через окно высокой башни. Я вижу небо вверху, ярко-голубое, с белыми облаками. Еще один луч света исходит от высокой горы, и когда этот золотой луч приближается, первый луч (из башни) исчезает. Его больше нет, приближается огромное красновато-оранжевое солнце. Оно освещает*

пустыню и комнату, в которой я нахожусь. Все наполняется красноватым светом. Комната становится теплой и невероятно красивой. Солнце обнимает меня и дарит мне свой свет и тепло. Мне хочется ходить, передвигаться по комнате, и когда я встаю, я вижу, что нахожусь в темном месте, напоминающем пруд с черной водой. Там есть лишь небольшой участок земли, на котором находимся мы с доктором.

Как страшно! Рядом с нами появляется ужасный монстр, который вылез из воды. Он похож на крокодила, разрезанного пополам. Ярко-зеленый. Его глаз, если смотреть сбоку, — это глаз блестящего голубого попугая с изогнутым клювом. Хвост у крокодила не совсем крокодилий, он весь в черных перьях. Больше всего меня пугают его глаза и механические прыжки из стороны в сторону. Стоило мне найти убежище, как он внезапно выпрыгнул из другого места. Я кричу и слышу, как доктор говорит мне: «Взгляни на него. Не бойся. Позволь ему атаковать тебя». Но мой страх сильнее желания подчиниться, я не могу этого сделать. Я закрываю глаза и снова вижу, как он появляется и исчезает, чтобы потом вновь появиться в другом месте — вот он — вот он — так-так.. я не могу справиться со страхом.

Теперь я стою на перекрестке двух троп внутри огромной пещеры. Появляются два гигантских животных, они стоят рядом друг с другом. Они насыщенного бледно-зеленого цвета, напоминают растения. Кажется, будто они сделаны из кактуса. У них зернистая шкура. Отвратительно. Меня это впечатляет, но я не боюсь. Доктор говорит: «Посмотри на них». Я внимательно разглядываю их. У одного из них огромная голова, напоминающая слоновью, немного смешная, а из груди свисают скученные отростки, похожие на растения. Когда оно двигается, они трясутся. Мне это кажется забавным и отвратительным.

«Подражай ему. Будь этим животным», — говорит доктор. Я понимаю, что не смогу этого сделать. Я ставлю ноги вместе и пытаюсь, но безуспешно. Я сопротивляюсь, мне этого не хочется, я не могу. Я дрожу. Это невозможно. Мне кажется, он хочет, чтобы я танцевала. Это он мне сказал или я сама это придумала? Я не хочу танцевать. Мне это не нравится. Он настаивает: «Стань этой дрожью». В итоге я покоряюсь. Я поднимаю руки: будь что будет. Я начинаю дрожать и чувствую, как мои руки превратились в единое пламя и источают свет. Энергия, приходящая откуда-то сверху, движет ими, соединяет их вместе, они начинают вращаться, словно наэлектризованные, и я не в силах остановить их... Мои руки горят. Они превратились в огонь и продолжают вращаться. Я падаю на пол с поднятыми руками, и постепенно они начинают замедляться и опускаются, и внутри меня воцаряется невероятный покой. Это приятное, тихое умиротворение.

Ко мне приходит понимание, не облаченное в слова, то, чего я прежде не испытывала. Это сознание. Оно шире и глубже, чем когда-либо прежде. Я понимаю многие невыразимые вещи. Я прежде не знала, как любить. Я жила, не живя. Я вижу свой маленький отделенный ум как фрагмент моего Я ЕСТЬ. Понимание, сознание — это то же самое. Нет никаких слов, но понимание бесконечно в это мгновение, в котором нет времени.

Здесь мы видим характерный пример мира ибогаина, его светлую и темную стороны: луч белого света и пещера с чудовищами, солнце и черный пруд с прячущимся там крокодилом. Мы наблюдаем, как сцены ада и рая следуют одна за другой: после внезапной вспышки гнева (которую пациентка сравнивает с извержением вулкана) возникает сцена со светом. Охваченная радостью, она начинает стучать руками по полу, и появляются негры. Она не может находиться в этом состоянии долго из-за страха перед неизвестным и первобытным; образ постепенно исчезает, и когда она собирается отдохнуть, она видит свет, проникающий через башню. И вновь во время кульминации приятной сцены ей хочется двигаться, она встает — и неожиданно приходит тьма. На этот раз процесс не прекращается сам по себе. Она отворачивается; она не может сопротивляться. Незавершенность процесса, вероятно, приводит к еще одной темной сцене, словно в этой тьме есть нечто, что ей нужно принять и усвоить. Теперь кажется, что худшая часть позади, или что она стала более безразличной к страху после нескольких попыток принять его. Теперь она, по крайней мере, может смотреть на чудовищ и чувствовать спокойствие вопреки отвращению. *Движение* снова производит на нее наибольшее впечатление (как это было в случае с неграми и с перемещением крокодила).[15] Визуальная конфронтация, судя по всему, завершилась, так как она теперь может описать чудовище в деталях и смириться с ощущением дискомфорта. Ее цель теперь заключается в том, чтобы увидеть «чудовище» в самой себе и отвести ему должное место, поскольку этот образ был порожден ее собственной реальностью. Интересно, что дрожь означает для нее танец. Очевидно, что эта

---

[15] Яркие цвета визуальных образов и ощущение «наэлектризованности» в ее теле передают ту же динамичность, что и образы, связанные с движением.

дрожь или танец вызывают в ней серьезное сопротивление. В конечном счете она покоряется этой дрожи. Я говорю «покоряется», поскольку в этот момент она больше не чувствует, что сознательно *делает* или проигрывает что-либо; ею движет реальная потребность. И в тот момент, когда она начинает дрожать, мы видим переход от мира чудовищ к свету, который теперь рождается в ее собственном теле.

Гнев, который она испытывала в начале сессии, первобытные, чувственные барабаны, крокодил с механическими движениями, а также дрожащее чудовище — все это указывает на одну и ту же сферу инстинктов, которые не находили выхода, в результате чего она не чувствовала себя целостной. Неудивительно, что только теперь, когда она перестала сопротивляться, она может видеть, что ее «маленький ум» является частью ее «Я ЕСТЬ». Танец — спонтанность движений, в которых агрессия и чувственность соединяются, — для нее одновременно является сокровенным желанием и величайшим табу. Танец, кроме того, приносит ей переживание свободы. Но она еще не танцевала. Она лишь сказала себе сделать это, будучи уверенной, что именно я побудил ее к этому (т.е. она спроецировала свое непризнаваемое побуждение на внешний мир как ожидание). Несколько раз ситуация оказывается незавершенной. Примерно полчаса спустя я попросил ее сымитировать животное еще раз, чувствуя, что ей не удалось в полной мере сделать это. И вот как она описывает этот эпизод три дня спустя:

> *Я встаю. Доктор меня о чем-то попросил. О чем же? Танцевать? Дрожать? Изобразить негритянские ритмы? Или сымитировать животное-кактус? Не знаю. Возможно, я и тогда этого не знала. Но я увидела, что стою перед огромным барабаном. За барабаном я вижу негров, движущихся в такт его*

звукам. У них толстые губы, выкрашенные в белый цвет, они одеты в юбки — белые полоски ткани, свисающие с красного пояса. Они босые, с обнаженным торсом. Я сильно бью в барабан правой рукой, а затем левой. У меня в руках что-то вроде деревянных молоточков, я стучу ими. Я перестаю стучать, чтобы влиться в ритм своим телом. Я хочу танцевать. У меня не получается. Я пробую снова, но ничего не выходит. Затем я вижу посреди негров белое улыбающееся лицо Марии. Выражение ее лица меняется, когда я смотрю на нее, она начинает хохотать. Она смеется надо мной, потому что я не могу танцевать. Я чувствую такую злость, что швыряю молоточек и убиваю кого-то, но мне все равно. Это прерывается. Доктор просит меня вернуться к этой сцене, но у меня ничего не получается. Я сажусь, а затем ложусь. Доктор что-то говорит, но я не помню, что именно. Я знаю только, что я не понимаю, не понимаю. Что-то происходит.

Затем я внезапно чувствую, что уже давно сексуально возбуждена. Я сообщаю об этом. Доктор говорит: «Отдайся своему желанию. Прочувствуй его». После чего я ощущаю, словно кто-то берет меня за ноги и двигает ими так, что это превращается в сексуальный акт. Нет оргазма, или это — тысяча оргазмов, хотя никакого завершения не происходит. Возбуждение сохраняется. Я снова вижу прекрасные пейзажи, закаты, растения, море, огромную пустыню, и солнце — великолепный огненный шар на фоне всего этого. Я говорю: «Какая красота!» Доктор попросил меня не давать оценок и не упоминать о красоте или уродстве, а просто описать увиденное. Но как умолчать об этом, если это настолько пре-

красно? *Ощущение бытия, ощущение грубых вибраций, проходящих через все мое тело. Мне хочется твердить без конца: «Я есть, Я есть, Я есть». Это все сущее, это переполняет меня.*

Вновь мы видим здесь переход от темного подземного мира инстинктов к красоте земли в целом, к солнцу, к бытию. Однако есть различия между этими эпизодами и предыдущими. На этот раз пациентка активнее участвует в происходящем. Она выступает в роли барабанщицы, по сути будучи одной из группы танцующих негров, в реальности стучит руками по полу, и, наконец, выражает *желание* танцевать, а не просто чувствует побуждение извне. Также ее охватывает убийственная ярость, хотя этот момент прерывает сцену. Еще одно отличие дает нам ключ к пониманию ее скованности и трудности, связанной с танцами, — ее подруга (Мария), смеющаяся над тем, как плохо у нее это получается. Гордость не позволяет ей безусловно принять спонтанность своих движений. Они, в соответствии с ее закрепившимися стандартами, должны быть совершенными, что не оставляет места для импровизации, безотчетного потока действий, животной интуиции. В конце она чувствует сексуальное возбуждение, и это больше не символ, а переживание, которое она себе дозволяет и которое проявляется в ее теле.

Интересно отметить, что образы на стадии разрешения противоречия и интеграции больше не являются потусторонними, а скорее представляют собой синтез темного и влажного растительного и животного мира и мира чистого света, небес и протяженных пространств. Подобный синтез — это отражение обычного мира, увиденного необычным взором. Это напоминает мне строчки Блейка:

*Приходит Бог, и Бог — есть Свет
Для душ, чей Тьмою путь одет,*

Но явит Человечий Лик
Тому, кто к свету Дня привык!

Подобным образом, космическое «Я есть» превращается в более земное «я есть Я».

Пациентка так и не станцевала, что говорит нам о существовании некоего барьера, мешающего осуществлению этого желания, и о том, что описанный процесс мог остаться незавершенным. И как это порой бывает в случае незавершенных ибогаиновых переживаний, она продолжала вспоминать события сессии и представлять некоторые образы в течение двадцати четырех часов. Ниже приведен момент, когда она вживается в роль огромного ящера с крокодильей кожей, увиденной ранее, бранит чудовище и кричит во весь голос:

Я ужасная, черная, серая, твердая!
Я живу в ужасной подземной пещере.
Я хочу быть одна. Не хочу видеть жизнь вокруг.
Я хочу быть одна, одна.
Королева, сильная в одиночестве.
Я королева тьмы.
Я есмь чудовище!
Я хочу хрипеть, рычать, выть, уничтожать.
Я хочу убивать, ломать, пронзать, сокрушать, царапать, разбивать, раскалывать, разрывать, давить.
Я неумолима!
Я неумолима!
Я неумолима!!!
Я неумолима к себе.

Везде, где сдерживаются «чудовищные» инстинктивные энергии, должно присутствовать чудовище, равное по силе, способное их сдерживать, и для того чтобы перенаправить силу, человек должен осознать, что это подавляющее действие исходит от него самого. То, что в предыдущей сцене проявилось умеренным образом как презрительный смех «авторитета» (Марии), теперь приняло облик безжалостного монстра, и пациентка осознала присутствие этого чудовища в своем повседневном «Я».

В результате данной сессии, как и ожидалось, пациентке стало легче проявлять спонтанность и давать выход своему гневу. Перемена была заметна в ее движениях, которые стали более мягкими, а также в выражении ее лица, теперь более ласковом и эмоциональном. Это была ее третья сессия с применением фармакологических веществ, в двух других использовались ЛСД-25 и МДА. В первом случае, за год до этого, ее переживание заключалось в обнаружении красоты внешнего мира, при этом она осознавала свое уродство, что отражало присущее ей самоотрицание и указывало на работу, которую ей необходимо проделать. Шесть месяцев спустя опыт с МДА впервые позволил ей пережить состояние «Я есть Я», когда она отчетливо осознала собственные чувства и воззрения, отличающиеся от стереотипных мнений, усвоенных ею в течение жизни. На сессии с ибогаином впервые была затронута сфера ее инстинктов, и именно после этого в ней произошла наиболее заметная перемена, как с ее собственной точки зрения, так и по мнению других.

Суммируя вышесказанное, можно рассматривать психологический процесс, происходивший во время данной сессии, как все большее признание, принятие и выражение импульсов. То, что поначалу достигало области сознания в виде мимолетных и несущих угрозу образов (пронизанных как агрессией, так и чувственностью), постепенно обретало все больше деталей и привело к идее танца, к фактическим движениям, к сексуальному возбуждению и к громким крикам пациентки.

Если быть более точными, можно говорить о развертывании или выражении «фантомов» — «интроектов», господствующих чудовищ, олицетворяющих хватку, сдерживающую импульсы. При этом фантомы питаются кровью того, что было подавлено. Именно в этих чудовищах-стражах заключена энергия пациента, и когда он предоставляет право голоса фантомам, с ним говорят проглоченные ими энергии, то есть импульсы человека.

На мой взгляд, не следует ограничивать процесс выражения импульсов, описанный выше, своим привычным стремлением к инсайтам, интерпретации и пониманию психодинамики, то есть наследием психоанализа. Я полагаю, что ибогаин может способствовать открытости в самовыражении, что приводит к освоению нового. Это можно назвать *исправляющим переживанием*, в том смысле, что пациент получает возможность убедиться: то, что он боялся выпустить наружу, не является опасным или неприемлемым.

Одним из наиболее очевидных результатов, которые я наблюдал после лечения при помощи ибогаина, был связан с мужчиной, имевшим гомосексуальный опыт, который женился, но не чувствовал близости с женой и не испытывал физического влечения к ней. Хотя во время сессии он говорил о «чувстве кастрации», это не было до конца проанализировано им, как и его гипотетический страх перед женщинами. Когда он почувствовал сексуальное возбуждение во время сессии, он удалился в ванную комнату, думая, что сможет мастурбировать. Однако, начав это делать, он понял, что это будет лишь заменой полноценному соитию, и что на самом деле ему хочется женщину. Потом он представил, что обнимает жену, и начал совершать движения, имитирующие соитие — поначалу сковано, как в реальной жизни, а затем с большей свободой и гибкостью. Он почувствовал, что его ноги и тело устроены таким образом именно для того, чтобы совершать данную функцию, и его движения стали более ритмичными и музыкальными. Когда он ощутил, что близок к оргазму, он понял, насколько совершенно задуманы тела; он смог в деталях воспринять анатомию мужчины и женщины и осознал, что женщина принимает не просто его семя, а все его существо. Вместе с семенем вся его сущность изливалась в тело женщины, которое принимало его, пока он подвергался процессу ужасающей, но в то же время приятной дезинтеграции.

Это не был физический оргазм, он назвал это «психологическим оргазмом». У него не было даже эрекции. Тем не менее, за этим последовало ощущение удовлетворения.

Я изложил этот эпизод во всех деталях, следуя описанию самого пациента, поскольку лишь детали отражают качественный аспект переживания. Этот эпизод длился не более пяти минут в шестичасовой сессии, во время которой было затронуто много тем, но его важность заключалась в том, что пациент в первый раз отпустил контроль во время полового сношения с женой, пусть даже в своем воображении, и как оказалось, не в последний, поскольку это было лишь началом их сексуальной и эмоциональной близости.

Переживание пациента таит в себе гораздо больше, чем простое половое возбуждение и «снятие напряжения». То, что он описал, больше говорит об архетипическом переживании раскрытия архаичного сексуального паттерна, свойственного данному виду, и о проникновении в суть взаимоотношений между полами изнутри своего опыта. Изображая сексуальную сцену, — подобно тому, как пациентка из предыдущего примера изображала ритуальные движения, — он отдался на время своим побуждениям и устранил страхи, которым подвергался на протяжении жизни. Это переживание не привело к радикальной перемене, а скорее стало завязкой для дальнейшего исследования и развития.

Пациент, который проделал немалый путь, чтобы проконсультироваться со мной, вернулся в свою страну и написал мне полгода спустя: «Я чувствую, как возросла близость между мною и женой. Даже тот факт, что я признался ей в том, что не любил ее, по-видимому, усилил это ощущение близости. То, что выводило меня из себя прежде, теперь не сильно меня беспокоило, и я стал чаще испытывать влечение к ней. Наши сексуальные отношения стали более цельными и больше похожи на обмен. Я чувствую себя более свободным в занятиях любовью и получаю больше наслаждения. Я уже не вижу, что попал в ловушку брака, как это было раньше, и понимаю, что у нас гораздо больше общего, чем мне казалось. Думаю, теперь я знаю ее лучше».

До настоящего момента я обсуждал процессы спонтанного самовыражения посредством слов или действий с использованием таких приемов, как управляемые фантазии, перепросмотр увиденных сновидений и фантазий, рассматривание фотографий, а также способы обработки различного материала через конфронтацию и перепроживание. Последнее иногда (при приеме ибогаина, а также при гештальт-терапии без использования вспомогательных веществ) может привести к продумыванию сложной игры. Есть еще одна ситуация, которую мне хочется обсудить. Не только потому что я сталкивался с ней примерно в каждой третьей сессии, а по причине особенного качества и важности этих моментов. Это — воспоминание или восстановление событий раннего детства, к которому можно перейти через ассоциации с текущей ситуацией, образами, фотографиями или в связи с интерпретацией поведения пациента.

Я уже отмечал, что ибогаин в большинстве случаев вызывает воспоминания не о внешних событиях (как МДА), а скорее о внутренних событиях или фантазиях. Это могут быть часто повторяющиеся фантазии, например, о родилях, или фантазии, связанные с происходящими в то или иное время событиями. Это можно увидеть на примере женщины средних лет, которая в какой-то момент во время сессии вспомнила: ее отец как-то раз пришел домой с подарками для всей семьи и дал ее братьям и сестрам то, о чем они просили его раньше. Но она хотела быть его любимой дочерью, а потому сказала: «Не беспокойся обо мне, папочка, не трать на меня деньги». И он принес ей кое-что гораздо менее ценное, чем другие подарки: маленькую брошку в форме собаки. Эта история в таком виде хранилась в ее сознательной памяти, хотя она не вспоминала об этом случае с детства. Теперь же она с удивлением обнаружила, что, поскольку она была обижена и разочарована этим маленьким подарком, у нее еще тогда возникла фантазия о том, как маленькая собачка (или она сама, этого она точно не могла сказать) откусила пенис отца и съела его. Кроме того, теперь она осознала, что впоследствии она чувствовала вину за это, как будто это воображаемое событие произошло в действительности, и что с тех пор эта вина пронизывала ее отношения с отцом. Эти несколько секунд внутренних переживаний волшебным образом повлияли на ее жизнь, положив конец периоду закрытости по отношению к отцу. Получив указание представить, что она говорит со своим отцом сейчас, она рассказала ему о том, что произошло. «Он» понял ее, и она почувствовала себя очищенной и свободной. Встретившись с отцом в реальности, она поняла, что снова может любить его.

Этот эпизод не только показывает, что психическое событие может повлиять на жизнь так же сильно, как реальное событие (если не сильнее), но также является важным подтверждением того, что даже спустя долгие годы можно вспомнить фантазию, которая была неосознанной даже в то время, когда имела место. Содержание этой конкретной фантазии в значительной мере совпадает с образностью, свойственной ибоге (животные, откусывающие и съедающие гениталии, эдипова ситуация), а также с чувствами (гнев, возмущение, досада), которые она обычно вызывает, так что возникает соблазн толковать весь этот аспект «мира ибоги» как проявление регрессии. Но я подчеркну, что это всего лишь предположение.

В то время как в последнем примере пациентка осознала свою фантазию как таковую, в некоторых случаях подобных воспоминаний о внешней реальности можно предположить, что фантазия пациента проецируется на прошлое в виде ложных воспоминаний, подобно тому, как галлюцинации отражают ложное восприятие настоящего. Всякий раз, когда, на мой взгляд, происходит именно это, я работаю с воспоминанием так, словно это частичка воображения пациента, предполагая, что персонажи являются проекциями его личности. Таким образом, я прошу пациента вступить с ними во взаимодействие или проиграть их роли, пока не обнаружится психологическая реальность в его нынешнем состоянии ума.

Давайте рассмотрим фрагмент сессии. Пациентка (молодая актриса, которой потребовалась консультация в связи с проблемами в браке) рассказывала мне о сновидении, в котором она с удивлением обнаружила, что родила эльфа. Это был сильный и здоровый миниатюрный мужчина. Когда я попросил ее поговорить от его лица, «он» сказал: «Можете называть меня Шон. Я очень умный. Я буду петь и буду *танцевать*. Я вам покажу, я вам покажу». Повторяя это голосом эльфа и вспоминая его физически, она осознала, что всегда хотела показать всем, какая она умная и как много всего умеет. Потом она заметила, что у эльфа тело ее мужа и ее предыдущего парня, и что она пыталась жить их жизнью, а не своей собственной. «Думаю, я всегда хотела быть мужчиной, — сказала она. — Я никогда себя особо не любила».

В этот момент я предположил, что, поскольку эльф символизирует своеобразность и уникальность, отгороженность от привычного человеческого мира, возможно, она чувствует некую отчуждённость от родителей. Для неё это было чем-то очевидным. Её мать относилась к ней так, словно она маленький монстр, заставляя её чувствовать себя странным существом. Собственное чувство своей принадлежности иному миру она частично объясняла тем фактом, что её родители практически никогда не брали её на руки, словно они боялись этого или не знали, как это сделать. Я предложил ей попробовать представить себя ребёнком и воссоздать свои переживания, относящиеся к тому времени. Для неё это воспоминание оказалось довольно реалистичным: «Я вернулась к тому времени, когда мне был год, или чуть больше, и я лежала в колыбели. Эта была детская кроватка с перилами, и я вспомнила родителей и заново пережила эту сцену, словно это происходило здесь и сейчас; я помнила свои эмоции, движения, цвета, дневной свет, всё остальное. Они заглядывали в колыбель, махали мне руками и игриво говорили: «Гэйли, Гэйли». Они не дотрагивались до меня, а мне этого хотелось. Они смотрели на меня как на какое-то странное существо. Я обнаружила, что эльф родился как раз в то время. Я была экспонатом выставки и не чувствовала себя одним из людей. По-видимому, мне недоставало любви. В этой кроватке я чувствовала себя так, будто нахожусь в клетке».

Обратите внимание на тему «заточения», наряду с фрустрацией. Когда она рассказывала об этих воспоминаниях, чувствовалось, что она страдает. Она постоянно чувствовала себя очень больной, не такой, как все, нелюбимой. Самое сильное переживание нехватки любви у неё было, когда она думала о матери. Она вспомнила, как та вошла в комнату, кричала на неё и топала ногами. Будучи младенцем, она плакала и нуждалась в ее заботе, но мать говорила: «Перестань меня беспокоить. Перестань плакать и дай мне спокойно помыть посуду!» Я просил пациентку исполнить роль матери, и она это сделала, сымитировав ее голос и интонации. Вот как она впоследствии вспоминала следующий эпизод и свои чувства:

Доктор попросил меня ответить ей и рассказать о том, как она со мной поступает и как я себя чувствую. Я ответила ей так же, как она, крича на нее. Доктор привлек к этому мое внимание и попросил ответить от лица Гэйл, наблюдая за тем, какие эмоции и переживания у меня возникают. Я плакала и искала собственный голос, но его не было. Он попросил меня сделать так, чтобы мать взяла меня на руки и проявила любовь ко мне. Она взяла меня, но я ненавидела ее за то, что раньше она этого не делала. В тот момент я так сильно ненавидела ее! Я хотела причинить ей боль и показать, как я себя чувствовала. Доктор предложил мне ударить ее. Я начала бить подушку, но не могла делать это со всей силой, потому что я все же любила мать. Я чувствовала вину за то, что она не позволяла мне любить ее. Я поняла, что она никогда не учила меня любить. Я также осознала, что для меня было важно не только быть любимой, но и чтобы мне позволяли любить в ответ. Затем доктор попросил меня взять ее на руки и проявить любовь. Я взяла ее с любовью, и мне стало лучше. Но я все еще грустила. Я спросила у него, что мне делать с чувством вины. Он сказал: «Прими ее». Мне не стало легче. Я была одна в этой комнате. Мне было плохо, плохо, плохо внутри. Мне казалось, что у меня внутри огромная, пустая черная дыра. Я не сказала ему об этом, так как подумала, что это очень плохо. Пока я сидела в детской кроватке, я постоянно ощущала свет, яркий луч проникал сквозь окно в комнату и светил на пол. Свет был теплым и наполнял меня, страдающую от одиночества. Я играла со светом. Это был Бог. Я любила этот свет и зеленые растения, которые видела из окна. День снаружи был ярким и теплым, а Мама была очень холодной и раздраженной. Раз или два, говоря с Мамой, я обнаружила свой голос. Он был печальным — голос маленькой девочки, просящей любви. Единственным, что помогало мне не страдать, был свет.

В этом примере мы вновь видим, что чем больше пациентка готова покориться своим истинным чувствам, тем ближе пиковое переживание. В печали и в своей потребности в любви она находит себя (свой голос), а также утешение, которое приносит белый свет. Образ луча света и его религиозное наполнение слишком похожи на другие пиковые переживания при приеме ибогаина, чтобы можно было счесть это реальным воспоминанием. Тем не менее, мы не можем отбрасывать вариант, что детское переживание, связанное со светом, является источником наслаждения и поддержки и представляет собой исконное переживание, лежащее в основе представления о Боге как о дарующем свет.

Несмотря на позитивный элемент в приведенной выше цитате, можно увидеть, что проблема пациентки не была разрешена. Она все еще была раздираема противоречиями и не могла любить всем сердцем. Однако, как в случае с Яковом, эти минуты анализа заложили основу для синтеза, который произошел в течение следующего часа, а их плоды оказались наиболее заметными в ряду перемен, о которых она сообщала на протяжении следующих месяцев. Это можно увидеть в отрывке из ее дневника, написанном две недели спустя:

> *Раньше я спрашивала других людей, чувствовали ли они когда-нибудь то же самое, что и я. Я стыдилась своих чувств. Когда-то я спрашивала Маму: может быть, я не от мира сего? «Любит ли меня хоть кто-то?» — задумывалась я. Почему меня не любят? Я тоже себя не любила. Где была Гэйл? Гэйл внутри Гэйл, но она спит. Она только просыпается, пришло время. Я личность. Я такая же, как все остальные. Я жила жизнью других. Боялась попробовать что-то свое. Моя мать разрушала мою жизнь до настоящего времени. Она не видела саму себя. Возможно, поэтому она не могла увидеть меня. Она жила жизнью других. Зависть, жадность и вина. Она мучается. Я мучаюсь, но я могу с этим что-то поделать. Я должна упражняться. Я должна жить в мире и использовать свои энергии. Лишь в определенные моменты я осознавала себя, и лишь через других людей. Я не могу не заглядывать в жизнь других и не жить их жизнью. У меня сесть собственная хорошая жизнь. Я думаю, я начинаю освобождаться от своих родителей. Я не моя мать, слава Богу. Я должна уважать жизнь других. Но как я могу брать на себя ответственность за других, если я не могу отвечать за саму себя? Я — это я. Я должна быть собой. С этих пор я должна быть собой — кем бы я ни была. На мне лежит ответственность за саму себя.*

К чувству целостности и легкости неожиданно привел момент во время сессии, когда она увидела, как карабкается вверх по вертикальному туннелю. Она понимала, что этот туннель — ее собственная жизнь, но он был бездонным; с того места, где она родилась, и ниже он был покрыт мутной чернильной субстанцией, которая уходила вниз, бесконечно. Когда я предложил ей упасть в туннель, она отпустила ручки и начала падать в чернильную субстанцию. Падая, она увидела движущуюся спираль, но в первую очередь, она отмечала следующее: «*Я стала самой собой в падении.* Ощущение было очень приятным, и *мне понравилось быть собой.* Я почувствовала, что любовь возможна и что это способ жить».[16] Этот процесс становления собой и обнаружения любви был естественным продолжением более раннего эпизода, в котором она вступила в контакт со своими чувствами и нашла собственный голос — собственную сущность, скрывающуюся за образом матери, с которой она себя отождествляла. Как и прежде, становление собой стало возможным благодаря падению. На более раннем этапе сессии она впала в уныние, в отчаяние, отключив свои защитные механизмы. Теперь это был полный отказ от контроля, проявившийся в образе падения. В процессе падения и вращения по спирали образ перестал быть исключительно визуальным, ее тело очнулось и подключилось к происходящему.

Процесс погружения в образ, отождествления себя с ним и возвращения себе таким образом отвергнутого некогда качества, известен нам по гештальт-терапии и уходит корнями в традиции, существовавшие задолго до появления психотерапии в ее нынешнем виде. Классический индийский скульптор, к примеру, медитировал над божеством, которое он собирался изобразить, сначала вызывая образ в уме, а затем *ста-*

---

[16] Курсив мой — примечание автора.

новясь им. Похожая практика, не связанная с творческими задачами, существует также в иудейской каббале и в магических традициях. Боги, которые призываются в подобных практиках, являются, по сути, функциями или процессами психики, как и образы, с которыми чаще всего имеет дело психотерапия. В данном случае туннель олицетворяет всю протяженность жизни пациентки — *ее собственной жизни*, — при этом бесконечно простираясь вверх и вниз. Безусловно, найти такую дверь, в которую можно постучаться, — большое событие. Возможность войти уже присутствует, когда человек видит вход, представляющий собой обобщенное отражение его существования. Я был удивлен тому, как часто образ туннеля появляется в фантазиях, вызванных ибогаином, и у меня сложилось впечатление, что он часто является тем самым «входом», а потому ценным ключом, который нужно использовать. Мы уже видели туннель в двух из описанных случаев, а дальнейшие примеры помогут понять его важность. Далее следует отрывок из сессии, во время которой пациент видел череду образов, не проявляя ярко выраженных эмоций и не испытывая к ним особого интереса. Эти образы казались бессмысленными и разрозненными, и мы не видели никакого четкого паттерна или развития в их последовательности.

В какой-то момент субъект увидел в воображении барабан. Этот образ весьма характерен для мира ибогаина, неся в себе ассоциации с импульсом, силой, движением и, возможно, первобытностью. Его также можно рассматривать как вариацию темы туннеля, из-за его цилиндрической формы и пустоты внутри. Я попросил пациента сыграть роль этого инструмента, и он описал, как становится большим золотым барабаном, на котором играют только по особым, исторически важным, случаям. Затем барабан покатился с горы и в конце превратился в генеральскую фуражку. Она принадлежала заурядному человеку, который вел себя высокомерно, в начальственной манере. Этот непримечательный человек выступает как противоположность большому золотому барабану, что намекает на ощущение своей неполноценности, которое пациент прячет за напыщенным образом самого себя. Интересно, что переход от одного образа к другому происходит посредством сцены *скатывающегося вниз* барабана, что напоминает падение в туннель в предыдущем примере. Отказ от раздутого самовосприятия воспринимается как падение внутрь себя или, по меньшей мере, как падение в область заурядности, тьмы, непривлекательности, посреди чего обнаруживается истинное «Я». Я предложил пациенту стать этим генералом, и он уже вживался в роль, когда увидел бесконечный туннель, подобный поезду. Я попросил его войти в него, и поезд превратился в реактивный самолет, а затем в маленький, игриво летящий, аэроплан. Это образы энергий, и я склонен толковать эту последовательность сцен как взаимодействие пациента со своей энергией внутреннего побуждения через «падение», то есть переход к чему-то незначительному. Туннель знаменует момент перехода, бесконечную полость. Но эта сцена тут же становится динамичной благодаря добавлению образа движущегося поезда, а затем реактивного самолета. Реактивные самолеты, струя (вспомните брызжущую молочную жидкость) и лучи света можно понимать как оживание туннеля или как жизнь, текущую по его полости, — как в первом случае, когда субъект посмотрел в перископ, который он создал в своем воображении, и его наполнил белый свет. Приняв форму аэроплана, «реактивная» энергия была индивидуализирована, поскольку, судя по тому как пациент описывал игривое кружение, он говорил о своей собственной манере поведения. По сути, он сам это обнаружил. Этот полет отражал его *подлинные* чувства. Он летал, как озорной мальчишка, маленький и любопытный, жаждущий новых открытый и наслаждающийся демонстрацией своих способностей. Он не воспринимал свой небольшой размер как непримечательность, в отличие от генерала, и не чувствовал потребности соревноваться с кем-то в величии. Энергия, заключенная в барабане, теперь была направлена им на то, чтобы наслаждаться самим собой, и вместо золота барабана, которое отражало идею превосходства над другими, он радовался золотому свету солнца.

Насладившись ощущением свободы в открытом мире, через какое-то время он (аэроплан) почувствовал потребность двигаться в определенном направлении и устремился к солнцу. По мере приближения к нему он колебался, боясь подвергнуться участи Икара. Тем не менее, он продолжил свой путь, пролетел сквозь солнце и обнаружил позади него рай.

Аэроплан, по сути, — это трансформация бесконечного туннеля, который может быть каналом для силы, но не ее источником. Маленький аэроплан играл в солнечном свете как дитя солнца, и хотя у него была собственная активность, можно предположить, что его движение по направлению к солнцу объяснялось притягательностью солнца. Аэроплан — это часть энергии, которая хочет большего проявления самой себя, и она достигает этого, вернувшись к своему источнику. Он в буквальном смысле «транспорт», а не цель, и он предстает перед солнцем, словно сын перед отцом (см. случай Якова), или словно эго перед истинным «Я».

Мы увидели два пространства энергии в мире ибогаина: пространство света и игривости и пространство тьмы и жадности; мир солнца, воодушевления и танцев, и другой — мир темных прудов, пожирающих драконов, собак, откусывающих гениталии, и грозных горилл. Где-то посередине находятся такие образы, как золотой лев или танцующий негр. Как этот туннель и солнце соотносятся с «нижним» миром ибогаиновых переживаний, связанных с животной природой, гневом, одиночеством и отчужденностью? Я думаю, что обзор еще одного случая поможет нам систематизировать и лучше понять некоторые ключи, которые предоставил нам материал, приведенный выше.

Вкратце можно сказать, что в течение первых четырех часов сессии мысли и фантазии этого пациента (тридцатиоднолетнего политика) были преимущественно сексуальными и агрессивными. Все это время у него постоянно возникали два образа с некоторыми вариациями: образ туннеля (вначале в виде кольца, или глаза), и образ гориллоподобного существа. Горилла была первым образом, и поначалу это было обычное животное. Затем пациент увидел отражение своего собственного поведения в самомнении и напыщенности гориллы, и чем больше он это осознавал, тем более похожим на человека становился образ, превратившись в огромного обезьяноподобного мужчину, которого пациент назвал «задирой». В конце четвертого часа я ожидал, что действие вещества будет продолжаться не более двух часов, и я практически не видел развития в переживаниях пациента за последний час. В этой связи я решил прервать эту бесконечную карусель образов, дав ему немного подышать воздухом, насыщенным углекислым газом. Я надеялся, что вдыхание газа приведет к временному ослаблению функций эго и высвободит материал, хранившийся в сфере бессознательного. Пациент смог сделать только десять вдохов, так как почувствовал, что его — хвастливого великана — засасывает в туннель, и что его голова с чудовищной силой прижимается к потолку и вот-вот расколется!

После этого момента беспомощности и страха смерти произошла перемена в эмоциональном фоне и в содержании речи пациента. Он увидел не только задиристость в самом себе, желание угрожать другим ради собственной безопасности, но также ребенка, скрывающегося под маской задиры — жадного ребенка, жаждущего любви, которого он не осмеливался показывать окружающим. Теперь великан был с волосатой грудью и маленькими ногами, и на нем были детские шорты. За этим последовало множество воспоминаний, и все это напоминало исповедь, поскольку пациент все больше и больше говорил о своей слабости, вине и неуверенности.

Опасаясь, что сессия завершится прежде чем будет достигнута терапевтическая цель, я снова использовал CO_2. На этот раз результат был еще более впечатляющим. У пациента возникло состояние экстаза, и это окрасило все его последующие ощущения в тот день. На том конце туннеля появилось *солнце*!

Пациент провел следующий час в состоянии, которое я назвал бы поклонением солнцу. Не физическому солнцу, которое уже закатилось, не воображаемому солнцу, а тому, что оно символизирует. Когда я вспоминаю, как мы сидели, иногда молча, иногда — беседуя, я представляю, как над нашими головами сияет солнце, как некое существо, присутствующее в комнате вместе с нами, ведь я заразился от своего пациента восторгом и благодарностью по отношению к источнику жизни.

Я уже упоминал о том, что при приеме ибоги и гармалина определенную тему можно либо *проживать*, либо просто созерцать как череду образов, с которыми субъект практически не отождествляет себя. В данном случае, на мой взгляд, мы имеем дело с первобытным переживанием — не примитивным, а исконным, вечным, — которое проистекает из мифов о солнце и из представления о Боге как о свете, до сих пор отраженного в слове, обозначающем «Бога» в разных языках.

Мы вспомнили все его переживания в течение дня, которые представляли собой краткое содержание его жизни.

Горилла внутри него, задира, человек, стремившийся стать большим и важным, скрывали непринимаемую им слабость и вину. Эта слабость во многом проистекала из его желаний, потребностей и боязни выказать эти потребности. Чувство вины преимущественно было связано с сексом. Большая часть его личной истории, которую он мне поведал, касалась сексуального аспекта, и тема секса красной нитью проходила через всю сессию. «Как я могу примирить в себе секс и солнце?» — спрашивал он теперь, видя в этом два несочетаемых мира: мир чистого духа и мир плоти. Однако его сомнения долго не продлились, и перемена в восприятии отразилась в следующем замечании: «Однако эрегированный пенис тоже указывает на солнце!» Это было не просто игрой слов или идей, а проявлением его изменившегося восприятия секса, который внезапно обрел чистоту и святость по той причине, что был устремлен к солнцу — подобно аэроплану в приведенном выше отрывке. Свет был фундаментальным источником и целью сексуальных побуждений, и по этой причине секс сам по себе был исполнен света.

Эта сессия кажется мне интересной, поскольку в ней видна постепенная трансмутация психической энергии, отраженная в раскрытии канала, представленного туннелем. Можно сказать, что в начале пациент был закрытым туннелем и хотел оставаться таким. В какой-то момент он представил, как туннель растягивается и оказывается за пределами его поля зрения, и описывая это, он ощущал разочарование и дискомфорт, вызванные отсутствием у этого туннеля начала и конца. «Туннель, туннель, туннель... Он не заканчивается!» Затем он отметил, что бесконечный туннель — это *ничто*. Я нахожу это замечание о «безграничности» туннеля достойным внимания, поскольку именно бесконечность и открытость туннеля являются характерными мотивами пикового переживания при приеме ибогаина. Однако эта открытость для косного маленького эго подобна смерти; это «ничто». Поэтому уверенный в себе задира бился головой о потолок. Этот образ говорит нам о том, что закрытость туннеля и упрямая оборонительная позиция человека были одним и тем же. Открытие туннеля могло разбить человеку голову, а это означало бы *его* смерть. По сути, *этот* человек в конце концов исчез.

Итак, в начале самонадеянность, свойственная горилле, хотела пройти через туннель, но у нее не получилось это сделать. Туннель не может пропустить через себя форму энергии, которая, в конечном счете, стремится к отделенности. Отождествляя себя с этим фальшивым образом, пациент препятствовал потоку своей жизни. Но что является тем потоком в его жизни, который стремится течь? Несколько раз он видел туннели, выходящие из земли или из фундамента. В одном случае из них текла вода. Она не била ключом, а текла тонкой струйкой. «Давай, давай, давай!» — кричал он в сильном возбуждении. А затем: «Ой, ой, ой!» Образ трансформировался в распинаемого человека, а дальнейшее он вспомнить не мог. Не только присутствие подземного мира, но и сам контекст, в который были встроены образы, указывали на то, что это были «темные» инстинкты, которые хотели выйти наружу, поскольку остальные фантазии были связаны с грязными прудами, крокодилами, неграми. Затем произошла еще одна трансформация — темнота и животный мир превратились в свет, и не просто свет, ведь солнечный свет передает еще тепло, что означает огромную энергию. По сути, это источник любой энергии и жизни. Солнце-отец буквальным образом породило растения, животных и людей, и пациенту пришлось стать ребенком, чтобы понять это.

В данном примере все, что мы видели во многих других случаях, проявилось с большей силой. Если мы вспомним струящийся через окно свет, который видела Гэйл, лежа в детской кроватке («Это был Бог»), или то, как переживание света следовало за каждым столкновением другой пациентки с животными силами в ее фантазиях, или как в случае Якова нити-черви-животные выходили из его рта, а потом превращались в птицу, летящую к солнцу, — во всех этих примерах побудительная сила, «воплощенная» в образах животных (или жадного ребенка), та же самая, что и сила, символизируемая полетом к свету или самим светом, но рассмотренная под другим углом зрения.

Эта перемена угла зрения похожа на «вход в туннель»: войти в жизнь и проживать ее изнутри, а не в качестве внешнего наблюдателя ее проявлений; получить максимально возможный опыт от соприкосновения с ней, отождествляя себя с ее осью и сердцевиной; *стать* самой жизнью; достигнуть состояния, в котором субъект и объект, мыслящий и его мысли, чувствующий и его чувства, тело и ум становятся одним и тем же. Таким образом, вход в туннель — это не что иное, как *вхождение в собственный опыт*, которое является предметом многих традиционных форм медитации.

> *Так я слышал. Одно время Благословенный жил среди куру в Каммасадамме — рыночном городе народа куру. Однажды Благословенный обратился к бхикку: «Монахи», а те ответили ему: «Почтенный господин». И Благословенный сказал следующее.*
>
> *Есть только один путь, монахи, для очищения существ, преодоления печали и скорби, для уничтожения горя и страдания, для следования правильному пути, для достижения нирваны, именно — четыре основы осознанности.*
>
> *Каковы эти четыре основы?*
>
> *Согласно учению,*

монах живет, практикуя созерцание тела, ревностно, бдительно и с полным пониманием, преодолевая печаль и алчность к этому миру;

живет, практикуя созерцание чувств, ревностно, бдительно и с полным понимание, преодолевая печаль и алчность к этому миру;

живет, практикуя созерцание ума, преодолевая печаль и алчность к этому миру;

живет, созерцая объекты ума, он созерцает объекты ума, ревностно, бдительно и с полным пониманием, преодолевая печаль и алчность к этому миру.[17]

Кажущийся парадокс состоит в том, что этот процесс взаимодействия с реальностью (в теле, чувствах и мыслях) представляется *нисходящим* движением, направленным к земному существованию, и все же внутри земных форм обнаруживается духовная сущность, приходящая *свыше*. Чем глубже мы вникаем в одну и ту же вещь, тем больше она кажется чем-то иным. Чем глубже мы погружаемся в реальность, тем «нереальнее» она становится. Однако этот процесс не отличается от процесса посредством которого наука обнаруживает реальность, недоступную нашему непосредственному восприятию, а искусство преображает мир знакомых нам форм, когда достигает сущности вещей.

---

[17] Maha-Satipatthama-Sutta: "Twenty-second text of the collection of Long Discourses of the Buddha," from Nyaponika Thera, The Heart of Buddhist Meditation (London: Rider & Co., n.d.).

Об авторе

«*Нет ничего более обнадеживающего с точки зрения социальной эволюции, чем коллективное развитие индивидуальной мудрости, сострадания и свободы*».
— Клаудио Наранхо

Клаудио Наранхо — чилийский психиатр и пионер интеграции в психотерапии, духовности и психоделических исследованиях. Он развил Эннеаграмму Личности, Основал SAT Институт (Институт Ищущих Истину), автор множества книг в психотерапии, сознании, личности и образовании. Он учился в Гарварде и Университете Иллинойса по программе Фалбриджа. В 1966 году он был приглашен в Калифорнийский Университет в Беркли, в Содружество Гугенхайма, а далее вернулся как доцент в программу Исследований Оценки Личности Института Беркли.

Наранхо был важной фигурой в Институте Эсален, где он стал сначала учеником, а затем одним из трех преемников Фрица Перлза (основателя гештальт-терапии). В эти годы он стал ближайшим другом Карлоса Кастанеды, прошел обучение и наблюдение у Джима Симкина в Лос-Анджелесе и посещал семинары по сенсорному осознанию с Шарлоттой Селвер. Он также принимал участие в передовой группе психоделической терапии Лео Зеффа (1965-1966). И как результат, продвинул исследования гармалина, МДА и ибогаина.

Наранхо создал международную программу психотерапевтических семинаров Института SAT, соединяя Гештальт терапию, применение эннеаграммы личности, межличностную медитацию, музыку, управляемое само-исследование и осознание внутренних коммуникационных процессов. SAT семинары продолжаются сегодня, вдохновляя участников расширять свои возможности, и находить ответы на вопросы о трансформации и личностном росте.

Начиная с конца 90х годов, Клаудио Наранхо участвовал во многих образовательных конференциях, продолжая помогать создавать более социально- и духовно-ориентированную образовательную систему по всему миру. Его книга «Изменение образования, чтобы изменить мир» (опубликованная на испанском языке в 2004 г.) стимулировала усилия проекта SAT-in-Education, помогая стимулировать все более мощное движение за реформу образования в Испании. Влияние Наранхо на преобразование системы образования в разных странах привело к тому, что в 2005 году престижный университет Удине (Италия) присвоил ему звание почетного доктора педагогических наук (Honoris Causae).

В 2006 году был основан Фонд Клаудио Наранхо (Fundacion Claudio Naranjo) для реализации предложений Наранхо по созданию образовательной системы, объединяющей все аспекты человеческого развития — инстинктивного, эмоционального, когнитивного и духовного — и поощряющей социальную эволюцию.

В книге Наранхо «Исцеляющая цивилизация: личная трансформация в социальной сфере посредством образования и интеграции интрапсихической семьи» (2010 г.) исследуются источники нынешнего кризиса цивилизации — насилие, женоненавистничество, расизм, экономическая несправедливость, религиозная нетерпимость и корпоративная жадность — и Наранхо определяет патриархат как первопричину. Предлагая обнадеживающий план изменений, Наранхо предлагает план преобразований, который начинается с перевоспитания нового поколения и направлен на построение осмысленного и гармоничного мира.

Журнал Watkins» Mind Body Spirit назвал Клаудио Наранхо одним из 100 самых духовно влиятельных ныне живущих людей 2012 года.

Об издателе англо-язычного издания

Founded in 1986, the Multidisciplinary Association for Psychedelic Studies (MAPS) is a 501(c)(3) non-profit research and educational organization.

Learn more about our work at maps.org.

MAPS works to create medical, legal, and cultural contexts for people to benefit from the careful uses of psychedelics and marijuana. MAPS furthers its mission by:

- Developing psychedelics and marijuana into prescription medicines

- Training therapists and working to establish a network of treatment centers

- Supporting scientific research into spirituality, creativity, and neuroscience

- Educating the public honestly about the risks and benefits of psychedelics and marijuana.

Maps.org

Об издателе российского перевода

Перевод книги Клаудио Наранхо осуществлен под руководством Татьяны Гинзбург и при участии Института Человека. Татьяна Гинзбург – доктор психологических наук, инструктор по западным дыхательным психотехникам, эксперт в области измененных состояний сознания и трансперсональной психологии, со-основатель Европейской Школы Дыхания (www.breathe.ru) и центра постнеклассической науки Russian House#1 (Калифорния).

Татьяна является представителем MAPS в России, издала три бюллетеня MAPS, и поддерживает ютьюб канал, на котором представлены интервью со множеством пионеров трансперсональной и гуманистической психологии.

Татьяна – автор ряда книг:
1. «Дыхательные психотехники. Методология Интеграции»
2. «Воспарение или путевые заметки игратехника»
3. «Я – здесь! Я сейчас!»

Все эти книги отражают ее путь, и знакомят читателя с широким кругом ищущих мирового духовного сообщества. Книги написаны живым языком, и вместе с автором этих книг вы можете обнаружить себя в пыли Бернинг Мена, на краю Тихого океана, в пустыне планеты Дюна, или на вершине загадочной горы Счастья, в процессе духовного квеста.

Институт Человека – это школа пятого пути, современная школа духовного поиска, уникальным образом интегрирующая подходы и практики Г.И. Гурджиева, Ошо Раджниша, Л. Орра, Б.Е. Золотова, С. Грофа, С.С. Хоружего и многих других духовных практиков всего мира.

homo-ludens.tilda.ws
homo-ludens.me